# 电子商务创新创业

主　编　李　军　张　波
　　　　梁　强　李明晓
副主编　李　雪　于劭鹏

北京理工大学出版社
BEIJING INSTITUTE OF TECHNOLOGY PRESS

## 内容简介

本书分为理论篇和实践篇两部分内容。理论篇介绍电子商务与创业、创新思维、创业团队、电子商务创业项目与资源分析、商业模式、创业计划和商业计划书撰写，以及大学生创业融资等的相关知识，在章节内插入电子商务创业的案例，以阅读材料的形式作为理论部分的佐证。实践篇详细介绍五个实际的电子商务创业案例，这些案例分别获得了“互联网+”大学生创新创业大赛、中国大学生服务外包创新创业大赛、大学生电子商务“创新、创意及创业”挑战赛等高水平大赛的奖项。本书具有较强的理论性、实用性，可作为本科、专科院校电子商务创业教育的通用教材，也可作为研究生、电子商务从业人员和创业者拓宽视野、增长知识的自学用书。



**图书在版编目（CIP）数据**

电子商务创新创业 / 李军等主编. —北京：北京理工大学出版社，2020. 7

ISBN 978-7-5682-8648-0

Ⅰ. ①电…　Ⅱ. ①李…　Ⅲ. ①电子商务-高等学校-教材　Ⅳ. ①F713. 36

中国版本图书馆 CIP 数据核字（2020）第 115608 号

出版发行 / 北京理工大学出版社有限责任公司
社　　址 / 北京市海淀区中关村南大街 5 号
邮　　编 / 100081
电　　话 / （010）68914775（总编室）
　　　　　（010）82562903（教材售后服务热线）
　　　　　（010）68948351（其他图书服务热线）
网　　址 / http：//www. bitpress. com. cn
经　　销 / 全国各地新华书店
印　　刷 / 北京国马印刷厂
开　　本 / 787 毫米×1092 毫米　1/16
印　　张 / 14. 5
字　　数 / 345 千字
版　　次 / 2020 年 7 月第 1 版　2020 年 7 月第 1 次印刷
定　　价 / 42. 00 元

责任编辑 / 徐艳君
文案编辑 / 徐艳君
责任校对 / 刘亚男
责任印制 / 李志强

# 前言

创新是引领发展的第一动力，是建设现代化经济体系的战略支撑。近年来，大众创业、万众创新持续向更大范围、更高层次和更深程度推进，创新创业与经济社会发展深度融合，对推动新旧动能转换和经济结构升级、扩大就业和改善民生、实现机会公平和社会纵向流动产生了重要作用，为促进经济增长提供了有力支撑。当前，我国经济已由高速增长阶段转向高质量发展阶段，对推动大众创业、万众创新提出了更高的要求。

创新是实现高质量发展的必经路径，创新创业与技术创新、效率变革、产业升级和现代化经济体系建设结合紧密。随着电子商务的快速发展，创业的方式也发生了变化，互联网的广泛使用为创业者提供了诸多有利条件。

本书分为理论篇和实践篇两部分。理论篇介绍了电子商务与创业的概念、条件和类型；创新思维的概念与类型、特征，如何培养创新思维；如何组建创业团队；电子商务创业项目的来源与资源分析；商业模式的构成与分析；如何撰写创业计划与商业计划书；创业融资的渠道及风险等。实践篇介绍了天津商业大学五个电子商务的创业案例，并对这些案例进行了详细的分析和点评。这五个案例均为大学生的创业实践案例，并分别获得了“互联网+”大学生创新创业大赛、中国大学生服务外包创新创业大赛、大学生电子商务“创新、创意及创业”挑战赛等高水平大赛的奖项。

本书共12章，第1章至第6章及附录由李军、李雪编写，第7章由李明晓编写，第8章至第12章由张波、梁强、于劭鹏提供案例资料，由张波对每一个案例进行点评，全书由李军统稿。编者在编写过程中，得到了天津商业大学潘旭华教授的悉心指导，参考了国内外大量相关文献，检索了众多网站资料，在此一并表示诚挚的谢意。本书是天津市教育科学规划课题“天津市高校跨境电子商务人才培养的方法与对策研究”（项目编号：HE3021）、天津商业大学电子商务专业国家首批一流本科专业建设项目、天津市企业科技特派员项目

“农产品电商新零售及供应链产业融合平台”（项目编号：19JCTPJC52400）和电子商务专业大学生创新创业一流课程建设项目的阶段性成果。

由于编者水平有限，疏漏和错误在所难免，敬请读者批评指正。

编　者

2020 年 2 月

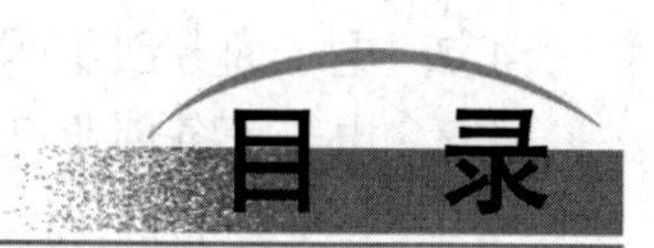


## 理论篇

## 实践篇

# 理论篇

# 第1章

# 电子商务与创业

21世纪，随着经济全球化、网络化时代的到来，特别是电子商务的快速发展，我们的生活发生了很大的变化，创业的方式也发生了变化。互联网的广泛使用为创业者提供了很多机会，使创业的方式更加多样化，同时也带来了一定的风险和挑战。消费者的品位和要求日益升高，如何满足和吸引消费者，也给创业者带来一定的思考。随着电子商务的迅猛发展，创业者不再像传统创业者那样去分析价格、渠道、产品和促销，而是把更多的注意力放在吸引消费者眼球上。如何利用好互联网这个平台取得事业上的成功，对创业者来说是个更大的挑战，对他们综合素质和技能的要求也更高。

**学习目标**

- ◆了解电子商务创新与创业的概念；
- ◆了解电子商务创业的优势；
- ◆了解电子商务创业条件和创业者应具备的创业素质；
- ◆了解电子商务创业的类型和创业的要素；
- ◆了解大学生创业的优势和适合创业的领域。

## 1.1 电子商务创业概述

### 1.1.1 电子商务的概念

电子商务一般是指以网络信息技术为手段、以商品交换为中心的商务活动，也可理解为在互联网、企业内部网和增值网上以电子交易方式进行交易和相关服务的活动，是传统商业活动各环节的电子化、网络化、信息化。以互联网为媒介的商业行为均属于电子商务的范畴。电子商务是利用计算机技术、网络技术和远程通信技术，实现电子化、数字化、网络化、商务化的整个商务过程。它是以商务活动为主体，以计算机网络为基础，以电子化方式为手段，在法律许可范围内所进行的商务交易活动过程。

电子商务通常是指在全球各地广泛的商业贸易活动中，在因特网开放的网络环境下，基于客户端/服务端应用方式，买卖双方不谋面地进行各种商贸活动，实现消费者的网上购物，商户之间的网上交易和在线电子支付，以及各种商务活动、交易活动、金融活动、相关的综合服务活动的一种新型商业运营模式。各国政府、学者、企业界人士根据自己所处的地位和对电子商务参与角度和程度的不同，给出了许多不同的定义。

广义的电子商务定义为，使用各种电子工具从事的商务活动；狭义的电子商务定义为，主要利用因特网从事的商务或活动。无论广义的还是狭义的电子商务概念，都涵盖两个方面：一是电子商务离不开互联网这个平台，没有了网络，就称不上电子商务；二是通过互联网完成的是一种商务活动。

广义上讲，电子商务一词源自 Electronic Business，就是通过电子手段进行的商业事务活动。通过使用互联网等电子工具，使公司内部、供应商、客户和合作伙伴之间，利用电子业务共享信息，实现企业间业务流程的电子化，配合企业内部的电子化生产管理系统，提高企业在生产、库存、流通和资金等环节的效率。

狭义上讲，电子商务（Electronic Commerce，简称 EC）是指通过使用互联网等电子工具（包括电报、电话、广播、电视、传真、计算机、计算机网络、移动通信等）在全球范围内进行的商务贸易活动，是以计算机网络为基础而进行的各种商务活动，包括商品和服务的提供者、广告商、消费者、中介商等有关各方行为的总和。人们一般理解的电子商务是指狭义上的电子商务。

电子商务即使在各国或不同领域有不同的定义，但其关键依然是依靠电子设备和网络技术进行的商业活动。随着电子商务的高速发展，它已不仅仅包括其购物的主要内涵，还包括了物流配送等附带服务等。总的来说，电子商务包括电子货币交换、供应链管理、电子交易市场、网络营销、在线事务处理、电子数据交换（Electronic Data Interchange，EDI）、存货管理和自动数据收集系统。在此过程中，利用到的信息技术包括互联网、外联网、电子邮件、数据库、电子目录和移动电话。

### 1.1.2 创业的定义

创业是开创事业，实现价值，是创业者对自己拥有的资源或通过努力能够拥有的资源进行优化整合，从而创造出更大经济价值或社会价值的过程。

20 世纪 80 年代，创业研究开始作为一个学术研究领域出现，无数学者纷纷加入创业研究的行列，创业研究得以迅速发展。1987 年，美国管理学会将创业研究作为一个单独的分领域正式纳入管理学科。其后十余年，许多学校开设了创业学课程。到 20 世纪 90 年代末，创业研究和其他学术领域之间已经建立了很密切的联系，许多不同领域的学者从各自的角度来研究创业问题，并为创业研究领域带来了各自的理论与实证研究方法。但是对于创业的概念，学术界至今没有形成一个统一的意见。

杰弗里·蒂蒙斯（Jeffry Timmons）所著的创业教育领域的经典教科书《创业创造》（*New Venture Creation*）提出：创业是一种思考、推理结合运气的行为方式，它为运气带来的机会所驱动，需要在方法上全盘考虑并拥有和谐的领导能力。也有学者提出，创业是一个人发现了一个商机并加以实际行动，将其转化为具体的社会形态，获得利益，实现价值。

创业是指创立基业或创办事业，也就是自主地开拓和创造业绩与成就，是愿意吃苦、有创新精神的人，通过整合资源，捕抓商机，并把商机转化为盈利模式的过程。

### 1.1.3　电子商务创业

“互联网+”像一场社会革命，席卷全球，让人类从思维到习惯都发生了翻天覆地的变化。电子商务也正以惊人的速度快速发展，渗透至各行各业，几乎每个人的生活都离不开电子商务。随着网民人数的不断增加，市场份额的不断扩大，新兴模式的不断涌现，数万亿的市场规模吸引了数百万的创业者和投资者。

1. 电子商务创业的优势

（1）较低的成本投入。

对电子商务创业者来说，如果不是开展很大的项目，不需要大量的启动资金。一根网线、一台计算机、一个人，就构成了创业的基础。免房租、低税费、发达的网络通信可以节省大量推广和营销费用，运营成本低廉。跟实业比起来，电子商务创业不需要投入庞大的资金，不必承担太大的投资风险，资本原始积累速度较快，其所带来的低风险、短周期是任何一种传统实业创业模式所不可比拟的。

（2）较少的条件限制。

网络拥有一个公正、公平、合理、开放的创业环境，只要符合国家有关互联网的法律法规，便能享有互联网带来的无限商机。电子商务创业既没有传统创业存在的诸多难以跨越的门槛，也没有创业环境的障碍。

（3）灵活的团队构建。

很多创业者是白手起家的，初期一人包揽所有职务，不需要考虑员工管理、工资及福利等。在事业发展过程中，可以按照矩阵式组织结构灵活构建团队。

（4）广阔的市场。

互联网时代的广阔市场空间带来了大量的创业机会，成功的关键在于创业者个人设定的目标及愿意为这个事业付出的努力。电子商务创业机会很多，只要努力就能发掘大量的商机。

（5）永恒的资产。

传统实业要先积累经验、学习知识，而电子商务创业是在创造财富的过程中不断提高自己、充实自己。

2. 电子商务模式

电子商务创业已经成为时下最流行的一种创业方式。根据对电子商务参与的角度和程度不同，电子商务可分为ABC、B2B、B2C、C2C、B2M、B2G（即B2A）、M2C、O2O、C2B、B2B2C、B2T等11种模式。

（1）ABC模式。

ABC（Agents to Business to Consumer）模式是一种新型电子商务模式，是由代理商

(Agents)、商家（Business）和消费者（Consumer）共同搭建的集生产、经营、消费为一体的电子商务模式。

ABC 模式被誉为继阿里巴巴模式、京东商城模式、天猫及淘宝模式之后电子商务界的第四大模式。

（2）B2B 模式。

B2B（Business to Business）模式是商家（泛指企业）对商家的电子商务模式，即企业与企业之间通过互联网进行产品、服务及信息的交换。通俗的说法是指，进行电子商务交易的供需双方都是商家（企业或公司），它们使用因特网技术或各种商务网络平台完成商务交易的过程。这些过程包括发布供求信息，订货及确认订货，支付，票据的签发、传送和接收，以及确定配送方案并监控配送过程等。B2B 有时写作 B to B，但为了简便，用其谐音 B2B。B2B 模式的典型代表是阿里巴巴、百纳网、中国网库、中国制造网、敦煌网、慧聪网、赢商网、中国 114 黄页网等。

B2B 按办事对象可分为外贸 B2B 及内贸 B2B；按行业性质可分为综合 B2B 和垂直 B2B。

（3）B2C 模式。

B2C（Business to Customer）模式是商家对消费者的电子商务模式，是我国最早产生的电子商务模式，以 8848 网上商城正式运营为标志。淘宝商城就是这种模式，只是淘宝商城本身不卖东西，而是提供了完备的销售配套设施。它有庞大的购物群体，有不变的网站平台，有完备的支付体系，促使卖家进驻淘宝商城卖东西、买家进去买东西。

（4）C2C 模式。

C2C（Consumer to Consumer）模式是消费者对消费者的电子商务模式。C2C 模式就是通过为买卖双方提供一个在线交易平台，使卖方可以主动提供商品上网拍卖，而买方可以自行选择商品进行竞价。C2C 模式的典型代表是淘宝网、拍拍网等。日益壮大的 C2C 需要成立更有效的监督机制，防止商务平台操纵金融漏洞，给金融界、众多卖家带来金融风险。

（5）B2M 模式。

B2M（Business to Manager）模式是相对于 B2B、B2C、C2C 的电子商务模式而言的，是一种全新的电子商务模式。而这种电子商务模式与 B2B、B2C、C2C 根本的区别在于目标客户群的性质不同。B2B、B2C、C2C 的目标客户群都是以消费者的身份出现，而 B2M 模式是企业通过网络平台发布该企业的产品或者服务，职业经理人通过网络获取该企业的产品或者服务信息，并且为该企业提供产品销售或者服务，企业通过职业经理人的服务达到销售产品或者获得服务的目的。

（6）B2G 模式。

B2G（Business to Government）模式是企业与政府管理部门之间的电子商务模式，如海关报税平台、国家税务总局和地税局报税平台等。

（7）M2C 模式。

M2C（Manager to Consumer）模式是针对 B2M 模式出现的延伸概念，指生产厂家对消费者提供自己生产的产品或服务的一种电子商务模式，特点是流通环节减少，保障了产品质量和售后服务。

(8) O2O模式。

O2O (Online to Offline) 模式是一种新兴的电子商务模式，即将线下商家的服务与互联网模式结合在一起，让互联网成为线下交易的平台。这样，线下服务就可以通过线上来揽客，消费者可以在线上筛选服务，成交可以在线结算。该模式最重要的特点是推广效果可查，每笔交易都可跟踪。

(9) C2B模式。

C2B (Customer to Business) 模式是消费者对企业的一种电子商务模式。C2B模式的核心是通过聚合数量庞大的分散用户形成一个强大的采购集团，以此来改变B2C模式中消费者对商家的一对一出价的弱势地位，使之享受到以大批发商的价格购买单件商品的利益。

(10) B2B2C模式。

B2B2C (Business to Business to Customer) 是一种新的电子商务模式。第一个B是指广义的卖方，即成品、半成品、材料等的提供商；第二个B是指交易平台，即提供卖方与买方联系的平台，同时提供优质的附加服务；C指买方，买方不仅仅是公司，还包括个人，即一种逻辑上的买卖关系中的买方。

(11) B2T模式。

B2T (Business to Team) 模式是继B2B、B2C、C2C后的又一电子商务模式，如拼多多。B通常指商家，T指团队。团购本来是“团体采购”的意思，而今，网络的普及使团购成为很多人参与的消费方式。所谓网络团购，就是互不认识的消费者，借助互联网“网聚人的力量”来聚集资金，加大与商家谈判的力度，以求得最优的价格。尽管网络团购出现的时间不长，却已成为在网民中非常流行的一种消费方式。据统计，网络团购的主力军是年龄25岁到35岁的年轻群体。

★阅读材料

### 淘宝网的发展

2003年5月10日，淘宝网成立，由阿里巴巴集团投资创办；10月推出第三方支付工具——支付宝，以担保交易模式使消费者对淘宝网上的交易产生信任感；当年成交总额为3 400万元。

2004年，淘宝网推出“淘宝旺旺”，将即时聊天工具和网络购物联系起来。

2005年5月，淘宝网超过雅虎 (Yahoo)，成为亚洲最大的网络购物平台。2005年，淘宝网成交额突破80亿元，超过沃尔玛 (Walmart)。

2006年，淘宝网成为亚洲最大的购物网站。同年，淘宝网第一次在中国实现了一个可能——互联网不仅仅是作为一个应用工具存在，它将最终构成生活的基本要素。调查数据显示，每天有近900万人上淘宝网“逛街”。

2007年，淘宝网不再是一家简单的网站，而是亚洲最大的网络零售商圈。同年，淘宝网全年成交额突破400亿元，成为中国第二大综合卖场。

2008年，淘宝B2C新平台——淘宝商城（天猫前身）上线。同年9月，淘宝网单月交易额突破百亿元大关。

2009年，淘宝网成为中国最大的综合卖场，全年交易额达2 083亿元。

2010 年 1 月 1 日，淘宝网发布全新首页，此后“聚划算”上线，然后又推出“一淘网”。

2011 年 6 月 16 日，阿里巴巴集团旗下淘宝公司分拆为三个独立的公司，即沿袭原 C2C 业务的淘宝网、平台型 B2C 电子商务服务商“淘宝商城”和一站式购物搜索引擎“一淘网”。在新的架构中，分拆后的三家公司采用总裁加董事长的机制运营。

2012 年 1 月 11 日上午，淘宝商城正式宣布更名为“天猫”。2012 年 3 月 29 日，天猫发布全新标识。

2013 年，阿里巴巴集团调整为 25 个事业部，通过其全资子公司阿里巴巴（中国）以 5.86 亿美元购入新浪微博公司发行的优先股和普通股，约占新浪微博公司稀释摊薄后总股份的 18%，将淘宝电商和社会性网络服务（SNS）的结合进行到底。

## 1.2 电子商务创业与传统创业

互联网改变了人们的生活，同时也提供了一种全新的创业方式。电子商务创业与传统创业有很大的不同，它依靠的是现成的网络资源。电子商务创业的优势十分明显：门槛低、成本少、风险小、方式灵活，特别适合初涉商海的创业者。另外，政府也非常重视电子商务创业，并提供了很多优惠政策和措施。

### 1.2.1 电子商务创业的优势

1. 成本低，风险小

实体开店费用大致包括月租、人工、流动资金、税费和各类杂费，前期还包括门面转让费、保证金、办证费用和进货费用等。这些费用加起来少则几万元，多则几十万元。相比之下，网上开店的启动成本极低，许多大型购物网站免费提供网上店面，有的只收取少量商品上架费用与交易费，店主可以根据顾客的订单进货，不会因为库存而占用大量资金，网店经营主要通过网络进行，不需要水、电、管理费等，也不用专人看守，节省了人力方面的成本。

资金、场地问题对创业者来说，是仅次于专业知识不足和缺乏创业经验的主要困难。电子商务创业在运营上可以灵活变通，根据需要及时调整服务内容和销售对象，不像实体经营，一旦投资就不好更改，出现问题也不容易调整。网上开店成本低、风险小，对于想在创业上“小试牛刀”的创业者来说是非常适合的。

2. 人员组成简单

在电子创业初期，通常是一个人或几个人处理好所有的事情，没有错综复杂的人际关系，也不需要常常去处理办公室纠纷。对于电子商务创业而言，团队成员的关系简单，大家不需要在同一个空间做事，可以在家或其他地方工作，十分自由。

3. 买家众多

网店的消费者范围是极其广泛的，基本上不受经营地点的限制，只要是上网的人都有可能成为商品的浏览者与购买者，这个范围可以是全国的网民，甚至可能是全球的网民。与传统商店明显受地域限制、只能服务附近消费者的特点相比，只要网店的商品有特色、宣传得当、价格合理、经营得法，就会有不错的访问量。

4. 网店大小和商品的数量、种类不受限制

实体经营，生意的大小常常被店面所限，要扩大规模必须大幅度增加资金投入；而网店则不同，店面的大小与实际销售额没有对应关系，商品数量也不会像实体商店那样受到店面面积的限制，只要经营者愿意，网店可以摆成千上万种商品。

5. 销售时间不受限制

网上商店延长了商店的营业时间，不需要专人值班看店，随时都可照常营业。这节省了人力方面的投资，店主完全可以在享受生活的同时把自己的网上小店打理得井井有条，也避免了因为来不及照看而带来的损失。同时，消费者可以在任何时间登录、自主购物。全天候的交易时间使交易成功的概率大大提高。

6. 不受地理位置影响

网上商店所面向的是全国乃至全球的消费者，这个潜在市场是单个商店甚至大型商场都无法与之相提并论的。

7. 销售渠道众多

网上开店需要一定的投入准备，主要是硬件和软件两部分。硬件包括可以上网的计算机、数码相机、扫描仪、联系电话等，不一定要全部配置，但是应尽量配齐，方便经营。计算机和宽带是必备的；数码相机用于拍下商品的照片并上传到网上商店；扫描仪用于把一些文件扫描上传，如身份证、营业执照等。软件包括安全稳定的电子邮箱、有效的实际通信地址、网上的即时通信工具等，如阿里旺旺、QQ 等。

现在很多网络论坛上都有专门的板块可以发布广告信息，在这些板块里交易的商品小到洗发水、护发素等日常用品，大到计算机、空调等耐用品，一应俱全。交流工具也很多，比如 QQ、MSN 等，为创业者与消费者的交流提供了方便。

### 1.2.2　电子商务创业与传统创业的比较

电子商务创业与传统创业有很大的不同，二者的比较如表 1.1 所示。

**表 1.1　电子商务创业与传统创业的比较**

| 比较项 | 电子商务创业 | 传统创业 |
| --- | --- | --- |
| 距离与速度 | 电子商务创业依靠的是互联网，不受地域和时间限制，时效性也非常高。无论客户在哪里，只要有一根网线就能解决问题，对突发事件的处理也能做到及时高效 | 随着团队人员的增加、业务量的扩展、市场的变化，与客户的距离也会发生相应的改变。客户不可能只在一个地区停留，客户群也可能分布在全国甚至全球各地，如果单靠传统交通工具，十分不方便，也会让一些生意因为突发事件而丢失，时效性不高 |
| 空间 | 互联网没有国界，可能开始创办时规模和范围都会小一些，可是有了因特网这个平台，可以在全世界范围内进行交易 | 传统的产业范围通常以熟悉的人和地区为纽带和依靠，一般来说不会很大，只在一定的范围内进行，很难做到面面俱到 |

续表

| 比较项 | 电子商务创业 | 传统创业 |
| --- | --- | --- |
| 人脉 | 全世界的网民不计其数，这些都是潜在的客户或合作伙伴，这种范围和数量是传统创业无法达到的，互联网的高速发展也为电子商务创业提供了更多的机会 | 传统创业的创业者通常都会从自己熟悉的人开始展开生意，人脉资源充足的人更有可能或更快获得成功。这就给那些没有人脉资源的人带来了更大的困难 |
| 传播 | 在线即时业务指导，零距离快速指导；复制效率高，成功率高；快速提升自身素质 | 一对一，一对多，受时间和空间限制，效率低、费时、费力，尤其不能实现快速、即时指导 |
| 学习和培训 | 对产品知识、业务能力、各种技巧的培训都可以做到全天进行，不受时间和空间限制，足不出户就能获得快速提升各方面能力和素质的机会 | 受时间、地点、经费的限制，学习和培训效率大大降低，人员更容易流失 |
| 成本 | 可以在家里做，节省了场地费用；所需人员也很少，一个人可以身兼数职，节省了员工费；广告的费用也比传统的电视广告和报纸广告低；可以借助的渠道很多，而且很多渠道是免费的，比如QQ、微信、电子邮件等 | 需要支付员工工资、电话费、交通费、租房费、会场租赁费等，如要成功，必须投入大量的资金，有时还需要应对一些突发事件 |
| 自由度 | 轻松自由，足不出户就能完成市场开拓、团队培训、学习、复制、产品示范、售后服务，可以自由安排自己的时间 | 一般都有严格的考勤制度，有时还需要加班，时间不自由 |
| 接触方式 | 隔着网络，会让人放松很多 | 面对面地谈生意或拉客户，会让很多人觉得不自在或不好意思 |

## 1.3 电子商务创业条件

### 1.3.1 创业者的创业意识

创业意识是指一个人根据社会和个体发展的需要所产生的创业动机、创业意向、创业愿望。它以提高物质生活和精神生活的需要为出发点，在很大程度上取决于具体的社会历史条件，具有社会历史的制约性。科学家对人类大脑的研究表明，人的大脑潜能几乎是相同的，每个人都具有创业的潜能，这是自然属性。但是，从创业实践中不难看出，人与人创业能力的差异很大，受社会环境、家庭环境和个人环境的影响，也受社会机制和历史条件的限制。

进入知识经济时代，每一个创业者必须具备现代创业意识。具体来讲，创业者应该具备以下 8 种现代创业意识。

1. 创业主体意识

创业是一项艰难的事业。创业主体意识的树立，是创业者在创业中必须具备的重要的内在要素。以前缺乏创业的条件，一般人无法成为创业的主体。近年来，网络经济的兴起和国家创业政策的推行给创业者创造了条件和机会。创业主体意识、主体观念、主体地位成为创业者拼搏的巨大力量，鼓舞他们抓住机遇，承受压力和困难，实现自身的价值。创业者应当培育、理解、提升认识，树立创业主体意识。

2. 迎战风险意识

风险意识是中国企业要与国际接轨应着重加强的一种现代意识，也是创业企业和创业者急需培养和加强的一种重要的创业意识。创业者对可能出现和遇到的风险的准备和认识不足，是我国当前创业活动中的一个普遍现象。这种创业风险意识的缺位，突出表现在四个方面：一是在心理准备上，表现为对创业可能遇到的困难准备不足；二是在决策上，表现为不敢决策、盲目决策或随意决策；三是在管理上，表现为不抓管理、不善管理、不敢管理；四是在经营上，表现为盲目进入市场、随意接触客户、轻率签订商务合同。这些认识的不足，是创业者无风险意识的典型表现。

3. 知识更新意识

创业者创业后要面对的最普遍问题就是知识恐慌，原有的知识和劳动技能已经不足以支撑他们应对创业中大量的新情况和新问题。创业者应该随时进行知识的更新，这样才能适应和满足创业的需求。创业者不仅要进行常规的科学文化知识和营销管理知识的学习，还要进行与创业项目相关的其他知识的学习。如在做跨境电子商务时，不但要学习电子商务知识，还要掌握一定的外语、营销、物流、仓储、海关、检验检疫、目的国的法律法规和人文等知识，以应对跨境贸易中出现的各种问题。

4. 资源整合意识

整合意识是现代营销学中的崭新理念，是在经济全球化的形势下，跨国集团寻求企业最大利润空间的一种战略能力。资源整合不仅是创业设计中的一个重要原则，也是在创业中借势发展、巧用资源、优势互补、实现双赢的重要方法。任何一个创业者都需要解决创业中所涉及的问题，备足创业资源。这里的关键在于创业者要放眼现代企业的发展趋势，把握崭新的创业理念，进行各种最佳创业要素的整合。

5. 创业战略策划意识

从某种意义上说，市场的竞争就是经营战略的竞争。策划是一种智力引进，是一种思维的科学。它是用辩证的、动态的、发散的思维方式整合行为主体的各种资源和行动，使其达到效益或效果最佳化的一个智力集聚的过程。大到企业发展战略，小到一句广告语，都要经过策划。因此，从本质上讲，策划就是进行战略设计的过程，也是对每一个创业步骤和行动进行战略思索的过程。许多创业者习惯于“两眼一睁，忙到三更”，却不善于研究企业发展战略，不善于进行市场策划，走弯路的例子屡见不鲜。一些创业企业之所以能够快速崛起，是因为创业者十分注重策划。

6. 充分利用信息资源的意识

信息是资源，是财富，但是很多创业者不懂信息的价值和信息资源的重要性，不会寻找和利用信息资源，更不懂得如何开发信息资源中的价值。

7. 寻找和抓住创收点的意识

创业者创业的目的在于盈利，但是相当多的人却不知道如何盈利。这一点突出表现在经营中抓不住创收点，即企业的获利点。现代商业中知识、科技的含量越来越高，已经成为重要的获利点。创业者要认识到，商机是商业模式设计的着眼点，创收是经营运作的落脚点。好的创业模式必须能够最大限度地创造商业价值。因此，每一个创业者在创业模式设计中不仅要找准创收点，而且要紧紧围绕创收点进行商业运作。

8. 挑选优化环境的意识

创业环境是重要的创业要素，也是创业企业快速崛起的重要支撑。一个十分优越的创业环境，对于创业企业的快速发展和崛起具有十分重要的作用。创业环境包含的内容很多，这里所讲的对环境的挑选，主要是指挑选那些优化了的微观环境。

### 1.3.2 创业者的创业素质

与传统的创业方式相比，电子商务创业的门槛更低，选择面也更广。但随着新晋创业者的不断涌现和传统企业的陆续加入，电子商务的竞争越来越激烈，对创业者的能力和素质也提出了更高的要求。

1. 诚实谦虚、公道正派

诚实和谦虚能给创业者带来他人的信任，这是巨大的无形资产。公道正派和对事业的无私，能使创业者产生巨大的向心力和凝聚力。这也是创业者首先需要具备的基础素质。电子商务是隔空交易，无法面对面沟通，只有诚信、公正，才能提供更好的服务，才能给予客户更好的体验，获得更高的满意度。

2. 自信坚毅、克制忍耐

自信是成功的基础。没有一家网店一上线就人尽皆知，强大到无人可匹敌，成功都是一步步积累起来的。这里的忍耐是指在不与对手正面竞争的同时，不断积蓄力量，完善经营模式，等待机会实现逆转。创业者只有具备强烈的责任感、使命感，下定决心将电子商务作为自己的创业方向，在经营中不论一帆风顺还是屡遭挫折，都有完成事业的决心，坚持做下去，才能获得更大的成就。

3. 积极乐观、勤奋热情

创业是需要全身心投入的事业，拥有积极的态度才能成功。创业过程中，创业者可能会面临许多困难、问题、危机，只有积极乐观、勤奋热情地去寻找解决方案，才能取得创业效益。创业者是企业的核心，他对事业的热情会感染企业的职员，增加正能量。同时，勤奋也是必不可少的。在创业初期，创业者要体勤；当网店做大后，就要脑勤。一方面要建立好的制度，促使服务人员用好的态度、精的技巧来推进业务；另一方面，要进行战略策划，规划网店的发展方向，通过加盟、拓展产品等方式实现网店业务量的快速倍增。此外，还要思考如何实现品牌化运营等。

4. 创新创意、发展思变

创业是一个发现和捕捉机会，创造出新颖的产品，提升服务，实现产品价值的过程。在这个过程中，创业者要在以下 5 个方面锻炼自己。

（1）积极参与社交活动并与他人互动，尝试风险并乐于体验不确定性。

（2）追求变化，尝试新奇事物。

（3）喜欢思考，创新想法。

（4）观察人际互动，随时注意他人反应。

（5）愿意主动承担领导责任。

## 1.4　创业的类型

随着创业活动的日益广泛，创业的类型也呈现出多样化的趋势。了解创业类型，比较不同类型创业活动的特点，有助于更好地理解和开展创业活动。创业类型的划分方式很多，所依据的标准也不尽相同。

1. 按照创业目的划分

创业按照目的可分为机会型创业和生存型创业。机会型创业是指创业的出发点是为了抓住和利用市场机遇。它以创造新的需求或满足潜在需求为目标，因而会带动新产业发展。生存型创业是指为了谋生而自觉或被迫创业，大多属于尾随和模仿，因而往往会加剧市场竞争。

2. 按照创业起点划分

按照创业起点，可将创业分为创建新企业和在现有的组织内创业。创建新企业是指创业者从无到有创建一个全新企业的过程。这个过程充满机遇和挑战，风险和难度也大，创业者往往缺乏足够的资源、经验和支持。在现有组织内创业是指在现有组织内的有目的地创新。以企业组织为例，可指由于产品、营销及组织管理体系等方面的原因，在企业内进行重新创建的过程。

3. 按照创业者数量划分

按照创业者数量，可将创业分为独立创业和合伙创业。独立创业是指创业者独自创办企业，特点在于产权归创业者个人所有，企业由创业者自由掌控，决策迅速，但创业者要独自承担风险，创业资源整合比较困难，并且受个人能力限制。合伙创业是指与他人共同创办企业，其优势和劣势正好与独立创业相反。

4. 按照创业项目性质划分

按照创业项目性质，可将创业分为传统技能型创业、高新技术型创业和知识服务型创业。传统技能型创业是指使用传统技术、工艺进行的创业，如酿酒、饮料、中药、工艺美术等，这些独特的传统技能项目在市场上表现出经久不衰的竞争力。高新技术型创业是指知识密集度高，带有前沿性和研究开发性质的新技术、新产品创业。例如，将航天等高新技术领域的成果实现产业化、形成新产品，微波炉就是最好的例子。知识服务型创业是指为人们提供知识、信息等内容的创业。当今社会，会计师事务所、工程咨询公司等各类知识性咨询服务机构不断细化和增加，这类项目投资少、见效快，竞争也日渐激烈。

5. 按照创业方向和风险划分

按照创业方向和风险，可将创业分为依附型创业、尾随型创业、独创型创业和对抗型创业。依附型创业可分为两种情况：一是依附于大企业或产业链生存，在产业链中明确自己的角色，为大企业提供配套服务；二是使用特许经营权，例如，利用知名品牌效应和成熟的经营管理模式，通过连锁、加盟等方式进行创业。尾随型创业即模仿他人创业，行业内已经有同类企业或类似经营项目，新创企业尾随他人之后，学着别人做。独创型企业是指提供的产品和服务能够填补市场空白，大到独创商品，小到商品的某种技术等。对抗型创业是指进入其他企业已经形成垄断地位的某个市场，与该企业对抗较量。

6. 按照创业方式划分

按照创业方式，可将创业分为复制型创业、模仿型创业、安定型创业和冒险型创业。复制型创业是在现有经营模式的基础上进行简单复制的创业。例如，一家汽车制造企业的生产部经理，离职后创立一家与该企业相似的新企业，且生产的产品和销售渠道与该企业相似。

模仿型创业是一种在借鉴现有成功企业经验基础上进行的重复性创业。这种创业很少给顾客带来新创造的价值，创新的成分也很低，而且具有较高的不确定性，学习过程长，犯错误的机会多，试错成本也较高。不过，如果创业者具有较高的素质，得到了专门的系统培训，并注意把握市场进入契机，创业成功的可能性也比较大。

安定型创业是一种在创业者比较熟悉的领域所进行的不确定性较小的创业。例如，企业内的研发团队在开发完成一项新产品之后，继续在该企业内开发另一款新的产品。这种创业形式强调的是个人创业精神最大限度的实现，而不是对原有组织结构进行设计和调整。

冒险型创业是一种在创业者不熟悉的领域进行的不确定性较大的创业。这种创业除了对创业者具有较大的挑战，并给其带来很大的改变，创业者个人前途的不确定性也很高。通常情况下，以创新的方式为人们提供具有自主知识产权的新产品、新服务的创业活动，便属于冒险型创业。

7. 按照创业主体划分

按照创业主体，可将创业分为个体创业和公司创业。个体创业主要指不依附于某一特定组织而开展的创业活动。公司创业主要指在已有组织内部发起的创业活动，这种创业活动可以由组织自上而下发动，也可以由员工自下而上推动，但无论推动者是谁，公司内的员工都有机会通过主观努力参与其中，并在这种创业中获得报酬、得到锻炼。从本质来看，个体创业与公司创业有许多共同点，但是由于创业主体在资源、条件、组织形态和战略目标等方面各不相同，因而两者在风险承担、成果收获、创业环境、创业成长等方面存在较大差异，两者的主要差异如表 1.2 所示。

表 1.2　个体创业和公司创业的主要差异

| 个体创业 | 公司创业 |
|---|---|
| • 创业者承担风险 | • 公司承担风险，而不是与个体相关的生涯风险 |
| • 创业者拥有商业概念 | • 公司拥有概念，特别是与商业概念有关的知识产权 |
| • 创业者拥有全部或者大部分事业 | • 创业者或许拥有公司的权益，但可能只是一小部分 |
| • 从理论上说，创业者的潜在回报是无限的 | • 在公司内，创业者所能获得的潜在回报是有限的 |
| • 个体的一次失误可能意味着整个创业的失败 | • 公司拥有更多的容错空间，能够吸纳失败 |
| • 受外部环境波动的影响较大 | • 受外部环境波动的影响较小 |
| • 创业者具有相对独立性 | • 公司内部的创业者更多地受团队的牵制 |
| • 在过程、试验和方向的改变上具有灵活性 | • 公司内部的规划、程序和体系会阻碍创业者的策略调整 |
| • 决策迅速 | • 决策周期长 |
| • 保障低 | • 保障高 |
| • 缺乏安全保障 | • 有一系列安全保障 |
| • 在创业主意上，可以沟通的人较少 | • 在创业主意上，可以沟通的人较多 |
| • 至少在创业初期，存在有限的规模经济和范围经济 | • 能够很快实现规模经济和范围经济 |
| • 严重的资源局限性 | • 在各种资源的占有上都有优势 |

（资料来源：Morris M，Kuratko D. Corporate Entrepreneurship［M］. New York：Harcourt College Publishers，2002.）

## 1.5　创业的过程与阶段

一般而言，创建新企业是一个充满挑战，甚至非常痛苦的过程。在未知的、不确定的情况下投入自己积累的资源，对创业者来说，压力可想而知，付出的艰辛和汗水将不计其数。创业过程涉及许多活动和行为，但最重要的环节在于企业与最佳的市场机会相适应。创业过程主要是企业为实现其任务和目标而发现、分析、选择和利用市场机会的管理过程。按照时间顺序，创业过程可以分为分析市场机会、选择目标市场、设计市场营销组合和管理创业活动 4 个阶段。

1. 分析市场机会

分析市场机会是创业过程的核心阶段，也是创业管理的关键环节。市场机会是指未满足的需要。哪里有未满足的需要，哪里就是市场机会。分析市场机会包括寻找并发现市场机会和评估市场营销机会两个方面的活动。

（1）寻找并发现市场机会是企业分析市场机会的必要前提。

寻找并发现市场机会包括三种方式。第一，分析企业的营销环境，找出有利和不利的因素。企业要学会从宏观和微观的营销环境中及时识别市场机会，发现其中的有利和不利因素。第二，广泛收集市场信息。建立完善的市场营销信息系统，开展经常性的调查研究工作，是企业收集信息的重要途径。通过市场调研来寻找并发现未满足的需要。第三，创造机会。创造营销机会在于对营销环境变化做出敏捷的反应，善于通过观察许多寻常事物来迸发灵感，利用技术优势开发出新产品。

（2）评估市场营销机会是企业分析市场机会的重要基础。

市场营销机会是指对企业的营销具有吸引力，企业在此能享有竞争优势和差别利益的环境机会。市场机会要成为企业的营销机会应具备三个条件：第一，和企业的任务、目标一致；第二，符合企业的资源条件；第三，企业利用该机会能享有更大的利益。

2. 选择目标市场

选择目标市场是创业过程中面临的一个重要问题。任何企业都没有足够的人力资源和资金满足整个市场，只有扬长避短，找到有利于发挥本企业现有的人、财、物优势的目标市场，才不至于在庞大的市场上瞎撞乱碰。选择目标市场主要包括以下 4 个步骤。

（1）预测市场需求量。

预测市场需求量是在市场调研的基础上，运用科学的理论和方法，对未来一定时期的市场需求量及影响需求的因素进行分析研究，寻找市场需求发展变化的规律，一般采用定性预测和定量预测两种方法。

（2）进行市场细分。

市场细分是指通过市场调研，依据消费者的需要和欲望、购买行为和购买习惯等方面的差异，把某一产品的市场整体划分为若干消费群体的市场分类过程。每一个消费群体都是一个细分市场，每一个细分市场都是由具有类似需求倾向的消费者构成的。

（3）选择目标市场。

在评估完各个细分市场后，需要选择合适的细分市场作为目标市场。

（4）进行市场定位。

市场定位是指根据市场的竞争情况和企业的条件，确定企业产品在目标市场上的竞争地位。企业要为产品创造一定的特色，赋予一定的形象，以适应顾客一定的需要和偏好。

3. 设计市场营销组合

营销组合是企业的综合营销方案，是指企业根据目标市场的需要和自己的市场定位，对自己可控制的各种营销因素（产品、价格、渠道、促销等）进行优化组合和综合运用。设计市场营销组合通常以 4P 营销理论为依据。

4P 营销理论是四个基本策略（产品策略、价格策略、渠道策略、促销策略）的组合。产品策略主要是指企业以向目标市场提供各种适合消费者需求的有形和无形产品的方式来吸引消费者的策略；价格策略，是企业按照市场规律，以制定价格和变动价格等方式来更好地影响企业的销售量从而获得最大利润的策略；渠道策略，主要是指企业以合理地选择分销渠道和组织商品实体流通的方式来实现其营销目标的策略；促销策略，主要是指企业利用各种信息传播手段刺激消费者的购买欲望，促进产品销售，从而实现其利润增长的策略。

4. 管理创业活动

管理创业活动包括计划、组织、执行和控制等一系列过程。计划是指制订支持创业的计划。组织是指协调所有创业人员的工作，同其他部门密切配合，组织创业资源的使用。执行和控制是指执行营销计划、利用控制系统控制意想不到的事以实现创业的目标。

## 1.6　创业的要素

创业是一项非常艰苦的事业，亦是一个复杂和复合的系统。创业需要多种条件、资源和要素。通常来说，创业的关键要素包括机会、团队和资源。

### 1.6.1　创业要素的内容

1. 创业机会

创业机会往往是一个新的市场需求，一个需求大于供给的市场需求，一个可以开辟新产品的市场需求。这样的市场需求并非只有创业者认识到了，其他的竞争者也许会很快加入竞争的行列。

2. 创业团队

创业团队并不是一群人的简单组合，而是一个特殊的群体。它要求团队成员能力互补，拥有共同的愿景和价值观，通过相互信任、自觉合作、积极努力而凝聚在一起，并且愿意为共同的目标奉献自己，发挥自己最大的潜能。

3. 创业资源

创业资源是指新创企业在创造价值的过程中需要的特定的资产，包括有形资产与无形资产。它是新创企业创立和运营的必要条件，主要表现为人才、资本、机会、技术和管理等。

### 1.6.2　创业要素之间的关系

有着“创业教育之父”之称的杰弗里·蒂蒙斯（Jeffry Timmons）在长期研究的基础上，提出了创业要素模型——蒂蒙斯模型，如图 1.1 所示。

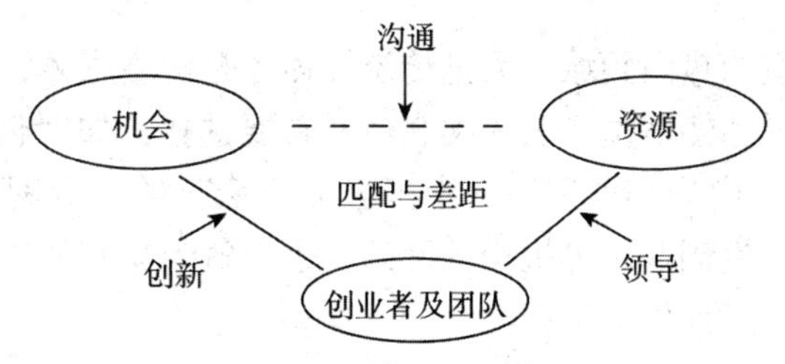


**图 1.1　蒂蒙斯模型**

蒂蒙斯模型在创业领域有着深远的影响。

首先，该模型简洁明了，提炼了创业的关键要素：机会、创业者及团队、资源。这三个要素是任何创业活动都不可或缺的。没有机会，创业活动就成了盲目的行动，根本谈不上创造价值；没有创业者识别和开发机会，创业活动也不可能发生；没有资源，机会就无法被开发和利用。

其次，该模型突出了要素之间匹配的思想，这对创业来说十分重要。蒂蒙斯认为，在创业活动中，不论机会、团队还是资源，都没有好和差之分，重要的是匹配和平衡。这里说的匹配，既包括机会与创业者之间的匹配，也包括机会与资源之间的匹配。机会、创业者、资源之间的平衡和协调，是创业成功的基本保证。蒂蒙斯的这些道理虽然很简单，但对创业活动而言非常重要，而且要真正做到，也是一件很不容易的事情。

最后，该模型具有动态特征。创业的三要素很重要，但不是静止不变的。随着创业活动的开展，重点要素也会相应地发生变化。创业过程实际上是创业的三个因素相互作用，由不平衡向平衡方向发展的过程。成功的创业活动，不仅要将机会、创业者及团队、资源进行最适当的搭配，而且要使其在企业发展过程中始终处于动态的平衡状态。

## 1.7 大学生创业的特点

年轻的创业家在全球的影响力越来越大。硅谷著名天使投资人康韦（Ron Conway）对超过500家初创企业的调查发现，在市场价值超过5亿美元的初创企业中，有67%的创始人在创办企业时年纪都不到30岁。创办高潜力企业的创业者，平均年龄为35岁左右。年龄不但不是创业的障碍，而且有助于创业成功。关键是要掌握相关的技术、经验、关系网，这些有助于识别和捕捉商机。

### 1.7.1 大学生获得创业知识的途径

如今是信息时代，信息无处不在，大学生只要做个有心人，就能在平时的学习和生活中学到创业所需的知识。大学生获得创业知识的途径主要有以下4种。

1. 学校

在学校可以获取创业基础知识。大学图书馆提供了创业指导方面的书籍，大学生可通过阅读增加对创业市场的认识。此外，大学社团活动也为大学生锻炼综合能力提供了大量的实践机会，通过这种途径获得创业知识，无疑是最经济、最方便的。

2. 媒体

创业是目前媒体报道的热门领域。无论传统媒体还是网络媒体，每天都提供了大量的创业知识和信息。一般来说，经济类、人才类媒体是首要选择，如“创业家”“21世纪经济报道”“第一财经”以及“中华创业网”“中国创业论坛”等专业网站。此外，各地创业中心、大学生科技园、留学生创业园等机构的网站，也蕴藏着丰富的创业知识，通过这种途径获得的创业知识，往往针对性较强。

3. 商界人士

商业活动无处不在，大学生平时可多与有创业经验的人交流，甚至还可通过电子邮件和电话与自己崇拜的商界人士沟通，或向一些专业机构咨询。通过学习这些“过来人”的经验，往往比看书的收获更多，这种途径能获得最直接的创业技巧与经验，使大学生在创业过程中受益无穷。

4. 创业实践

参加电子商务“创新、创意及创业”挑战赛、“互联网+”大学生创新创业大赛等创业大赛，是大学生学习创业知识、积累创业经验最好的途径。此外，大学生还可通过创业见习、职业见习、兼职打工、求职体验、市场调查等活动来接触社会，了解市场，磨炼心志，提高自己的创业综合素质。

### 1.7.2 大学生创业优势及劣势分析

大学生创业有自身的特点，只有深刻认识到自己的优势和劣势，才能扬长避短、准确定位。

1. 大学生创业的优势

（1）文化水平高，对事物有较强的领悟力。

（2）自主学习知识的能力强。

（3）接受新事物的速度快，是潮流的引领者。

（4）思维活跃，敢于创新。

（5）运用信息技术的能力强。

（6）年轻，有激情，精力旺盛，自信心较足。

（7）无家庭负担。

2. 大学生创业的劣势

（1）缺乏工作经历和经验，人际关系匮乏。

（2）缺乏有商业前景的创业项目，创业设想往往大而空，对市场的预测盲目乐观，项目经不起市场的考验。

（3）缺乏商业信用，信用档案与社会没有接轨，导致融资借贷困难重重。

（4）喜欢纸上谈兵，好高骛远。

（5）独立人格没有完全形成，缺乏对社会和个人的责任感，心理承受能力差，遇到挫折容易放弃。

### 1.7.3 大学生创业存在的问题

商务部电子商务和信息化司发布的《中国电子商务发展报告（2017年）》显示，我国电子商务直接从业人员和间接带动就业达4 250万人，同比增长13%；2017年阿里巴巴零售生态创造就业机会总量达3 681万；电子商务带动的就业包括直接就业和间接就业；中国每18个就业人员中，就有1个人正在从事与电子商务相关的行业。各大传统企业通过电子商务对接各大市场，将采购、生产和营销环节都融入电子商务服务过程，利用电子商务的新型特征，提高企业对市场的反馈速度，进一步降低经营和运营的成本，从而提升企业把控市场的能力。在新时代商业模式和信息技术不断推陈出新的背景下，电子商务的出现为大学生创业提供了良好的创业机会，其特有的投入成本低、上手容易、风险相对较小、工作方式相对自由等优势，吸引着越来越多的大学生。加之大学生数量不断增加，就业竞争日趋激烈，大学生电子商务创业为大学生提供了一种新的选择和可能性。在大学生电子商务创业的过程中，要避免存在以下问题。

1. 行业饱和，竞争加剧

在“大众创业、万众创新”的精神鼓舞下，创业处于非常活跃的状态，但创业成功的概率并没有完全随着创业者数量的增多而提高，对创业者素质的要求越来越高。行业饱和，大多是数量的饱和，在质量上则是短缺的。经济快速持续增长，全面统筹协调发展，为创业者提供了大量机会。同时，竞争程度越激烈，就越要求创业者具备创业精神和一定的创新能力。创业精神是成功创业的内因，缺乏创业精神，就谈不上干事、成事。当前，发展环境在优化，创业外因已经具备，关键是创业者要抓住机遇，勇创新业，在创业中实现自我价值和创造社会价值。

2. 抄袭攀比，盲目跟风

很多大学毕业生有自主创业的想法，但苦于找不到适合的项目，不知如何将自己所学的知识与经济效益联系在一起，创造出经济价值。而且，大多数大学生没有自主创业的实践和经验。无论生存型创业，还是机会型创业，创业者常常不知道选择什么项目、怎么创业。任何一个创业者选择创业项目，首先要有优势，这种“优势”是组合生产要素的优势。盲目套用其他公司的成功经验，结果可能会适得其反。

3. 缺乏理性，低估风险

大学生创业热情很高，创业动力很强，但是缺乏理智，认为创业就是一种赌博，不必进行周密的市场调查和预测，从而不必进行科学决策。其实，成功的创业者会预判风险，并通过与他人一起分担，来避免风险或将风险最小化，也就是说，把风险分割成可接受、可消化的若干部分，以避免承担更多不必要的风险。

4. “利小而不为”

只要看准机会，有发展，创业就能成功，决不能“利小而不为”。创业者必须寻找和发现合适的创业空间，也就是常说的“在夹缝中求生存”。当前，同质化的企业众多，创业路径的选择也多有雷同，只有细分市场，创造新的需求，找到创业的切入点和立足点，企业才能发展壮大。

5. 眼高手低，贪多求快

创业企业都是由小到大逐步成长的，欲速则不达。企业要成功，加速发展，靠的是扎实务实、诚信经营、开拓创新。市场不相信大话、空话和豪言壮语，贵在求真务实。投资战线拉长并不等于回报多，因为还受到资金、技术、管理等要素的制约，创业者不可能有那么多的精力干好每一件事情，而精力不集中正是创业的大忌。小而专、小而新、小而特是创业者的理智选择。小项目、小产品通过产业集聚，照样可以做大、做强。只有集中精力，瞄准一个目标，全力以赴，才能迈向成功。

6. 单枪匹马，低估团队

大量创业事例表明，单个创业者通常只能维持生计，要想单枪匹马地发展一家高潜力的企业是极其困难的。成功的创业者通常会组建自己的团队，然后成立自己的公司，他们与同事、顾问、投资者、重要顾客、关键供应商等都保持有效的工作关系。团队合作既要有开阔的眼界，也要有广阔的胸怀。

7. 缺少经验，疏于管理

如果大学生毕业后选择自主创业，必须有丰富的社会经验，对自己的创业条件进行分析，制订自己的创业计划，看自己是否具备创业者的能力，比如承担风险的能力、创新的能力、决策的能力和领导能力；还要做好市场调查和分析，准确掌握市场信息。有的公司组成了自己的管理团队，其成员不乏名校的MBA（工商管理硕士），但管理能力还是相当薄弱。在这些公司中，员工多是要好的朋友，这有助于团队的团结，但也加大了管理的难度。另外，即使团队的管理人员学历很高，但若缺乏实际的运作经验，在短时间内也无法进行有效的管理。

8. 缺乏人脉，资金不足

有效的社会关系是自主创业的保障。一个开办初期的公司，往往需要得到各方面的帮助才能发展，创业者需要调动一切有利的因素。大学生创业者缺乏广泛的社会关系，在竞争中常常处于不利地位。对于资金问题，目前政府出台了许多大学生创业扶持政策，利用好这些政策，可以解决创业初期的资金问题。

### 1.7.4 大学生电子商务创业的特点

1. 自发性

随着国家对创业的积极引导，大学生创业的态度也逐渐由最初的旁观转为现阶段有意识的接触，特别是高校开设的创新创业类课程以及每年举办的创新创业大赛，大学生普遍积极参与，创业意愿显著提高。

电子商务行业的诞生和现有的大学生创业发展不谋而合，其独特的特点使更多大学生参与创业，个人计算机、平板、手机等的发展为电子商务创业的进一步发展奠定了硬件基础。但无论外界环境如何变化，最终实施创业的主体——大学生依然需要有创业意愿和专业知识，才能在激烈的竞争中立于不败之地。在电子商务创业过程中，创业主体的自发性在一定程度上成为普适性。

2. 个体性

多项调查和研究结果表明，大学生个体在电子商务创业主体中占据着相当大的份额。由于电子商务创业具有便于操作、成本相对较低、无须联合专业机构组织等诸多优点，大学生可充分利用自身优势，借助电子商务创业的载体，展示个体鲜明的特征。在具体的创业过程中，大学生一般会对自身的行为进行理性和客观的认识，这个认识过程不仅能够体现大学生的独特个性，还能体现其对电子商务的认知水平和所具备的初创能力等。现有大学的课程对大学生创业均有较大幅度的正向引导作用。

3. 脆弱性

电子商务的飞速发展给大学生创业创造了新的机遇，但在某种程度上也增加了大学生创业的不确定性。虽然大学生在校期间已经学习了相关的创新创业理论课程，但仍缺乏对创业的正确预判，通常在初创期对创业项目的预期收益过于理想化，市场调研和销售渠道调查不够详尽，造成初期投入和技术研发的成本较高，对后期销售渠道考虑欠佳，特别是在接触实质性电子商务创业操作过程中，对于货源、商品选择、价格设定、银行贷款、资金流向、物流发货、催款回款等考虑欠妥，容易造成短期的个人情绪和心理波动，可能会半途而废。因此，大学生在创业过程中要理性地思考，准确地预估未来，降低因自身原因导致创业失败的概率，真正运用先进的创业理念、完善的技术手段为创业保驾护航。

### 1.7.5 大学生电子商务创业建议

互联网经济的迅猛发展和电子商务的逐级渗透，使实体经济和互联网经济进一步有机融合，全球经济复苏为更复杂的商业生态体系的构建奠定了基础，零售商、服务商、消费者等多元形态对电子商务的重新理解，进一步助推区域经济的转型升级版。

在此前提下的大学生电子商务创业，更应立足于大学生电子商务创业的特点，依托现有电子商务创业的方式，找到适合自己的电子商务创业途径，充分利用互联网资源，关注行业发展动态。大学生创业者除要加强自身的专业技能以外，对行业发展动态的关注也非常有必要。电子商务发展迅猛，商业模式和商业手段层出不穷，大学生应该充分利用互联网资源，在创立初期利用互联网工具，尽可能将自己的企业信息和产品信息推介给客户；在营运中期，利用互联网工具维护企业形象和品牌，时刻让企业处于行业发展的前沿；在客户管理后期，利用互联网工具进一步对前期客户进行二次开发，增进客户对产品和品牌的依赖性，从而保证企业拥有稳定而持续的客户源。

结合区域经济特点，把握经营情况。大学生电子商务创业虽然在一定程度上对店面等实物的依赖性不强，但对区域经济的依赖性却不容忽视。大学生电子商务创业过程中应考虑所在区域是否能够提供先天性资源，是否有同行或同类的其他竞争商家，自身是否拥有该商品或服务的底层开发技术，是否能够依托所在区域优势吸收客户资源，是否有足够的物流发货与配送等优势。结合区域经济特点，能够更好地认清自身与其他商家的差距和优势，从而进一步发挥优势，更好地对经营业态进行控制。

注重团队成员整合，充分考虑资源互补。不同的大学生电子商务创业方式对团队成员的要求有较大差异，比如自主创建网站的电子商务创业方式对团队成员的网站开发能力要求较高，若整个创业团队均由计算机能力较强的人员组成，则团队可能会在产品推广、企业管理或成本控制等方面的能力较弱。如电子商务创业方式对团队成员的计算机能力要求不高，团队成员可充分考虑不同学科、不同专业的成员组成，形成多学科整合、不同类型优势互补的创业成员团队，从而满足大学生创业过程中因人的因素造成的短板，最大限度降低创业失败的可能性。

大学生电子商务创业具有鲜明的主体特点，其自身的多重特性加上大学生创业方式的多样性，在一定程度上对大学生电子商务创业造成了较多干扰因素。

大学生创业者应进一步明确电子商务创业的特点，根据所选择的电子商务创业方式，抓住各种创业机会，组织优势互补的创业团队，努力提升自身电子商务创业的知识和技能，选择适合自己的创业项目。

## 习 题

**1. 名词解释**

创业 电子商务模式 创业要素

**2. 简答题**

(1) 电子商务创业的优势有哪些？

（2）创新的重要性是什么？

（3）创新与创业的关系是什么？

（4）电子商务创业的优势有哪些？

（5）电子商务创业途径有哪些？

（6）电子商务创业的类型有哪些？

（7）大学生创业的优势是什么？

（8）大学生创业存在哪些问题？

**3. 思考题**

（1）电子商务创业与传统创业相比，有哪些优势？

（2）如何培养创业者的创业优势？

（3）如何提高创业者的创业素质？

（4）你认为有哪些领域适合大学生创业？

# 第2章 创新思维

人是创新活动的主体。人们在创新实践的过程中，不断地和外界进行能量和物质的交换，而创新思维在这个过程中起着不可替代的作用。什么是电子商务创新？什么是创新思维？创新思维的作用是什么？创新思维又具有哪些特征？创新思维分为了哪几种类型？创新思维的源泉又来自哪里？如何培养创新思维？只有深刻认识和理解创新思维的实质、类型、特点等，创业者才能在掌握现有创造技法的基础上，促进、推动、探索和获取新的创造技法。

**学习目标**

◆了解创新的概念；
◆掌握创新的类型；
◆掌握创新思维的特征和作用；
◆了解创新思维的源泉和模式；
◆了解创新思维的种类；
◆掌握创新思维的培养。

## 2.1 创新的概念与类型

### 2.1.1 创新的概念

创新是指以现有的思维方式提出区别于常规或常人思路的见解，利用现有知识和物质，在特定环境下，本着理想化的需要或为满足社会的需求而改进或创造新的事物、方法、元素、路径、环境，并且能够获得一定有益效果的行为。

创新是以新思维、新发明和新描述为特征的一种概念化过程，起源于拉丁语，原意有三层含义，即更新、创造新的东西和改变。创新是人类特有的认知能力和实践能力，是人类主观能动性的高级表现形式，是推动社会发展和民族进步的不竭动力。一个民族要想走在时代前列，就不能没有理论思维和创新理论。创新在经济、商业、技术、社会及建筑等领域的研究中都有举足轻重的地位。对于创新的理解一般有狭义和广义两个层次。狭义的创新立足于把技术和经济结合起来，即创新是一个从新思想的产生到产品设计、试制、生产、营销和市场化的一系列活动。广义的创新力求将科学、技术、教育等与经济融汇起来，即创新表现为不同参与者和机构（包括企业、政府、学校、科研机构等）之间交互作用的网络。在这个网络中，任何一个节点都可能成为创新行为实现的特定空间，创新行为可以表现在技术、体制或知识等不同层面。

"创新"一词早在《南史·后妃传上·宋世祖殷淑仪》中就提到过，是创立或创造新东西的意思。《韦氏词典》对"创新"下的定义为：引入新概念、新东西，革新。也就是说，"革故鼎新"（前所未有）与"引入"（并非前所未有）都属于创新。

在国际上，美籍奥地利经济学家约瑟夫·熊彼特（Joseph Schumpeter）是创新理论的奠基人。他在1912年出版的德文版《经济发展理论》一书中就论述了关于经济增长并非均衡变化的思想。此书在1934年译成英文时，使用了"创新"（Innovation）一词。1928年，熊彼特在首篇英文版论文《资本主义的非稳定性》中首次提出创新是一个过程的概念，并于1939年出版的《商业周期》（*Business Cycles*）一书中比较全面地提出了创新理论。按照熊彼特的观点，所谓创新，就是建立一种新的生产函数，也就是说，把一种从来没有过的关于生产要素和生产条件的新组合引入生产体系。在熊彼特看来，作为资本主义"灵魂"的企业家的职能就是实现创新。所谓经济发展，也是针对整个资本主义社会不断实现这种"新组合"而言的。熊彼特所说的"创新""新组合""经济发展"，包括5种情况：①引进新产品；②引用新技术，即新的生产方法；③开辟新市场；④控制原材料的新供应来源；⑤实现企业的新组织。

自20世纪60年代起，管理学家们开始将创新引入管理领域。管理大师彼得·德鲁克在《动荡年代的管理》一书中发展了创新理论。他认为，创新的含义是有系统地抛弃昨天，有系统地寻求创新机会，在市场薄弱的地方寻找机会，在新知识的萌芽时期寻找机会，在市场的需求和短缺中寻找机会。创新是赋予资源新的财富创造能力的行为，任何使现有资源的财富创造潜力发生改变的行为，都可以称为创新。他还在《创新与创业精神》一书中提到，创新是企业家的特定工具，他们利用创新改变事实，作为开创其他不同企业或服务项目的机遇。

★阅读材料

**乔布斯与图形用户界面**

图形用户界面与通过键盘输入文本或字符命令来完成例行任务的字符界面相比有许多优点。图形用户界面是一种人与计算机通信的界面显示格式，允许用户使用鼠标等输入设备操纵屏幕上的图标或菜单选项，以选择命令、调用文件、启动程序或执行其他一些日常任务。图形用户界面由窗口、下拉菜单、对话框及其相应的控制机制构成，在各种新式应用程序中都是标准化的，即相同的操作总是以同样的方式来完成。在图形用户界面，用户看到和操作的都是图形对象，应用的是计算机图形学的技术。

"你们为什么不拿这个做点什么？这些东西太棒了，它将是革命性的!" 1979 年 11 月的一天，在施乐帕洛阿尔托研究中心（Xerox Palo Alto Research Center），乔布斯兴奋地嚷着。当时，帕洛阿尔托研究中心对外还是高度保密的，因此它对乔布斯起初并不是敞开大门的。当乔布斯听闻帕洛阿尔托研究中心有很多先进的东西时，他找到施乐公司，对相关负责人说："如果能让我们考察一下帕洛阿尔托研究中心，你们就可以在苹果公司投资 100 万美元。"乔布斯开出的条件是很诱人的，因为当时苹果公司的发展势头很猛，正处于公司上市前夜。而一旦苹果公司上市，施乐公司就会大有收获。

施乐的工程师拉里·泰斯勒很愿意在当时闻名美国的红人乔布斯面前展现自己最新的成果——图形界面和鼠标应用。泰斯勒后来回忆说，他起初以为乔布斯他们对此一窍不通，可是"从他们专注的眼神和关心产品细微之处的所有提问中，我知道我错了"。显然，施乐公司没有认识到这些技术的价值，而乔布斯看到了。乔布斯仔细地观察了施乐帕克的计算机屏幕，屏幕上全是各种图标、下拉菜单和重叠的窗口，鼠标一点就可以控制。乔布斯后来回忆说："我们所看到的是未完成的、有缺陷的产品，但是想法的精髓已经成形……短短 10 分钟的观察之后，我已经明白，这将是所有计算机的运作模式。"

接下来的五年内，乔布斯指示研发人员开始图形界面的研发，并首先用到丽萨电脑项目上。与此同时，乔布斯亲自主持了 Macintosh 项目，这个项目继承和完善了丽萨采用的图形技术。乔布斯对施乐 Alto 上的鼠标印象深刻，因此力排众议，要求 Macintosh 上要用上鼠标，于是便诞生了第一台使用图形用户界面和鼠标的个人计算机。而 Macintosh 电脑里鼠标和图形界面的灵感从哪里来？当然就是来自乔布斯的施乐帕洛阿尔托研究中心之行。

20 世纪 80 年代，苹果公司首先将图形用户界面引入微机领域，推出的 Macintosh 以其全鼠标、下拉菜单操作和直观的图形界面，引发了微机人机界面的历史性变革。鼠标和图形界面的广泛应用是当今计算机发展的重大成就之一，它极大地方便了非专业用户的使用。人们从此不再需要死记硬背大量的命令，取而代之的是可以通过窗口、菜单、按键等方式来方便地进行操作。有人说，是因为"窃"走了施乐 Alto 的技术，才造就苹果公司当时在个人计算机领域无与伦比的销售收入和口碑。这种评价有些武断，因为施乐没有给苹果任何拿走研发图纸的机会，而是因为乔布斯的能力：挑战现状，对某项技术、某个公司或顾客的细致观察；勇敢尝试新鲜事物的经验或实验；某人或事物点醒了他重要的知识或机会。

这个故事告诉我们，在对创新思维的学习中，逐渐地明白创新者为何异乎常人，他们创新的想法究竟起源于何处。

（资料来源：戴尔，葛瑞格森，克里斯坦森．创新者的基因［M］．曾佳宁，译．北京：中信出版社，2013.）

### 2.1.2 创新的类型

创新是创业的源泉、本质和灵魂，创新能力是创业者最重要的资本。创新的类型主要包括以下 10 种。

1. 盈利模式创新

盈利模式创新是指企业寻找全新的方式将产品和其他有价值的资源转变为现金。这种创新常常会挑战一个行业关于生产什么产品、确定怎样的价格、如何实现收入等问题的传统观念。溢价和竞拍是盈利模式创新的典型例子。

2. 电子商务创新

在如今“互联网+”的世界里，没有哪家企业能够独自完成所有事情。电子商务创新让企业可以充分利用其他企业的流程、技术、产品、渠道和品牌。悬赏或众包等开放式创新方式是电子商务创新的典型例子。

3. 结构创新

结构创新是通过采用独特的方式组织企业的资产（包括硬件、人力或无形资产）来创造价值。它涉及人才管理系统、重新配置固定设备等方面。电子商务结构创新的例子包括建立激励机制，鼓励员工朝某个特定目标努力，实现资产标准化，以降低运营成本和复杂性，甚至创建企业大学以提供持续的高端培训。

4. 流程创新

流程创新涉及企业主要产品或服务的各项生产活动和运营。这类创新需要彻底改变以往的业务经营方式，使企业具备独特的能力，高效运转，迅速适应新环境。流程创新常常是一个企业核心竞争力的重要组成部分。

5. 产品性能创新

产品性能创新是指企业在产品或服务的价值、特性和质量方面进行的创新。这类创新既涉及全新的产品，也包括能带来巨大增值的产品升级和产品线延伸。产品性能创新常常是竞争对手最容易效仿的一类。

6. 产品系统创新

产品系统创新是将单个产品或服务联系或捆绑起来创造出一个可扩展的强大系统。电子商务产品系统创新可以帮助企业建立一个能够吸引和取悦顾客的环境，抵御竞争者的侵袭。

7. 服务创新

服务创新保证并提高了产品的功效、性能和价值。它能使一个产品更容易被试用和享用；它为顾客展现了他们可能会忽视的产品特性和功效，能够解决顾客遇到的问题并弥补产品体验中的负面感受。

8. 渠道创新

渠道创新是指将产品与顾客联系在一起的所有手段。虽然电子商务在近年来成了主导力量，但实体店等传统渠道还是很重要，特别是在创造身临其境的体验方面。渠道创新常常能发掘出多种互补方式，将企业的产品和服务呈现给顾客。

9. 电子商务品牌创新

电子商务品牌创新有助于顾客识别、记住产品，并在面对商家和竞争对手的产品或替代品时选择商家的产品。电子商务品牌创新能够提炼一种“承诺”，吸引买主并传递认同感。

10. 顾客契合创新

顾客契合创新是理解顾客的深层愿望，并利用这些了解来发展顾客与企业之间具有诚意的联系。顾客契合创新开辟了广阔的探索空间，可以帮助企业找到合适的方式把产品或服务推介给顾客。

只选择一两种创新类型的简单创新不足以获得持久的成功，尤其是单纯的产品性能创新，很容易被模仿、被超越。创业者只有综合应用上述多种创新类型，才能打造可持续的竞争优势。

### 2.1.3 创新的重要性

现代世界充满了触手可及的、全球性的、爆炸性的知识、经验、劳动力和资本，技术在迅速更新和淘汰，往往一个新产品或新技术还没有上架或推广就已经被淘汰了。科技日新月异，信息快速更替。如今的技术创新已经不仅仅局限于如贝尔实验室这样卓越的研究中心。未来，技术创新可能会发生在人们周围。产品生命周期的缩短和技术的迅速落伍，使专利失去了它原本的效力和效用。另外，企业在竞争中不再像早期一样仅依靠贸易保护、货币限制、某地优质廉价的劳动力，以及配合默契的知识集群就能获得成功，能够维持优势并得以长期发展下去的唯一方法是持续不断地创新。创新不能只体现在产品上，更要体现在商业活动的所有方面以及持续不断的经济增长率上。当然，企业中的创新早已是家常便饭，正如威廉·鲍莫尔（William Baumol）认为的，没有创新，20 世纪的主流经济不可能产生空前的巨额财富。所以在当今社会，企业要谋求更大的发展空间，必须不断创新。

### 2.1.4 创新与创业的关系

创新是创业的灵魂，企业失去了创新就不会产生自己的核心竞争力，将难以长期生存，很快就会被市场所淘汰。创业者都很重视创新，也很欣赏创新型人才。实际上，创业者并不一定要靠开拓创新来获得成功，当自己不是创新来源时，也可以在其他地方寻找创新，将之转换并用于自己的企业。因此，对创业者而言，抓住创新本质、促进创新的产生和加强对创新的管理是非常重要的。

绝大多数企业在初创阶段会面临生存发展的问题。在同类企业较多的情形下，新创企业必须有创新，才能在众多同行中脱颖而出。从某种意义上讲，创新和创业是一对孪生兄弟，它们之间的关系是：创业因创新而生，创新因创业而得以实现。根据不同的需要和目的，对创新的理解和定义有很多种。对创业者而言，做突破自己思维方式与行为的事情就是创新。这些事情可以是别人没有做过的，也可以是自己没有尝试过的。它强调的是创新行为的发生，而不是将创新作为科学理论体系中的一个概念。创新可简单地理解为创业者通过创造性的思维和行动，使自己的某一个方面发生前所未有的变化。

创新的本质不是技术，不是工具，也不是操作。对创业者来说，创新是一种意识，更是一种行为方式。创新的前提是创意，延续是创业。比尔·盖茨曾经这样阐述创意：“创意犹如原子裂变一样，只需一盎司，便可带来无以计数的商业效益。”爱因斯坦说：“我们所面对的重要问题，是无法在我们思考和创意的相同层次上获得解决的。”创意和创新不能从根本上解决问题，唯有创业才能使创意和创新落到实处。

1. 创新是创业的基础，是创业的灵魂，是创业的本质

创业通过创新拓宽商业视野，获取市场机遇，整合独特资源，推进企业成长。要创业必

须具备一定的条件，创新能力、技术资金、创业团队、知识和社会关系等都是重要的创业资本。其中，创新能力可以说是最重要的创业资本。创业者在创业过程中需要具有创新精神，需要独特、活跃、科学的思维方式，才可能产生富有创意的想法或方案，才可能不断寻求新思路、新方法，最终获得创业成功。创业企业要不断发展壮大，更是必须依靠持续创新。纵览世界，今天绝大多数的商业巨擘，四五十年前都是名不见经传的小公司，有的在当时甚至尚未创建。它们之所以能够取得今天的辉煌，是因为以创新开始创业，以不断的创新追求卓越，从而推进了企业持续快速发展。

创新与创业的内容相似，并不说明二者可以相互替代，因为仅仅具备创新精神是不够的，它只是为创业成功提供了可能和必要的准备，如果脱离创业实践，缺乏一定的创业能力，创新精神也就成了无源之水、无本之木。创新精神所具有的意义，只有作用于创业实践活动才能体现，才有可能最终促使创业成功。创业与创新的目标同向、内容同质、功能同效。创业者要通过多种途径，将创业与创新有机结合。创新是创业的先导和基础，创业是创新的载体和表现形式，创业的成败取决于创新程度的高低。

2. 创新的价值体现在创业

创业活动需要不断打破旧的秩序，创造新的机会。因此，变革和创新要贯穿创业过程。创新与创业活动无法分开，没有创新的创业不可能持久，而没有创业的创新不可能为社会创造价值和财富。

创新经常被视为创业者获得自身竞争优势的重要来源和创业成功的重要基础与保障。创业需要一个契机，除了市场定位准确，第一次创业能否成功很大程度上还依赖于创业者个人素质的高低。如果拥有良好的专业背景、人脉资源、经营智慧，创业成功的机会就大大增加了。

从某种程度上讲，创新的价值在于将潜在的知识、技术和市场机会转化为现实生产力，实现社会财富的增长，造福人类社会，而实现这种转化的根本途径就是创业。通过创业，实现创新成果的商品化和产业化，将创新的价值转化为具体、现实的社会财富。创业者可能不是创新者或发明家，但必须具有能发现潜在商业机会并敢于冒险的特质；创新者也不一定是创业者或企业家，但其创新成果必须经创业者推向市场，使其潜在价值市场化，使创新成果转化为现实生产力。

历史上划时代的创新成果往往都是通过创业进入市场，进而催生出一个或若干个庞大的产业部门，为创业者、企业和社会带来巨额财富。如 1876 年发明的电话成就了全球通信产业和诺基亚、摩托罗拉、贝尔、朗讯等一大批跨国公司；1885 年发明的汽车造就了通用、福特等一批世界汽车业巨头；1903 年发明的飞机成就了波音、空中客车等飞机制造公司；1941 年制造出来的第一台计算机使 IBM 和英特尔成了 IT 界的霸主；个人计算机诞生于 1981 年，催生了成长业绩惊人的微软、戴尔等世界级企业；1995 年前后，电子商务投入市场，亚马逊、阿里巴巴等一批国际网络企业应运而生。

3. 创业的本质是创新

创业的本质是创新，是变革。创业应该是具有创业精神的个体与有价值的商业机会的结合，是开创新的事业，是创造性地整合资源，是创新和超前行为。

创新包括技术创新、制度创新和管理创新。对于创业者来说，光有创新是不够的，但没有创新的创业活动又难有后劲。创业者不改变自己长期形成的思维模式，就难以识别创业机会，也无法做到创新。对于创业者及其所创建的企业来说，创业与发展的过程永远是不断变革的过程。

美国学者加特纳曾调查了 36 位学者和 8 位商业领袖，归纳出 90 个创业属性，最终发现，对创业活动影响最大的属性是创新，如新事业的创造、新企业的创建与发展、新事物附加价值的创造、通过整合资源和产品或服务创新。很多创业者依靠新的产品或服务创业，并努力将新产品或服务推向市场，创造财富，造福社会。从这点看，创业实际上是一种不断挑战自我的过程。

可见，创新就是将新的理念和设想通过新产品、新流程、新的市场需求及新的服务方式有效地融入市场，进而创造新的价值或财富的过程。缺乏创新，就不会有新企业的诞生和小企业的成长壮大，所以创业的本质就是创新。

4. 创业推动并深化创新

创业可以推动新发明、新产品或新服务的不断涌现，创造出新的市场需求，进一步推动和深化科技创新，从而提高企业或整个国家的创新能力，推动经济增长。美国国家科学基金会和美国商业部等机构在 20 世纪 80 年代和 90 年代发表的报告中表明，第二次世界大战以后，美国创业型企业的创新占美国全部创新的一半以上，同时占重大创新的 95%。

创新的动力大致可以分为好奇心和事业心两大类。好奇心是一种最淳朴的创新驱动力，它往往产生于没有压力的情况下。而创业是一种事业心驱动，创业过程充满了各种挑战，有些甚至是创业者未曾遇到过的。对于有事业心的创业者来说，压力是最好的动力，在压力之下，人往往能最大限度地发挥出创新能力。因此，创业者必须通过不断创新来战胜各种挑战，为成功奠定坚实的基础。

## 2.2 创新思维概述

### 2.2.1 创新思维的定义

思维可以分为传统思维和创新思维两类。传统思维是人类经常性的、以经验为主的程序化思考。创新思维是相对于传统思维而言的一种思维方式，是指在传统思维的基础之上，通过发挥大脑的能动作用，以具有超前性和预测能力的新认知模式来把握事物发展的内在本质及规律，对事物间的联系进行前所未有的思考，探索观察、分析解决问题的新方法、新途径的思维过程。

从狭义上讲，创新思维是一种开拓人类认识新领域、开创人类认识新成果、具有较强社会意义的高级思维活动，它往往表现为发明新技术、形成新观念、提出新方案和决策、创建新理论。从广义上讲，创新思维可以表现为进行完整的新发现和新发明的思维过程，也可以表现为在思考的方法和技巧上，以及在某些结论和见解上具有新奇独到之处。它广泛存在于科学史上的重大发明之中，存在于政治、军事决策和生产、教育、艺术及科学研究活动之中。因此，每一位正常人都具有广义上的创新思维能力。比如在领导工作实践中，具有创新思维的职业经理可以想别人所未想、见别人所未见、做别人所未做的事，敢于突破原有的框架，或者从多种原有规范的交叉处着手，或者反向思考问题，从而取得创造性、突破性的成就。

创新思维是人类从事创造性活动的基础，是一切创造原理和创造技法的源泉，人类的成果无一不是创新思维的结果。创新思维结果实现了知识也就是信息的增殖，是以新的知识（如观点、理论、发现）来增加知识的积累，从而增加知识的数量（即信息量），或者是对已有知识进行新的分解与组合，发掘知识的新功能，由此实现知识（信息）结构量的增加。从信息活动和知识增殖的角度来看，创新思维是一种实现了知识增殖，或者说信息量增殖的思维活动。

创新思维结果的实现需要人们付出艰苦的脑力劳动。一项创新思维结果的取得，往往需要经过长期的探索、刻苦的钻研，甚至多次的挫折；而创新思维的能力也要经过长期的知识积累、智能训练、素质磨砺才能具备。创新思维过程还离不开推理、想象、联想、直觉等思维活动，所以，从主体活动的角度来看，创新思维又是一种需要人们（包括组织者、职业经理）付出较大代价、运用高超能力的一种思维活动。

### 2.2.2 创新思维的特征

创新思维与传统思维不同，它是通过发挥人脑的能动作用，对外部客观世界的信息以崭新的思考方式进行有意识或无意识、直接或间接的再加工处理的一个思维过程。创新思维具有以下几个特征。

1. 开拓性及独特性

创新思维较常规思维有明显的开拓性。传统思维遵循现存思路和方法进行思考，重复前人已经进行的思维过程。传统思维所要解决的是实践中重复出现的情况和问题，思维的结论属于现成的知识范围。而创新思维在思路的探索、思维的方法和思维的结论上不满足于人类已有的知识和经验，往往是对现有物质形态的一种否定，不同程度地表现出与旧事物的某些差异，努力通过新的思维方式探索客观世界中尚未认识的事物的规律。它所要解决的是实践中不断出现的新情况和新问题，为人们的实践活动开辟新领域、新天地。

要有创新性，就要有独特性。求异、求新、独创是创新思维的本质特征。创新思维的独特性在于能提出新的观点，探寻新的发现，与其他人有明显不同，并且前无古人、独具一格。创新思维的独特性能使知识和理论得到更新，对改变人类的生活方式和促进社会的进步具有极大作用。

2. 灵活敏捷性

创新思维始终追随前进的历史车轮，跟踪不断发展变化的动态社会。它从变化的实际情况出发，做到因人、因时、因事而异，短时间内迅速调动思维，具备积极思维、周密考虑、准确判断的能力，能当机立断、迅速正确地解决新问题。同时，创新思维并无现成的思维方法和程序可寻，它的方式、方法、程序、途径等都没有固定的框架，且是多方向发散和立体型的，在思维活动中，表现为可以灵活地从一个思路转向另一个思路，从一种意境进入另一种意境，多方位地探索解决问题的办法。传统思维通常是调动已有的经验，索引既定的方案、现成的做法、惯用的例证，习惯于按照一定的固有思路和方法进行思维活动，虽然符合“最省力原理”，但“再现”多于“创造”，“仿效”多于“结合”，思维缺乏灵活性、深度和广度。

创新思维灵活敏捷性的主要表现为：一是具有变通力，能适应变化多端的现实情况；二是摆脱惯性，不以僵化的方式看问题，突破各种成见、偏见和思维定式；三是依赖高度发展的观察力和良好的注意力。

3. 探险性和风险性

创新思维的显著特点，一是“创”，二是“新”。以“创”促“新”，以“新”带“创”。“发展就要变，不变就不会发展”，创新思维的核心是在发展上求创新、求突破，而不是原来事物的再现，是在探索中发现和解决问题。

创新思维活动是一种探索未知的活动，要受多种因素的限制和影响，如事物发展的程度及本质暴露的程度、实践的条件与水平、认识的水平与能力等。这决定了创新思维并不能每次都取得成功，甚至有可能毫无成效或者得出错误的结论。创新思维的风险性还表现在它会对传统势力、偏见产生冲击，而传统势力、现有权威都会竭力维护自己的存在，对创新思维活动的成果抱有抵触心理。但是，无论它取得什么样的结果，在认识论和方法论范畴内都具有重要意义。常规性思维不越常规，表面看来“稳妥”、风险小，但它的根本缺陷是“从来没有改变，一切照旧”，不能为人们提供新的启示。

4. 突变性

在创新思维的过程中，新思路、新设想的产生通常带有突变性。有时，人们的思考到达一个瓶颈，或者说思路达到了极限的时候，常常会在突然之间豁然开朗，突发奇想，使得久思不得其解的问题瞬间找到答案，这样的现象也称为“灵光一现”。创新思维的机理是突变论，表现出一种非逻辑的特征，是对原有极限的突破，能催生新事物。当然，突变性是创新者长期观察、研究、思考的结果，是创新思维活动过程的产物。这种思想火花的爆发没有固定的时间，带有极大的随机性。

5. 客观现实性

创新思维是以客观存在为主体的现实思维结构。它强调一切从实际情况出发，从解决现实矛盾和问题入手，尊重客观，尊重事实，在实践中不断认识真理。从本质上讲，创新思维始于客观存在的必然需要，创新方法源于解决现实问题，离开现实谈创新没有任何意义，脱离现实搞创新更是违背规律的。传统思维往往流连过去，习惯用老眼光看待新事物，很难引领人们进入一个新的境界。

6. 科学性和有益性

创新不是凭个人的主观意志获得成功的，它必须建立在科学的认识观上，即在辩证唯物主义和历史唯物主义的科学理论指导下，经过对客观事物的细致观察和认真剖析，才能大胆地对现有物质形态在“局部继承”的基础上进行“整体否定”。因此，任何创新活动都必须找寻客观事物的发展规律，符合客观实际，经得起实践检验，具有令人信服的科学性。这也是区别真创新和假创新的一条重要标准。创新的目的在于造福人类，创新的成果只有有益于人类才能被人们承认、接受。在创新的全过程中，始终使良好的创新动机和有益的创新成果和谐统一，是确保创新成功的先决条件，也是衡量一切创新是否具有存在价值的一条重要依据。

7. 综合性

创新思维是由许多因素、多种思维形式结合在一起的综合性思维活动。因素包括知识信息因素、智力因素、实际能力因素、个性因素及身体因素等，思维形式包括想象、联想、比较和概括等。把事物的各个侧面、部分和属性等有机地综合成一个新的整体来进行观察和思考，常常能容易地发现事物之间的内在联系，发现事物之间在某些方面存在的某些重要的关系，从而做出重大的创造发明。

人的思维结构可以分为思维形式、思维内容和思维过程三个部分，如图2.1所示。*X*轴代表思维形式，分为求同与求异、收敛与发散、习惯与变异、循序与跳跃、试悟与顿悟等5对思维，由10个因子组成。在每对因子中，前者为正向因子，后者为负向因子。*Y*轴代表思维方法，由辩证、逻辑、形象、动作等4个部分组成，属于中性因子。*Z*轴代表思维过程，由分析、综合、比较、概括、推理、抽象、类比、概念、判断、想象等10个部分组成，均属于中性因子。由于坐标系统中*X*轴上有10个因子，可视为10个因子的排列组合，*Y*轴上有4个因子排列组合，*Z*轴上有10个因子排列组合，用数字的排列组合方法解析，所得到的思维模式种类可有百亿种之多。

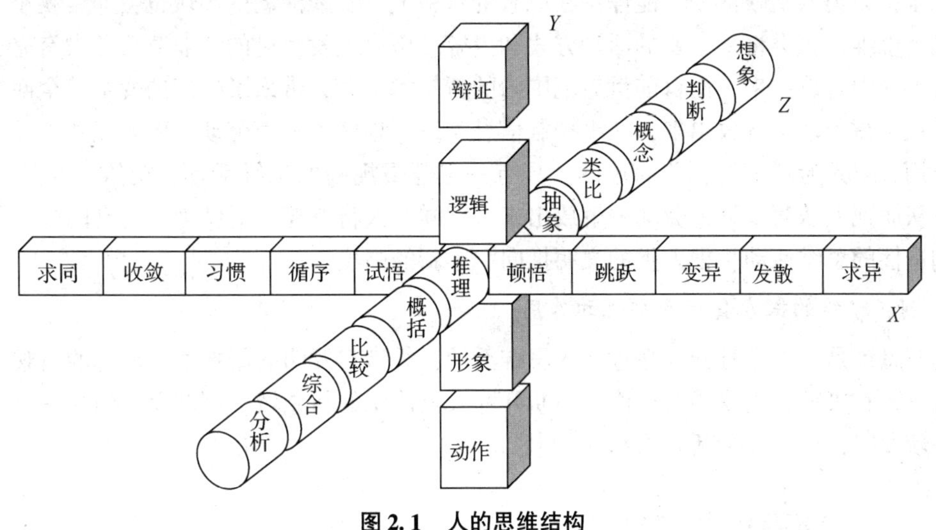


**图2.1 人的思维结构**

（资料来源：朱瑞富．创新理论与技能［M］．北京：高等教育出版社，2013.）

创新思维是人类最高级、最复杂的思维过程，是多种思维方法、思维形式和思维过程有机结合的产物。在创新思维方法上，既要有逻辑思维，也要有形象思维；在创新思维形式上，既要有发散思维，也要有收敛思维，既要有求异思维，也要有求同思维。在创新思维的过程中，要不断地综合、分析、比较、概括和推理，只有这样，才能正确认识事物的关系，认清事物的本质和规律，才可能卓有成效地产生创造性的成果。

## 2.2.3 创新思维的作用

1. 创新思维可以不断地增加人类知识的总量和认识世界的水平

创新思维对象的潜在特征，表明创新思维是向着未知或不完全知晓的领域进军，不断扩大人们的认识范围，不断地把未被认识的事物变为可以认识和已经认识的事物。科学上每一次的发现和创造，都增加着人类的知识总量，为人类不断地认识世界创造条件。

2. 创新思维可以不断提高人类的认识能力

创新思维的特征表明，创新思维是一种高超的艺术，创新思维活动及过程中的内在的东西是无法模仿的。这种内在的东西即创新思维能力，这种能力的获得依赖于人们对历史和现状的深刻了解，依赖于敏锐的观察能力和分析问题的能力，依赖于平时知识的积累和知识面的拓展。而每一次创新思维过程就是一次锻炼思维能力的过程，因为要想获得对未知世界的认识，人们就要不断地探索前人没有采用过的思维方法和思考角度，寻求没有先例的办法和途径，从而正确有效地观察问题、分析问题和解决问题，极大地提高人类认识未知事物的能力。所以，认识能力的提高离不开创新思维。

3. 创新思维可以为实践开辟新的局面

创新思维的独创性与风险性特征赋予了它敢于探索和创新的精神。在这种精神的支配下，人们不满足现状，不满足已有的知识和经验，总是力图探索客观世界中还未被认识的本质和规律，并以此为指导，进行开拓性的实践，开辟出人类实践活动的新领域。若没有创造性的思维，人类的实践活动只能停留在原有的水平上，实践活动的领域也会非常狭小。

创新思维是人类将来主要的活动方式和内容。历史上发生过的工业革命并没有完全把人从体力劳动中解放出来，而目前世界范围内的新技术革命，带来了生产的变革。全面的自动化把人从机械劳动中解放出来，从事控制信息、编制程序的脑力劳动。而人工智能技术的推广和应用，将人所从事的一些简单的、具有一定逻辑规则的思维活动，交给“机器人”去完成，从而把人从简单脑力劳动中解放出来。这样，人将有充分的精力把自己的知识、智力用于创造性的思维活动，把人类的文明推向一个新的高度。

4. 创新思维的探索具有开拓性的作用

创新思维是一种具有开创性意义的思维活动，凭借它发明的新技术、形成的新观念、提出的新方案和决策、创建的新理论，不断开辟人类认识的新领域。创新思维的结果可以是新发现和新发明，也可以是新方法和新技术。

## 2.3 创新思维与实践

创新思维具有勇于探索、敢于超越、善于发散的思维品格，具有强弱互补、灵活变通的思维方法，具有标新立异、不同凡响的思维创意，然而这一切绝不意味着它就是凭主观随意空想、瞎想、乱想。相反，创新思维的运作必须始终以社会实践活动为基础，创新思维的来源、目标、动力、检验标准，都离不开实践。实践的观点，是创新思维运作必须遵循的基本原则。

1. 实践为创新思维确立目标

人们因为改造客观世界的实践需要，产生了认识世界的需要。而在无限发展的世界中，哪些东西首先成为思维认识的目标，也是由实践需要决定的。比如，因农业的灌溉、城市的建筑、手工业和航海业的需要产生了古代力学，因测量土地面积的需要产生了古代数学。实践不断给人们提出新的思维课题，并提供解决新课题的新材料。20世纪以来，航空技术的需要，推动了空气动力学的迅速发展；原子能的需要，促进了核物理学、粒子物理学的大发展。这些雨后春笋般出现的新学科，都是由实践的需要推动的。恩格斯说："社会一旦有技术上的需要，这种需要就会比十所大学更能把科学推向前进。"

2. 实践为创新思维揭示问题

创新思维基于实践，始于问题。而问题的发现与揭示也来自实践生活，来自对客观事物的细致观察。坦桑尼亚的中学生姆佩姆巴，一次与同学们用冰箱制作冰激凌。他发现，热牛奶竟比冷牛奶更快地结冰了。他的发现受到了老师和同学的嘲笑，但他毫不泄气，坚持"打破砂锅问到底"。后来，他去请教了物理学博士。博士通过实验，证实了这种自然现象。人们把这一现象命名为"姆佩姆巴效应"，并开始了广泛的研究。

3. 实践为创新思维的深化提供动力

运用创新思维的最终目的在于指导实践。创新思维来自实践，之所以要大力创新，是因为千变万化的社会实践对我们提出了创新的迫切要求，只有适应这种要求，才能适应社会实践的发展。要善于把创新思维与创新实践紧密结合起来，实现二者的良性循环。如果只有思维没有实践，再好的思维也只是空中楼阁。

电镀技术的发明无疑是创新思维的一项重大成果，然而它也带来两大新问题：一是耗水量大，二是严重污染环境。尽管国家用于废水处理的投资达数百亿元，却仍然收效甚微。而且废水带走75%的贵重金属，留下几十种剧毒化学物质污染环境。后来，某位工程师经过千万次计算后发现，电镀中的平衡理论是错误的，他变换了上百次探索方案，终于建立起自己的叠加原理，并按这套叠加原理发明了电脑控制间歇逆流漂洗自动生产线，创造出电镀物料全部循环利用的奇迹。过去哗哗直淌的废水不见了，甚至可以连续生产30天不用加新水。

4. 实践是检验创新思维成果真理性的唯一标准

马克思指出，人的思维是否具有客观的真理性，不是一个理论的问题，而是一个实践的问题。除了实践，没有别的东西能够成为检验真理的标准，只有实践才具有把主观和客观联系起来的特性，才能成为检验认识真理性的标准。创新思维成果，特别是由灵感、直觉、想象带来的超常思维设想，既有创造性，又不可避免地存在猜测性、偶然性。直觉有三个缺点：第一，直觉没有论证力量；第二，直觉是普通常识，而常识是保守的；第三，直觉不够精细。要克服直觉的这些缺点，除了进行必要的逻辑论证，必须经受实践的检验。

主观的创新思维成果经过客观实践的反复检验，就会产生一系列反馈信息，即实践的结果。这个结果与原来的主观意图相符，就证明创新思维成果是正确的；反之，就是不正确的或不完善的。这时，人们就会借助不正确或不完善的结果来推翻或修正原来的创新思维成果，同时在新的实践基础上又会形成新的研究课题，推动新的创新思维活动。实践—创新思维—再实践—再创新思维，通过这样无限循环，人类才能在认识世界、改造世界的历史进程中不断攀上新的高峰。

创新需要人们的创新意识和创新能力，但不断发展变化的实践则是创新重要的基础。现实世界体现为主观世界和客观世界。人们的一切活动，包括创造性活动，都要在客观世界里进行。一方面，人们通过实践活动及认识活动把客观世界转换为主观世界；另一方面，又可以把主观世界，尤其是大脑中的想法、理想通过实践转换为现实的事物，成为客观世界的一部分。以客观世界为原型，又在实践的基础上不断更新主观世界和客观世界的内容，这就是创新。

综上所述，实践是创新的源泉和动力。通过不断的创新实践，可以修正、更新、改良创新成果；通过不断实践、不断探索，又可丰富创新思维，不断积累创新成果。

## 2.4 创新思维的模式

任何创新思维过程总是指向某一具体问题的，问题是思维的起点。创新思维与问题解决有着密不可分的联系，所有的创新思维无疑都包含解决问题。创新思维模式如图 2.2 所示。

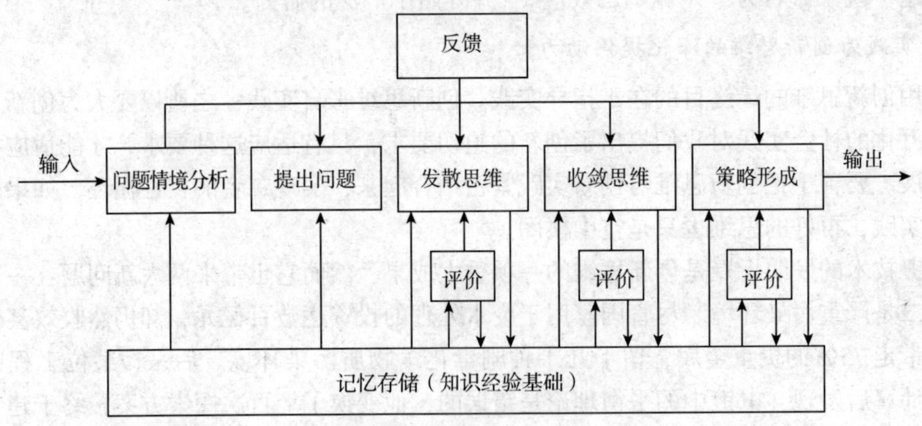


**图 2.2 创新思维模式**

（资料来源：陈永奎．大学生创新创业基础教程［M］．北京：经济管理出版社，2015.）

1. 问题情境分析

问题情境分析是创新思维的起始因素，唤起人的认识需求。问题情境意味着人在活动中遇到了某种不理解的、未知的、令人烦扰和诧异的东西。它是由于人处在解决问题（任务）的情境中时，无法用已有的知识解释新的事实，或者无法用以前熟悉的方法完成已知行动，应找到新的行动方法而产生的。创新思维过程从对问题情境的分析开始。问题情境分析结果可划分为已知因素、未知因素和应求因素。

2. 提出问题

提出问题是创新思维的主要一步。在问题情境的分析中，须确定情境中引起困难的因素，被看作是困难因素的就是问题。通过一系列不同层次的“为什么”的发问，由浅到深，到反映其实质的发问，看出问题所在，即识破问题的实质，继而用语言概述出问题。在这个阶段，不仅要确定问题的存在，还要定义这个问题到底是什么。

3. 发散思维

发散思维是指从多角度、不同的思维方向，不受限于现有知识范围，不遵循传统的固定方法，从已知信息中产生大量变化的、独特的新消息的思维方式。

发散思维表现为思维视野开阔，思维呈现出多维发散状。一题多解、一题多写、一物多用等，都是发散思维的表现形式。不少心理学家认为，发散思维是创造性思维最主要的特点，是检验创造力的主要标志。

4. 收敛思维

收敛思维也叫“集中思维”或“聚合思维”，是指在解决问题的过程中，尽可能利用已有的知识和经验，把众多的信息和解题的可能性逐步引导到条理化的逻辑序列中去，最终得出一个合乎逻辑规范的结论。

5. 策略形成

策略形成是指分析组织内部和外部环境后，选择一个适当的策略，最后输出。

## 2.5 创新思维的培养

### 2.5.1 批判性思维

批判性思维是“一种问‘为什么’的态度，一种以正确推理和有效论据为基础，审查、评估与理解事件，解决问题，做出决策的认知策略”，也可以理解为“面对做什么或者相信什么而做合理性决定的一系列思考技能和方法”。批判性思维一般包括三个环节：质疑、求证和判断。质疑就是提出问题，对任何观点和主张，不论是谁提出来的，也不管有多少人相信，都要敢于提出质疑。质疑不是为了怀疑而怀疑，要讲究证据。无论赞同还是不赞同，都要寻找支持和否定的事实和证据，这就是求证。求证过程中要不断寻找支持某一观点的证据，还要找不支持甚至反对的证据，即要有正论，也要有反论，最终做出合乎逻辑和理性的判断。

★阅读材料

**“始作俑者，其无后乎”的出处与原意**

有一次在课堂上，老师说，有一位名人认为，儒家是主张用活人殉葬的，根据是儒家的祖师爷孔子说过一句话，“始作俑者，其无后乎”，意思是骂第一个用陶俑代替活人殉葬的人断子绝孙，这证明他主张用活人殉葬。问学生怎么看。

甲学生回答：“因为这句话是名人说的，名人比我们懂得多，应该不会乱说话的。”

乙学生回答：“老师，我觉得这个说法证据不足。首先这句话是不是孔子说的？如果是，那孔子是在什么情景下说的？还有，这句话到底是什么意思？”

后来，老师把《孟子·梁惠王上》一文中的内容展示给同学们，那段古文的意思大致翻译如下。

战国时，有一次梁惠王向孟子请教治国之道。孟子问梁惠王：“用木棍打死人和用刀子杀死人，有什么不同吗？”

梁惠王回答说：“没什么不同。”

孟子又说：“用刀子杀死人和用政治害死人有什么不同吗？”

梁惠王回答说：“也没什么不同。”

孟子接着说：“现在大王的厨房里有的是肥肉，马厩里有的是壮马，可老百姓面有饥色，野外躺着饿死的人，这是当权者在带领野兽来吃人啊！大王想想，野兽相食，尚且使人恶心，那么当权者带着野兽来吃人，怎么能当好老百姓的父母官呢？孔子曾说过，首先开始用陶俑的人，他是断子绝孙、没有后代的！您看，用人形的土偶殉葬尚且不可，又怎么可以让老百姓活活地饿死呢？”

听到这，大家都明白了，孟子是借孔子的话来劝梁惠王实施仁政。这个故事告诉我们，对于任何事物都应该带有批判性的思维，不要盲目迷信名言、权威，要用带有批判性的思维看待问题，解决问题。

创新思维包括两个阶段。第一个阶段是创意的萌发。在这一阶段，批判性思维作用不大，甚至可能会起反作用。创意的萌发就是要打破思维定式，包括不受规则与逻辑的限制。在这个极端，过早地使用批判性思维可能会把灵感的种子扼杀在摇篮里。但到第二个阶段，也就是创意的形成阶段，需要对创意的雏形进行筛选、整理、加工与完善。这时，批判性思维就可以派上用场了。可见，创意要变成可行性方案，需要批判性思维。

### 2.5.2　求异思维

求异思维是创新思维的一种。创新思维主要表现在“新”上，不论新技术、新产品，还是新方法、新理论、新思想等，都强调“新”。但是“新”的前提或必要条件是什么？是“异”。如果不能“立异”，也就无所谓“标新”了。所有的创新首先要求异，异于旧的形式，异于旧的内容，异于旧的功能，异于旧的结构，异于旧的特征等。换句话说，求异是一切创新思维的共同特征。

求异思维就是突破常规思维只从单方向、正面思考的习惯，遇到问题善于从异于以往的方面，从反面和侧面去思考的一种思维方式。吸尘器发明的最初想法是把灰尘吹走，但怎么也做不到，后来就转变了思维方式，既然吹走的办法不行，干脆吸进来。这种思维方式的形成，告诉我们在遇到常规方法解决不了的问题时，让思维适时地“转弯”，甚至是180度大转弯，往往可以收到“柳暗花明又一村”的效果。

★阅读材料

**司马光砸缸**

有一次，司马光跟小伙伴们在后院里玩耍。院子里有一口大水缸，有个小朋友爬到缸沿上玩，一不小心掉进了缸里。缸大水深，眼看那孩子快没顶了，别的孩子吓得边哭边喊。司马光却急中生智，从地上捡起一块大石头，使劲向缸砸去，“砰”的一声，水缸破了，缸里的水流了出来，被淹的小孩得救了。这是我们熟悉的司马光砸缸的故事，也是典型的求异思维的例子。

求异思维的应用领域非常广泛，不论科学发现、技术发明，还是企业经营管理、文艺创作，到处都可以寻到它的踪迹。当然，提倡求异思维，绝不是提倡“求歧”。如果一味地求异而忽视了创新，就会走上歧路。

### 2.5.3　发散思维和集中思维

1. 发散思维

心理学家认为，发散思维是创造性思维的重要特点，是测定创造力的重要指标之一。发散思维是指从一点出发，向四面八方扩散，寻求更多的答案。在常规思维下，遇到问题时往往提出一个解决方案，然后去分析方案的可行性，如果行不通，就不再去想其他的方案，思维就此搁浅。发散思维则要围绕一个问题，尽可能多地提出解决方案，先不管方案是否可行，先求多、求新、求独创、求前所未有，允许异想天开和标新立异。发散思维既无一定的方向，也无一定的范围，不墨守成规，不拘泥于传统，鼓励从已知的领域去探索未知的境界。正如美国心理学家吉尔福特说的那样：发散思维是从所给的信息中产生信息，着重点是从同一来源中产生众多的输出，并且很可能会产生转移作用。

★阅读材料

**QQ及它的衍生品**

微信、QQ已经成为很多人必备的交流工具。有人说，以QQ为代表的即时通信软件的陆续推出，不仅缩短了人与人之间的沟通距离，而且改变了人们的沟通习惯。人与人之间的沟通不再局限于现实的空间，以及现实的人际关系网络，认识的、不认识的人都可以在虚拟的世界进行沟通。

现在的QQ除去它的界面始终没有变化外，已经增加了太多的功能，从邮箱、空间、公共聊天室，到宠物、视频、直播、语音、腾讯TM、QQ游戏大厅、QQ对战平台、QQ堂、QQ飞车、穿越火线、腾讯拍拍、财付通、QQ直播、QQ音乐等，功能多到数不过来。像QQ这种在一个平台上辐射出许多附加功能的做法，就是发散思维。

发散思维的质量通常从3个方面加以衡量。

（1）流畅性——你想到了多少种主意？

流畅性是衡量发散思维质量的一个重要指标，是指根据某一特定信息在短时间内作出多种反应的能力。一个人在规定的时间内按照要求所表达的东西越多，思维的流畅性越好。

例如，有一个盛满水的玻璃杯，要求在不打破杯子、不倾斜杯子的前提下，在3分钟内取出杯中的全部水。有人在规定的时间内提出了14种方案，包括吸管吸、棉麻吸、海绵吸、动物吸、水泵吸、针管吸、滴管吸、热风吹、太阳晒、自然蒸发、加热蒸发、插入木条后放入冰箱、用锅蒸、倒入酒精点燃，也有人只想到了两三种方法，这表现出个体在发散思维流畅性上的差异。

（2）变通性——你想到了多少种不同种类的主意？

变通性又称灵活性，是指思想具有多种方向，触类旁通，随机应变，不受思维定式的约束，能产生超长的构思，提出不同凡响的新概念。这就要求在思维遇到困难时随机应变，及时调整思考方式而不只是进行单向发散，从而提出类别较多的答案。

（3）独创性——你想到了多少与众不同的主意？

独创性是指思维的独特性，是指人们在思维中产生不同寻常的“奇思妙想”的能力。这一能力可使人按照不同寻常的思路展开思维，突破常规知识和经验的束缚，得到标新立异的思维成果。独创性要求思维具有超乎寻常的新异成分，更多地代表发散思维的本质。

总之，真正有创造性的发散思维应该是流畅性、变通性、独创性三者兼备的。在流畅性提供大量思想的基础上，不断变换思维的方向，最终得到独创性的结果。因此，流畅性是基础，变通性是条件，独创性是目标。

2. 集中思维

集中思维是指在发散思维的基础上，将获得的若干信息或思路重新组织，使之指向一个正确的答案、结论或最好的解决方案。具体来讲，集中思维就是对发散思维提出的多种设想进行整理、分析、选择，再从中选出最有可能、最经济、最有价值的设想，并加以深化和完善，使之具体化、现实化，并将其余设想中的可行部分也补充进去，最终获得一个最佳答案。

3. 发散思维与集中思维的关系

发散思维和集中思维都是创新思维的重要组成形式，两者互相联系，密不可分。任何一个创新过程，都必须经由发散到集中，再由集中到发散，多次循环往复，直到解决问题。

发散思维体现了“由表及彼”及“由表及里”的思维过程，而集中思维体现了“去粗取精”和“去伪存真”的思维过程。也就是，先要“多谋”，再“善断”。

在创新活动中，只有通过发散思维，提出种种新设想，才谈得上通过集中思维挑选出好的设想。可见，创造性首先表现在发散上。当然，发散和集中是辩证统一的，都是为了达到创新、创造的目的。

### 2.5.4 侧向思维

常规思维就像水从山坡上流下来，汇集在凹地，而后又流入河流一样，沿着逻辑的通道去思考；侧向思维则有意开挖新渠道来改变水流，或者在旧渠道上筑坝堵水，让水溢出，以新的方式流动。

侧向思维是一种能产生新想法的思维方式，它的创造性品质源于两点：其一，它可以使人排除“优势想法”所造成的直来直往的线性思维，避开经验、常识、逻辑的羁绊；其二，它能帮助人借鉴表面上看来与问题无关的信息，从侧面迂回或横向寻觅去解决问题。

侧向思维富有浪漫色彩，看似问题在此，其实“钥匙”在彼；似乎瞄着问题的焦点，答案却在远离焦点的一侧。侧向思维的要义在于“他山之石，可以攻玉”，借助系统之外的信息、知识、经验来解决面临的难题。侧向思维是利用事物间的相互关联性，通过让常人始料不及的思路达到预定的目标。这就要求思维的主体头脑灵活，善于另辟蹊径。纵观世界科学发展史，一些科学奇迹的创造，往往是通过侧向思维打开传统思维枷锁而取得的。

★阅读材料

**“无漏油圆珠笔”的小发明**

圆珠笔刚刚造出时，困扰厂家的最大问题就是书写一阵后会因圆珠磨损而漏油，有的工程师从改进圆珠质量入手，有的则从改进油墨性能入手，但都未能解决漏油问题。一名工人却从四岁的小女儿把圆珠笔用到快漏油时就丢弃不用这一现象中得到启发，建议老板将笔芯做得短些，不等其漏油，油就用完了。这项“无漏油圆珠笔”的小发明，颇受顾客欢迎。

### 2.5.5 联想思维

1. 联想的定义

联想是指人们通过某一事物、现象由此及彼地想到另一事物、现象的思维活动。通过联想，甚至可以使看上去毫不相关的事物之间发生联系。它是通过对两种以上事物之间存在的关联性和可比性去扩展人脑中固有的思维，使其由旧见新，由已知推未知，从而获得更多的设想和推测。

联想可以是概念与概念之间的联想，也可以是方法与方法之间的联想，还可以是形象与形象之间的联想。由下雨想到潮湿，由烟雾想到白云，看到猫想到老虎，都是联想。联想可以将两个或多个相似、相近或相反的对象联系起来，发现它们之间相似、相近或相反的属性，从中受到启发，发现未知，作出创新。联想思维是重要的创新思维方式之一，许多发现与发明都源于联想。

★阅读材料

### 一顿特殊的午餐

在英格兰，有人曾做过这样一个有趣的实验。在一次有许多人参加的午宴上，聘请了一个有名的厨师。这厨师做出的饭菜不说十里飘香，也可谓有滋有味。但实验者别出心裁地对做好的饭菜进行了“颜色加工”。他将牛排制成乳白色，将色拉染成发黑的蓝色，把咖啡泡成混浊的土黄色，把片菜变成并不高雅的淡红色，将牛奶弄得血红，而将豌豆染成黏糊糊的黑色。满怀喜悦心情的人们本来想大饱口福，但当这些菜肴被端上桌子时，都发起呆来。有的迟疑不前，有的怎么也不肯就座，有的狠狠心勉强吃了几口，都恶心得直想吐。而在另一桌，同样是这样颜色奇特的午餐，却遇到了一些被蒙住眼睛的就餐者，这桌菜肴很快就被吃了个精光，人们意犹未尽，赞不绝口。

实验者通过上述实验证明，联想具有很强的心理作用。看见食物的人们，由于食物异常的颜色而产生了种种奇特的联想影响了食欲。另一桌被蒙住眼睛的客人没有这种异样的联想，仍然保持以前的想法，因此具有良好的食欲。

2. 联想的类型

（1）相关联想。

相关联想是由一种事物联想到与其属性、空间或时间相关的另一事物的思维过程。世界上的事物总是在属性、空间或时间上蕴含着与其他事物的联系，发现这些联系，巧妙地扩展事物的联系圈，把属性、空间或时间上距离较远的事物联系在一起，就能产生出一个个新的创意。

★阅读材料

### 郑板桥祝寿

相传，“扬州八怪”之一的郑板桥，有一次在大雨中去好友家赴宴祝寿。酒后，主人请他题诗祝寿。郑板桥想也不想，提笔写了“奈何”二字，弄得大家都很惊讶。郑板桥紧接着又写了“奈何”“可奈何”，众人更加惊奇。郑板桥不顾这些，落笔又写下了第四个“奈何”，接下来龙飞凤舞，挥笔写下全诗。

奈何奈何可奈何，<br>
奈何今日雨滂沱。<br>
滂沱雨祝李公寿，<br>
寿比滂沱雨更多！

郑板桥用的就是相关联想，由“雨滂沱”想到了眼前的“寿更多”。

（资料来源：吴晓义．创新思维［M］．北京：清华大学出版社，2016.）

★阅读材料

**菜谱餐盘的创意**

将菜谱做成餐盘的形式，名为“午餐书”，赢得了2015年米兰世博会餐盒系列设计比赛的第一名。它由来自世界各地的不同菜谱组成，既传达了相关的烹饪信息，也可供人们在米兰世博会期间当作真正的餐盘使用。

（2）相似联想。

由一件事物的感知或回忆引起对和它在性质上接近或相似的事物的回忆，称为相似联想。相似性是人脑对事物内在联系的一致性的认识。多角度观察不同事物，就会发现不相关的事物实际上存在着相似性，如现象的相似、原理的相似、结构的相似、功能的相似、材料的相似等。这些事物的相似性可以成为相似联想的引线。例如，由春天想到繁荣，由劳动模范想到战斗英雄。相似联想反映事物间的相似性和共性，一般的比喻都是借助相似联想。例如，以风暴比拟革命形势，以苍松翠柏形容坚强的意志。作诗时用韵律，由一个字想到同音同韵的字，也是一种相似联想。相似联想是暂时联系的泛化或概括化的表现。泛化是还未对相似事物分辨清楚时所作的相同的反应，概括化则是对不同事物的共同性质所作的反应。

（3）接近联想。

在空间或时间上接近的事物，在经验中容易形成联系，因而容易由一个事物想到另一事物，这就是接近联想。例如，提到天安门就容易想到人民英雄纪念碑，因为二者在空间上接近；“桃花流水鳜鱼肥”则是在时间上接近。空间上的接近和时间上的接近也是相联系的，空间上接近的事物，感知时间也必定接近；感知时间相接近的，空间距离也常接近。

（4）对立联想。

对立联想是指从对某一事物属性或特点的关注，转向对事物相反属性或特点的关注，并由此引发联想，解决某一问题。对立联想在思维方法上与对比联想有相似之处，也是从逆向角度思考问题，不同的是它不只通过由正到反的思考联想到另一事物，而且从不同的侧面找到关注点，或者直接从反面（或缺点）寻找可利用之处。

对立联想不仅有对比联想的逆向性、挑战性、反常性，还有反面的侧向性和思维的侧向性。反面的侧向性就是直接针对反面或缺陷进行思考，考虑对它的转化或利用。人们常说的“以毒攻毒”“变害为利”“将计就计”等，都反映了对立联想的思维特征。思维的侧向性就是利用对立联想（包括思路）的多向性，当在正反两个方向上都找不到解决问题的办法或找不到满意的办法时，把注意力转向其他方面寻求更好的途径。

常规性思维对待前进中遇到的障碍，主要是想尽方法克服、攻破。而创造性思维对待障碍却有三条路可以选择：一是变换思路，突破它；二是改变思维方向，绕过它；三是灵活多变，利用它。显然，创造性思维的“活动范围”扩大了许多，特别是第三条路径，更有它的可贵之处。

（5）对比联想。

由对某一事物的感知或回忆引起对和它具有相反特点的事物的回忆，称为对比联想，如由黑暗想到光明，由冬天想到夏天等。对比联想既反映事物的共性，又反映事物对立的个性，有共性才能有对立的个性。如黑暗和光明都是“亮度”（共性），不过前者亮度小，后者亮度大；夏天和冬天都是季节（共性），不过一个炎热，一个寒冷。我国律诗讲究对仗，对联的应用也非常广泛。对比联想使人容易看到事物的对立面，对于认识和分析事物有重要作用。

★阅读材料

**丑陋玩具**

一天，美国艾士隆公司董事长在外面散步时，发现几个小孩子正在玩一只小虫子。这只小虫子不仅满身污泥，而且长得十分丑陋，可是这几个小孩却玩得津津有味。这一情景让他想到：市场上销售的玩具都是形象美丽的，凡是动物玩具个个都乖巧可爱，假如生产一些丑陋玩具投放市场，销量将如何呢？

他决定试一试，于是让设计人员迅速研制了一批丑陋玩具投放市场：有橡皮做成的“粗鲁陋夫”，长着枯黄的头发、绿色的皮肤；有由一串小球组成的“疯球”，每个小球上都印着丑陋不堪的面孔。没想到这些丑陋玩具上市后，反应非常热烈，给艾士隆公司带来了丰厚的利润，尽管它们的价格大大高出一般玩具，但销量依然长盛不衰。

3. 联想的方法

（1）自由联想法。

自由联想法指的是不受限制地联想，可以从多方面、多种可能性寻找问题的答案。

（2）强制联想法。

强制联想法是指把思维强制性地固定在一对事物中，并要求对这对事物产生联想。比如，对于花和椅子，可以这样想：花—花型—镂花椅子；花—花香—带花香味的椅子；花—花色—印有花色图案的椅子，等等。将看起来毫无关联的两个事物强行联系在一起，思维的跳跃度较大，能帮助我们克服经验的束缚，产生新设想或开发新产品。

★阅读材料

**用焦点法进行强制联想**

焦点法是以某一特定事物为焦点，依次与其构成联想点，寻求新产品、新技术、新思想的推广应用和对某一问题的解决途径。

下面以沙发设计为例，将焦点法的实施过程进行说明，如图 2.3 所示。

要研究的项目定为焦点，沙发即为思考焦点；另外任选一个内涵丰富的事物作为刺激物，如荷花；提取刺激物的特征，与焦点联系起来思考，提出各种沙发新设想。上述想法可进一步发展，如“充气薄膜沙发”，分别以“充气”和“薄膜”进一步设想：充气—用时充气—便携式囊袋充气后为沙发—浮在水面上的沙发……；薄膜—超轻沙发—变色沙发—自修复沙发—可变形沙发……

经过分析、比较、判断，从上述设计方案中选出有市场竞争力的沙发进行制作。

利用焦点法产生联想的结果有的可能很荒唐，有的则有一定价值，有的需就某个答案进行更深一步的联想。在使用焦点法时，每产生一层次的联想，就意味着突破了该事物的一种属性。强制联想可以形成很多待用的解决方案。

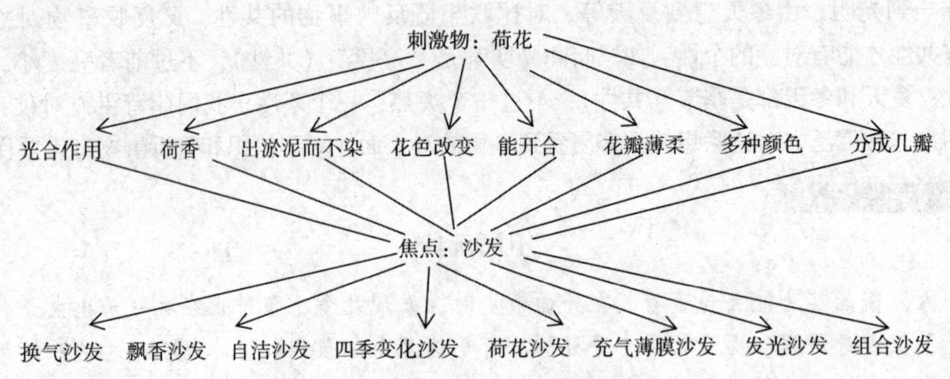


**图 2.3　用焦点法进行强制联想示例**

（3）仿生联想法。

仿生联想法是通过研究生物的生理机能和结构特性创造对象的方法。自然界的生物经过亿万年的演变，存在着人类取之不尽、用之不竭的创造模型。

飞机的原型是飞鸟。

飞机夜间安全飞行的原型是蝙蝠。

气球的原型是蒲公英的种子。

跑步的钉鞋原型是虎和猫的脚，因为它们行走或紧急停止时没有能量损失。

★阅读材料

**尼龙搭扣是怎样发明的?**

尼龙搭扣的发明者叫乔治，是瑞士的一位工程师。他平时很喜欢打猎，但他每次打猎归来裤腿和衣物上都会粘满一种草籽，即便用刷子刷也很难刷干净，非得一个一个地摘才行。

有一次，他把刚摘下来的草籽用放大镜仔细地观察，看到那些草籽上有很多小钩子，正是这些小钩子牢牢地钩住了他的衣裤。

受到草籽的启发，他想，难道不可以用许多带小钩子的布带来替代纽扣或者拉链吗？经过多次试验和研究，他制造了一条布满尼龙小钩的带子和一条布满尼龙小环的带子。两条带子相对一合，小钩恰好钩住小环，牢牢地固定在一起，必要时再把它们拉开。乔治依靠他对自然的深入观察而发明的这一尼龙搭扣，获得了许多国家的专利。

### 2.5.6　想象思维

想象思维是人脑对存储的形象进行加工、改造或重组，从而形成新形象的思维活动。想象思维可以说是形象思维的具体化，是人脑借助表象进行加工操作的最主要的形式，是人类进行创新活动的重要思维形式。

1. 想象思维的特征

（1）形象性。

想象思维是借助形象或图像展开的，不是数字、概念或符号。所以，可以根据他人的描述，在头脑中塑造出各种各样的形象。比如，在读古诗时想象出人物和场景的具体形象。

（2）概括性。

想象思维是对外部世界的整体把握，概括性很强。就像爱因斯坦说的：“想象力比知识更重要，因为知识是有限的，而想象力概括着世界上的一切，推动着进步，而且是知识进化的源泉。”

（3）新颖性。

想象中出现的形象是新的，它不是表象的简单再现，而是在已有表象的基础上加工改造的结果。

（4）超越性。

想象中的形象源于现实但又不同于现实，它是对现实形象的超越。正是借助这种对现实形象的超越，才产生了无数发明创造。

2. 想象思维的分类

（1）无意想象。

无意想象是指一种无目的、无计划的，不受主观意志支配的想象。这种想象不受思维框架的束缚，是一种非常自由、活跃的思维状态。梦是无意想象的极端形式，但也有一定的动因。第一，身体部位的某些变化。如饥饿时，人们往往梦到自己在到处找食物。第二，外部刺激的作用。如睡觉时风刮树叶的沙沙声，可使人梦到下雨；睡觉时把手压在心脏跳动的部位，就会做噩梦。第三，日有所思，夜有所梦。根据英国剑桥大学的问卷调查结果，70%有贡献的学者回答：在他们的创造性活动中，梦境发挥了重要的启示作用。

（2）有意想象。

有意想象是一种有目的、有意识的，受主观意志支配的想象。它又可以划分为两种类型：再造型想象和创造型想象。再造型想象是指根据语言、文字的描述或图样的示意，在大脑中形成相应形象的思维过程。创造型想象指完全不依据现成的描述和引导，独立地创造出新形象的思维过程。在发明创造过程中，形成新概念、构思新形象、设计新产品、研制新技术的过程，都是创造型想象。

★阅读材料

**100两银子**

有个商人在外做生意，他的同乡要回家，于是他就托同乡带100两银子和一封家书给妻子。同乡在路上打开信一看，原来只是一幅画，上面画着一棵大树，树上有8只八哥、4只斑鸠。同乡大喜，心想：信上没写多少银子，我留下50两，她也不知。

同乡将书信和银子交给商人妻子以后，说：“你丈夫捎给你50两银子和一封家书，你收下吧！”商人妻子拆信看过后说：“我丈夫让你捎带100两银子，怎么成了50两？”那同乡见被识破，忙道：“我是想试试弟媳聪明不聪明。”然后把那50两银子还给了商人的妻子。

原来，8只八哥就是指8×8=64两银子，4只斑鸠就是指4×9=36两银子，两个加在一起就正好100两银子了。

3. 提高想象思维的方法

（1）组合。

人们为什么可以想象出一些本来不存在的东西？又怎么控制大脑将想象的东西改变？这

是因为，人们想象事物时，其实是用储存各种类别的信息片段组合并模拟事物，由于组合可以多种多样，当然也可以组合出原本没有的事物。在这些组合中，属性的组合最为明显。比如，先想象一个海绵垫子被一个重物用力压下变形后的样子，似乎能看到海绵“凹”的样子，但如果赋予这个垫子“瓷”的属性，然后再想象用重物用力压它，在眼前浮现的垫子就不再“凹”进去。

(2) 夸张。

夸张是指对客观事物形象中的某一部分进行改变，突出其特点，从而产生新形象。例如，一个收集阳光的罐子，用太阳能电池板做罐子的盖，将一盏 LED 灯藏在罐子中，将罐子放在阳光下晒 8 小时。晚上，收藏在罐中的“阳光”，就可以带来别样的光明。

(3) 拟人化。

拟人化是指对客观事物赋予人的形象和特征，从而产生新的形象。利用拟人化来对事物进行创新的事物及案例非常多，如渴了会晕倒的花盆，如果花盆中的水分含量过低，花盆会晕倒，用花盆的姿态来动态表示花盆中的水分含量，仿佛花盆也会“说话”。

(4) 典型化。

典型化是指根据一类事物的共同本质特征来创造新形象。例如，在文艺创作中，作家通过艺术想象和虚构，对现实社会生活中的复杂现象进行拆分、提炼、概括、集中，塑造出既富有鲜明个性又具有一定社会意义的形象。常见的典型化途径有三种：一是以自己熟悉的某一生活原型做“模特”，再融入所熟悉的其他生活原型的信息；二是将零散的在各个生活原型中的信息进行提炼加工，“拼凑”成具有鲜明个性特征的典型形象；三是将生活中虽然少见，但预示着某种新生力量的事件和人物进一步挖掘、扩大，塑造出具有一定社会意义的典型形象。

### 2.5.7 灵感思维

1. 灵感的定义

灵感是一种在自己无法控制、创造力高度发挥的突发性心理状态下，思维迸发出的火花。当灵感产生时，人们可突然找到过去经过长期思考而没有得到的解决问题的办法，发现一直没有发现的答案。灵感是一种顿悟，灵感思维则是一个过程，也是灵感产生的过程，即经过大量艰苦的思考之后，在转换环境时突然得到某种特别的创新性设想。

灵感在何时何地出现，受到什么启迪或触发而产生，都是不可预期的，取决于创造者对问题理解的深度、对外界刺激的敏感度等因素，触发的出现往往有意外性和不期而至性。有意召唤，它偏偏不来，无意寻觅，它却突现面前，这就是灵感产生的随机性。

2. 灵感的特点

灵感是具有一定的特点和规律的。其中，灵感的特点有以下几个方面。

(1) 突如其来，让人茅塞顿开。

所谓的突如其来，是说灵感在人不注意的时候，在人没有想到它的时候，突然出现。它的出现带有偶然性。

(2) 不以人的意志为转移，也不能预定时间。

人们无法通过意志让灵感产生，也无法事先计划它的到来，它总是“不期而至”。创造者常常用“出其不意”“从天而降”等词来形容灵感的发生。

(3) 瞬间即逝，飘然而去。

灵感呈现过程极其短促，往往只有一瞬间、一刹那，稍纵即逝。人们把它比作火花、闪电，说来就来，说走就走，来不可遏，去不可留。明末文人金圣叹在对《西厢记》的批语里写道：“饭前思得一文，未及作，饭后作之，则为另一文，前文已不可得。”说明了做文章时灵感闪现的特点。

当灵感来临时，把它写下来是留住它的最好办法！如果没有笔，可以采取其他方式记录，但是不能仅靠大脑去记忆。

3. 灵感思维的规律性

一般情况下，灵感思维有以下几项规律。

(1) 灵感产生于大量艰苦的创造活动之后。

灵感思维的基础在于创造性活动，如果没有创造性活动，也就不会有灵感。大量艰苦的创造活动使大脑神经紧绷，思维达到了突破的边缘，一旦有一个诱因，即自己需要的信息，就能立即引起大脑神经的强烈共鸣，灵感也就产生了。

(2) 灵感产生于大量的信息输入之后。

灵感的产生，如同电压加到一定的高度，突然闪光，电路接通，就能大放光芒。因此，在进行创造活动的过程中，不断地往头脑中输入信息，也是产生灵感的前提之一。

(3) 灵感产生于一定的诱因。

大量的信息、大量的创造性活动使创造力处于饱和状态，此状态需要一定的诱因，才能产生质的飞跃。诱因一般产生于紧张思考之后的暂时松弛状态，比如，在散步、走路、坐车、骑车时，或穿衣、刮脸、洗澡时，或从事轻松活动时，或赏花、听音乐、钓鱼时，或放松式幻想时，或与人交谈、讨论时。我国唐宋八大家之一的著名北宋诗人欧阳修自称：“吾生平所做文章在三上，乃马上、枕上、厕上也。”

★阅读材料

**王冠中掺了假**

相传希洛王要做一顶金王冠奉献给永恒的神灵，并且如数给了制作金王冠所需的黄金。金匠做了一顶质量与黄金相等的王冠。有人怀疑金匠自己留下了部分黄金，王冠则掺杂了相同重量的白银，但苦于没有证据。国王要阿基米德动动脑筋，但阿基米德苦思冥想，却找不到解决的办法。

有一次，他带着沉思走进了浴室，当他坐到澡盆里时，溢出的水突然激发了他的灵感，他顾不上洗澡，急忙去做实验。阿基米德把各种物体放进盛满水的容器中，通过测量，证实溢出的水的体积与浸入水中的物体的体积一致。他运用这种方法断定王冠里掺入了比黄金轻的白银，并因此发现了浮力定律，即阿基米德第一定律。

**引发零售业变革的条形码**

2011 年，伍德兰和西尔弗双双入选美国全国发明家名人堂。两人上大学时，西尔弗偶然听到一名商店管理人员请校方引导学生研究商家怎么在结账时捕捉商品信息，然后告诉伍德兰。一天，伍德兰正在沙滩上用手指划道。他把四根手指插入沙中，然后把手拉向自己的方向，画出四条线。他说："天哪！现在我有四条线。它们可以宽，可以窄，用以取代点和长画。"这就是条形码诞生的灵感。20世纪70年代末，伍兰德加入IBM的一个小组，开发可读取条形码的激光扫描系统。商家希望结账时自动、快速读取商品信息，同时降低库存管理成本。在IBM的努力下，条形码从申请专利时的圆形，发展成全球通用的矩形。如今，全球每天大约50亿件商品接受条形码扫描。

## 2.6 创新思维的障碍

### 2.6.1 思维定式

1. 思维定式的概念

思维定式（Thinking Set）也称"惯性思维"，是由先前的活动而造成的一种对活动的特殊的心理准备状态或倾向性。在环境不变的条件下，思维定式能够使人应用已掌握的方法迅速解决问题；而在环境发生变化时，它则会妨碍人采用新的方法。消极的思维定式是束缚创造性思维的枷锁。思维定式包括传统定式、书本定式、经验定式、名言定式、从众定式和麻木定式。

2. 思维定式的特点

（1）思维模式化。

通过各种思维内容体现出来的思维程序化、模式化，既与具体内容有联系，却又不是具体内容，而是许多具体的思维活动所具有的逐渐定型的一般路线、方式、程序、模式。

（2）强大的惯性或顽固性。

思维定式不仅会逐渐成为思维习惯，甚至会深入潜意识，成为不自觉的、类似于本能的反应。要改变一种思维定式是有一定难度的，首先需要有明确的认识，自觉地进行，其次要有勇气和决心。

创新思维最大的敌人是习惯性思维。世界观、生活环境和知识背景都会影响到人们对事物的态度和思维方式，但最重要的影响因素是经验。生活中有很多经验，它们会时刻影响人们的思维。

★阅读材料

**有笼必有鸟——心理图式**

一位心理学家曾和乔打赌说："如果给你一个鸟笼，并挂在你房中，那么你就一定会买一只鸟。"乔同意打赌，于是心理学家就买了一只非常漂亮的瑞士鸟笼给他，乔把鸟笼挂在起居室桌子边。结果可想而知，人们走进来时就问："乔，你的鸟什么时候死的？"乔立刻回答："我从未养过一只鸟。""那么，你要一只鸟笼干吗？"乔无法解释。后来，只要有人来乔的房子，他们就会问同样的问题。乔的心情因此而烦躁，为了不再让人询问，乔干脆买了一只鸟装进了空鸟笼里。心理学家后来说，买一只鸟比解释为什么有一只鸟笼要简便得多。人们经常首先在自己头脑中挂上鸟笼，最后不得不在鸟笼中装上什么东西。

思维定式就是看问题、想问题的习惯方法。人们看问题、想问题都有固定的套路，这个套路就是所谓的“心智模式”。这里所说的思维定式并非一个贬义词，而是指人们认识事物的方法和习惯。当心智模式与认知事物发展的情况相符时，就能有效地指导行动；相反，当心智模式与认知事物发展的情况不相符时，就会使好的构想无法实现。所以，要保留心智模式科学的部分，完善不科学的部分，取得好的成果。

### 2.6.2 偏见思维

偏见思维是指人们根据一定表象或虚假的信息相互做出判断，从而出现判断失误或判断本身与判断对象的真实情况不符的现象。一旦产生偏见思维又不及时纠正，扭曲后或可演变为歧视。经验偏见、利益偏见、位置偏见、文化偏见等，都是偏见思维导致的。偏见思维和思维定式一样，会成为人们的心智枷锁，如果不能及时去除，创新思维就很难发挥作用。

★阅读材料

**被淹死的驴子——经验偏见**

一头驴子背盐渡河，在河边滑了一跤，跌在水里，盐溶化了。驴子站起来时，感到身体轻了许多，非常高兴，获得了经验。后来有一回，它背了棉花，以为再跌倒可以同上次一样，于是走到河边的时候，便故意跌倒在水中。可是棉花吸收了水变得非常重，驴子非但不能再站起来，而且一直向下沉，直到淹死。

驴子为何会死？很重要的一个原因是他受了经验偏见思维的影响，机械地套用了经验，未能对经验进行改造和创新。正是经验使我们昂首否定，也是经验让我们低头认错。人们总是跳不出经验，它甚至让一切最大胆的幻想都打上了个人经验的偏见，就像作家贾平凹所津津乐道的某个农民的最高理想：“我当了国王，全村的粪一个不可拾，全是我的。”这似乎就是人们说的“乡村维纳斯效应”。爱德华·德·波诺描述了一种常见的社会现象：“在僻静的乡村，村里最漂亮的姑娘会被村民当作世界上最美的人（维纳斯），在看到更漂亮的姑娘之前，村里的人难以想象还有比她更美的人。”在村里，它是真理；在全世界，它就是偏见。

无论思维定式还是偏见思维，都在很大程度上限制了创新思维，就像心智枷锁一样，把探索未知的心理给束缚了。要想解除这种心智枷锁，就要转变思考的方向，训练创新思维，运用科学的方法让创新的思维战胜心理枷锁。

### 2.6.3 太极式思维

太极式思维可能是中国人思维和西方人思维最大的不同，也可能是中国人独有的一种思维方式。例如菜刀，一般中国人的厨房里只有一把菜刀，用一把刀干多件事情；而西方人的厨房里总是会有很多刀，用多把刀干一件事情。又如，中国人的菜谱一般都是“盐少许、油适量、葱花若干”，而西方人会很明确地标注原材料的数量，如土豆1个（100 g）、花椒（3 g）、盐（2 g）等。后来，西方人根据这种炒菜对量的准确要求发明了带有刻度的锅。太极式思维更多地追求“你好我好大家好”，但缺少一种严谨、精准的态度，对创新来说是一个极大的限制。要想培养创新思维，必须先改变这种太极式思维，任何事都以严谨、认真、精准的态度对待。

### 2.6.4 创造力与创新能力

1. 创造力的特点

人的创造力是巨大的，创造力具有三个特点。

（1）创造力人人都有。

决定创造力的是人的大脑，只要脑细胞发育正常，每个人都有创造力，并且每个人的创造天赋都相同。每个人生下来是站在同一起跑线上的，这一结论打破了“天才论”，纠正了人们过去一直认为的“创造只是少数人的行为、普通人可望而不可即”的思想，揭开了创造的神秘面纱。

（2）创造力是潜能，需要经过开发才能释放。

创造力必须经过开发才能表现出来，如果不开发，永远都是潜力。每个人的创造力大致是相同的，即便有区别也没有数量的区别。之所以后天表现得差别极大，是因为开发的程度不同。只要得到开发，创造力就会释放；不断地开发，它就会不断地被释放，创造水平就会不断提高，每个人都可以成为创造者。

（3）创造力无穷无尽。

每个人长到12岁以后，脑细胞基本上发育成熟，其总数达到140亿个。140亿个脑细胞相当于100万亿台计算机，假如全部用来记忆的话，能记住5亿本书。这个数字与我们的想象值有巨大差距，它就是潜在的脑资源，就是我们的创新潜力。研究表明，普通人一生只用了全部脑细胞的3%～5%，其余的95%～97%未被开发利用，所谓的“人才”也只用了10%。像爱因斯坦这样的人才也只用了30%，剩下的70%未被开发利用。因此对于有限的生命来说，脑资源是无限的。创造力存在于人脑中，无限的人脑必然存在着无限的创造力。

2. 唤醒创新潜能

既然每个人都具有巨大的创新潜能，就要唤醒这种潜能，让它真正发挥作用。我国学者庄寿强认为：“创新潜能和创新能力构成了一个人的创造力，在活动中表现出来的是创新能力，未表现出来的是创新潜能。”创新潜能是隐性的，是每个人大脑中具有的一种自然属性，是人类在长期的进化过程中形成的自然结果，既有遗传提供的生理的基础，又有后天学习教育的烙印。

人之所以能成为自然界中最具有生存优势的物种，人类社会之所以能进步得越来越快，是因为人具有创新精神，并且在进化过程中，创新能力得到了不断的发展和提升。创新活动可以满足人的兴趣，愉悦人的心情，人还具有“为了创造而创造”“为了探究而探究”的行为动机。这说明创新活动也是人类获得精神幸福的源泉，是人类的精神需求。可见，培养和发展创新精神和能力不仅是社会的需要，更是增强自身幸福感的需要。

3. 发展创新能力

创新能力是指一个人（创新主体）在一定活动中取得新颖性成果的能力。关于创新能力的构成要素，不同学者有不同的表述，但是其中的基本精神是一致的。除了人的创新潜能，创新能力还包括有关领域的专业知识技能，以及相应的创新思维、创新方法和创造人格（即创造性）等要素。庄寿强提出的创新能力构成的经验公式是：

创新能力=创新潜能×创造性×专业知识技能

创造性=创造人格+创新思维+创新方法

由此可见，在接受传统教育的同时，发展创新能力要考虑以下 3 个重要因素。

（1）掌握专业知识技能。

任何创新都离不开知识和技能，具有不同领域的知识技能就形成了不同领域的创新能力。有关领域的知识技能，可以看作一套解决某个特定问题或从事某项特定工作的途径。很显然，途径越多，产生新东西和形成新观念的办法就越多。有关领域的知识技能主要包括：熟悉该领域的实际知识；掌握该领域所需要的专门技能，如实验技术、写作技巧、作曲能力等；具有该领域的特殊天赋等。

（2）提高创新思维能力。

创新思维能力是创新能力的核心，既有让思想具有流畅性、变通性、独特性，从而产生新认识的能力，又有运用创新方法提出新措施的能力。此外，创新思维能力还包括敏锐、独特的洞察力，高度集中的注意力，高效持久的记忆力和灵活自如的操作力。

（3）完善创造人格。

在心理学中，人格也称个性，是指一个比较稳定的个性倾向和个性心理特征的总和，它反映着一个人独特的心理面貌。个性倾向包括人的需要、动机、兴趣和信仰，决定着人对现实的态度、趋向和选择；个性心理特征包括人的气质和性格等，决定着人的行为方式等个人特征。创造人格是能在后天的学习活动中逐渐养成，并在创新活动中表现和发展起来的，对促进人的成才和创造成果的产生起导向和决定作用。

创新就是和别人看同样的事情却能看出不同的东西。培养创新意识、创新精神、创新思维和创新能力，以及塑造创新人格都需要先对创新有清楚的认识，要先唤醒自我的创新思维、创新精神和创新能力。认识是确定实践的前提条件，所以唤醒创新思维、培养创新精神和创新能力至关重要。很多人说自己没有创新思维，觉得创新离自己很远；也有人认为自己已经错过了创新的年龄，现在去创新很难进行。这些都是人们的错误认知，认为创新是由时间、地点、人物和年龄等一些外在因素决定的。其实不然，创新的思维和精神是每个人随时随地都可以拥有的。处处是创新之地，天天是创新之时，人人是创新之人。每个人的大脑中都隐藏着创新的潜能，这些潜能有的从未被开发。所以唤醒创新的思维、精神和能力，重新认识创新，培养创新能力，是人们适应社会发展和奠定大学生创业的前提条件。

## 习 题

**1. 名词解释**

创新思维　发散思维　联想思维

**2. 简答题**

（1）创新的类型有哪些？

（2）创新思维的特征有哪些？

（3）创新思维的作用有哪些？

(4) 创新思维的源泉有哪些?

(5) 简述创新思维模式。

(6) 创新思维的种类有哪些?

(7) 按照熊彼特的说法，创新、新组合、经济发展，包括哪几种情况?

3. 思考题

(1) 如何培养创新思维?

(2) 影响创新思维的因素有哪些?

(3) 创新精神与能力的关系是什么?

# 第3章

# 创业团队

生活中不乏个人创业成功的案例，但是一般而言，独立创业者创办的新企业成长较为缓慢，因此，风险投资者通常更愿意选择创业团队创办的企业。拥有一个好的创业团队，意味着更加完善的创业计划、更加细致的分工及更加深厚的社会资源，这些是独立创业者所不具备的。本章主要介绍创业团队的概念及内涵、创业团队构成要素、组建创业团队的方法，以及如何对创业团队进行管理。

## 学习目标

◆了解创业团队的定义及创业团队的类型和特征；

◆了解组建创业团队的原则及流程；

◆熟知创业团队的管理方法和技巧；

◆掌握创业团队的常见问题及其解决方法。

★阅读材料

### 白手起家，从每一次失败中吸取经验

李强强，1990年出生，温州乐清人，杭州无懈可击网络科技有限公司创始人兼总经理。

刚走进大学，李强强在社团招募中屡屡被拒，他认识到与人交际的重要性。为了突破这一点，他加入了学生会公关部。

一年的磨炼之后，李强强已经可以独自一人到校外拉赞助，可以与陌生人很好地沟通。大二时，李强强创立了公共关系协会，他是会长。那时候，学校的重大活动都有他们的参与，找一些餐厅、奶茶店、考试机构等合作。后来，他还创建过团队，在校外接活。不过，开拓业务不易，以失败告终。

“我还是有收获的，最起码知道，创业这条道可行。”李强强说，任何一次失败，都能从中吸取通往成功的经验。

有创业意识的人才会抓住创业机遇。

2011年暑假，李强强注意到，传统企业正往电商转型。传统企业注重产品质量和物流

工作，而通过第三方系统的网上运营，能帮客户把“好产品”变成“热销品”。

2011 年 10 月，他找到了一个之前从事网络分销咨询服务的合作伙伴，联合创办了杭州无懈可击网络科技有限公司。公司注册资金 3 万元，李强强出资 1.8 万元，是最大股东。

第一个客户，是在四季青服装批发市场中找到的。刚进市场时，李强强总被轰出来。他知道，必须先和商家熟悉起来。他把自己当客户，进店先聊款式，问销售情况，再谈电商理念，让对方认为自己是个“行家”。就这样，在市场里磨了几天，李强强签下了第一单。

这个客户，以前线下年销售额 35 万元，通过李强强他们的运作，新增线上年销售额 115 万元。李强强的公司也挣到了第一桶金 10 万元。

现在，公司股东从原来的 2 人增加到 4 人，正式员工已有 8 人，还有十多名兼职实习生。公司帮助服饰、箱包、小商品等领域的数十家客户实现了销售额的大幅增加，其中一家服装公司，销售额从 2011 年的 600 万元增加到了到 2012 年的 1 100 万元。

李强强还有更多的想法，他希望能像马云一样，不仅创造全新的网上商业模式，还提供更多就业岗位。

李强强的创业体会：“90 后”的创业，偏向移动互联网、新媒体、电子商务等新型行业，更新速度快。想要走得远，就要比别人想得多。我现在虽然谈不上有多成功，但取得的这一点点成绩，离不开整个团队。创业团队，贵在精，每个成员都身兼数职，优势互补，缺一不可。创业，选好伙伴很重要!

（资料来源：搜狐资讯，《4 个年轻创业团队的故事》，2013 年 6 月 28 日。）

## 3.1　创业团队概述

### 3.1.1　创业团队的定义

李开复谈大学生创业时曾表示，创业最重要的不是点子，而是对时机的把握和拥有良好的团队。创业团队是指有着共同目标的两个及两个以上的个体共同组建一个团队，从事创业活动。这是一群才能互补、责任共担，愿为共同的创业目标而奋斗的特殊群体。大学生普遍具有较强的专业基础知识，年轻、思维活跃、想象力丰富、行事不受经验束缚、具有强烈的创新意识，这些是创业团队获得成功最重要的条件。如果从事本专业或与专业相关的创业活动，成功的机会就会很大。即使是创业失败，带来的经验教训也会使创业者学会更好地面对今后的困境。

### 3.1.2　创业团队组建的必要性

人们经常说的一句话是“一个好汉三个帮”。一个人的力量是有限的，没有人能够拥有使企业不断发展扩大所需的全部技能、经验、关系或者声誉。因此，一个创业者至关重要的工作是组建一个核心团队。比如校园的各种比赛，都要求以团队的形式参加，因为现在社会追求的是“一加一大于二”的效率。团队合作不仅考验每一个团队成员的个人能力，更考验大家的集体责任感与组织协调能力，这是现代创业者必不可少的基本素质。现通过对两家知名英语培训机构——新东方与疯狂英语的对比分析，说明创业团队构建的重要性及必要性。对这两家英语培训机构的教学方法不做讨论，单纯讨论两者的团队构建。

新东方是一个以团队的形式出现在人们视野中的培训机构，大家分工合作，偶尔在观众面前相互调侃，演讲效果甚好。对于新东方的成功，俞敏洪曾经不止一次地说过，功劳绝不仅仅属于他一个人。新东方从一开始的几十名学生在租来的四面透风的“教室”里上课，到今天的这番景象，俞敏洪的作用当然是举足轻重的，但是如果光靠俞敏洪和他的妻子两人，无论如何也达不到今天的成就。现在看来，新东方之所以在众多英语培训学校中脱颖而出，是因为它拥有一群堪称当时国内最优秀的英语老师。这些老师构成了新东方独特的魅力和良好的口碑，最终奠定了新东方在中国英语培训市场上的领导地位。俞敏洪、徐小平和王强组成了著名的“东方马车”，这是新东方发展最具有标志性的东西。如今，新东方的团队由当初的三驾马车扩展为上百人的管理团队，使新东方的团队不断加强。

在中国近20年的英语培训市场上，还有一个与新东方一样堪称奇迹的品牌，那就是由李阳创办的疯狂英语。疯狂英语提倡一种喊话式英语学习法，曾经在多所校园里流行。但是后来，疯狂英语的风头渐弱，究其原因，主要是疯狂英语始终是李阳一个人在做。从疯狂英语推出至今，人们大都只知道李阳，从未听说过疯狂英语的其他老师，一直以来，似乎都是李阳一个人在不停地战斗。

从新东方和疯狂英语的对比可以得出，单枪匹马独战商界会步履维艰，创业者要发现团队协作的重要性，为自己的创业之路迈好第一步。

## 3.2 创业团队的内涵

★阅读材料

**蚂蚁军团**

在非洲大草原上，如果见到羚羊在奔跑，那一定是狮子来了；如果见到狮子在躲避，那就是象群发怒了；如果见到成百上千的狮子和大象集体逃命，那就是蚂蚁军团来了。狮子和大象为什么会害怕蚂蚁军团呢？原来，在非洲土地上生活着一种蚂蚁，叫行军蚁，数量庞大，居无定所。当先头部队抓住比它们体积大上几千倍的猎物时，主力军会第一时间赶到，猎物随即被淹没在茫茫蚁海中。它们是非洲大地上一支恐怖的“军事力量”，齐心协力正是它们制胜的法宝。

### 3.2.1 创业团队与一般团队的区别

1. 团队和群体的区别

管理学家斯蒂芬·罗宾斯（Stephen Robbins）认为，团队就是由两个或者两个以上互相作用、互相依赖的个体，为了特定目标而按照一定规则结合在一起的组织。团队是群体的一种形态，但不等同于群体。二者的根本差别在于，团队中的成员是互补的，而群体中的成员在很大程度上是互换的。团队离开任何人都不能很好地运转，而群体离开谁都能运转。具体表现在：团队的成员对是否完成团队目标一起承担责任并同时承担个人责任，而群体的成员则只承担个人责任；团队的绩效评估以团队整体表现为依据，而群体的绩效评估以个人表现为依据；团队的目标实现需要成员间彼此协调且相互依存，而群体的目标实现却不需要成员间互相依存。此外，团队较之群体在信息共享、角色定位、参与决策等方面也更进了一步。

团队是群体的特殊形态，是一种为了实现某一目标而由互相协调依赖并共同承担责任的个体所组成的正式群体。团队由两个或者两个以上拥有不同技能、知识、经验、能力的人组成，具有特定的工作目标，成员之间可以相互愉快地在一起工作，互相依赖、技能互补、成果共享、责任共担，通过成员的协调、支援、合作和努力完成目标。真正的团队不是一群人聚在一起，而是总能超过同样的一组以非团队工作的个体的集合。

2. 团队中的 9 种角色

在一个团队中，每位成员往往具有不同的优势和劣势，在团队中发挥的作用也不尽相同。一般而言，成员在团队中扮演的角色有 9 种定位，具体的特征如下。

(1) 栽培者。

角色描述：解决难题，富有创造力和想象力，不墨守成规。

可允许的缺点：过度专注思想而忽略现实。

不可允许的缺点：当与别人合作会有更佳结果时，不愿与他人交流思想。

(2) 资源探索者。

角色描述：外向、热情、健谈、发掘机会、增进联系。

可允许的缺点：热情，但很快冷却。

不可允许的缺点：不遵循安排，令他人失望。

(3) 协调者。

角色描述：成熟、自信、称职的主事人、阐明目标、促进解决方案的制定、分工合理。

可允许的缺点：如果发现其他人可完成工作便不愿意亲力亲为。

不可允许的缺点：完全依赖团队的努力。

(4) 塑型者。

角色描述：充满活力，在压力下成长，有克服困难的动力和勇气。

可允许的缺点：情绪化，易沮丧与动怒。

不可允许的缺点：无法以幽默或礼貌的方式平息局面。

(5) 监控者。

角色描述：冷静，有战略眼光与识别力，对选项进行比较并做出正确选择。

可允许的缺点：有理性地怀疑。

不可允许的缺点：失去理性，讽刺一切。

(6) 团队工作者。

角色描述：协作的，温和的，感觉敏锐的，老练的，建设性的，善于倾听，防止摩擦，平息争端。

可允许的缺点：面对重大事项优柔寡断。

不可允许的缺点：逃避责任。

(7) 贯彻者。

角色描述：纪律性强，值得信赖，有保守倾向，办事高效利索，把想法变为实际行动。

可允许的缺点：坚守教条，相信经验。

不可允许的缺点：阻止变化。

（8）完成者。

角色描述：勤勤恳恳，尽职尽责，积极投入，找出差错与遗漏，准时完成任务。

可允许的缺点：完美主义。

不可允许的缺点：过于执着。

（9）专家。

角色描述：目标专一，自我鞭策，敢于奉献，提供专门的知识与经验。

可允许的缺点：为了学而学。

不可允许的缺点：忽略本领域之外的技能。

3. 创业团队和一般团队的区别

初创期的团队，组建的目的在于成功地创办新企业。创业团队与一般团队的区别在于以下几点。

（1）团队组建的目的不同。

创业团队组建的目的是开创企业或者拓展新事业，而一般团队组建的目的是解决某类或者某个具体问题。

（2）职位层级不同。

创业团队的成员处在高层管理者的位置上，会对企业重大问题的决策产生影响，甚至关系企业存亡；而一般团队，其成员并不都处于组织的高层位置，决策影响力是有限的。

（3）团队的组织依据不同。

创业团队是基于工作原因而经常性地共事，而一般团队主要是基于解决特定问题而临时组建的。

（4）团队的影响范围不同。

创业团队主要影响组织决策的各个层面，涉及范围较宽；而一般团队只是影响局部性的、任务性的问题。

（5）权益分享不同。

创业团队一般使成员在企业中拥有股份，以便使团队成员具有更强烈的责任感来关注企业成长并积极参与决策；而一般团队的成员并不一定拥有股份，团队整体相应的责任感和使命感不强。

（6）关注视角不同。

创业团队关注的大多是决定企业发展的全局性、战略性的决策问题，是一个比较宏观的，带有战略发展意义的问题；而一般团队关注的则多是比较微观的、具体的战术性和执行性问题。

（7）领导方式不同。

创业团队以高管层的自主管理为主，而一般团队受公司最高层的直接领导和指挥。

（8）依赖程度不同。

创业团队成员对企业有深厚的情感，其连续性承诺（由于成员对组织的投入而产生的一种机会成本，足以让成员不离开组织的倾向）、情感性承诺（个体对组织的认同感）和规范性承诺（个人受社会规范影响而不离开组织的倾向）都比较高；而一般团队中，成员对组织的连续性承诺、情感性承诺和规范性承诺并不高。

### 3.2.2 创业团队的类型及特征

1. 创业团队的类型

依据创业团队组成者之间的相互关系，可以将创业团队划分为三种类型：星状、网状、虚拟星状。

（1）星状创业团队。

星状创业团队是目前最为常见的创业团队，也称核心主导型创业团队，一般是指团队中有一个核心人物作为团队的领导者，该领导者基于自身创业理念和需要组建团队，其他成员在团队中充当支持者的角色。

（2）网状创业团队。

网状创业团队也称群体型创业团队。一般来说，网状创业团队的成员在创业之前就有了密切联系，在交往过程中，基于共同理念而对某一想法有共同的认知，并就创业行为达成共识，从而开始创业。由于没有明确的核心人物，创业团队每位成员都基本上扮演协作者或伙伴的角色，各成员地位相对平等。

（3）虚拟星状创业团队。

虚拟星状创业团队是由网状创业团队演化而来的，是前两种类型的中间形态。在团队中有一名核心主导成员，但是该核心成员的主导地位是由团队全体成员协商确立的。因此，该核心成员虽然较普通团队成员有更多话语权，但更接近于整个团队的代言人，而非真正的核心主导成员，其行为必须充分考虑其他团队成员的意见。

（4）三种类型创业团队的比较。

不同的创业团队各有特点，不存在优劣之分，三者类型创业团队的比较如表 3.1 所示。创业者应该根据创业团队的实际情况，选择适合创业目标的创业团队，发挥优势，规避劣势，打造优秀的创业团队。

**表 3.1 三种类型创业团队的比较**

| 类型 | 优点 | 缺点 |
|---|---|---|
| 星状创业团队 | 决策程序简单，效率高，团队结构紧密 | 容易使权力过于集中，决策风险加大；成员与核心成员发生冲突时，通常选择离开 |
| 网状创业团队 | 成员地位平等，有利于沟通交流；面对冲突容易达成共识，成员不会轻易离开 | 团队结构较为松散，容易形成多头领导局面；决策效率相对较低；成员一旦离开，容易导致团队溃散 |
| 虚拟星状创业团队 | 不过于集权，又不过于分权；核心成员具有一定威信，能够主持局面 | 核心成员主导力不足，对整个团队的控制力不够；决策效率较低 |

2. 创业团队的特征

创业团队是一种特殊的群体，团队成员在创业初期把创建新企业作为共同努力的目标，并在集体创新、分享认知、共担风险、协作进取的过程中形成了特殊的感情，创造了高效的工作流程。高效的创业团队具有以下几个特征。

（1）目标明确。

团队成员在创业初期就拥有共同的目标。明确目标能为团队指引方向，提供推动力，激励团队成员把个人的目标升华到群体目标上，提高团队的绩效水平，并让团队成员坚信这一目标包含重大的意义和价值。同时，将目标转化为具体目标，易于评价和衡量。

（2）有效领导。

一个有才能的合格领导者对于团队的高效工作至关重要。好的领导者能让团队成员聚合在一起，在遇到困难时共同面对，为团队指明前进方向。高效团队的领导者往往承担教练和后盾的角色，为团队提供支持，指导和鼓励团队成员，带领他们去实现团队的目标。

（3）良好沟通。

良好的沟通既是高效团队的外在表现，也是创造团队和谐人际关系的重要手段。充分的沟通是团队成员协调一致的基础。团队成员只有在沟通后才能准确地了解彼此的想法，才能确保行为与团队步调一致。通过沟通，团队成员分享信息，团结一致，化解矛盾，最终达成共识，和谐相处，使团队更加有战斗力。

（4）相互信任。

团队成员间的相互信任是创业成功的关键因素，也是团队和谐人际关系形成的重要因素。每个人对团队中其他人的品行和能力都应该是确信不疑的。高效创业团队成员具有批评和自我批评的态度，彼此才能和谐共处、同舟共济，才能让信息畅通，不出现人为障碍，确保团队目标顺利实现。

（5）承诺一致。

高效团队的成员对团队表现出高度忠诚，做出一致的承诺，对团队目标具有奉献精神，愿意为实现这个目标而发挥自己的最大潜能。有了共同的承诺，团队成员便有了共同的理念、共同的目标，并将其转化为共同的行为，使团队具有高度的凝聚力和亲和力。

（6）制度完善。

“没有规矩，不成方圆。”完善的规章制度能使团队工作有章可循，有章可依，使团队全体成员的行动保持一致，实现制度化管理上的飞跃。实践证明，这一飞跃能有效地解决组织内部不必要的消耗，从而使组织蓬勃向上、高效运转。

## 3.3 创业团队的人才类型

### 3.3.1 优秀团队的人才优势

体会到团队的重要性，第二步就要构建团队。团队是由各种性格、能力的人聚集起来的。一个优秀的创业团队有哪些优势呢？为此，对创业团队的构建做了相关资料的收集与调查。

1. 优秀团队优势调查

通过对优秀团队优势的调查，发现一个优秀的团队须具备以下优势。

（1）团队有一个优秀的领导者。

(2) 团队的信心满、士气高。

(3) 团队成员之间彼此信任。

(4) 团队成员有共同的目标。

(5) 团队成员有共同的价值观。

(6) 团队成员学习能力强。

(7) 团队分工明确，工作效率高。

(8) 具有才华各异的团队成员。

(9) 具有合理的利润分配机制。

2. 创业团队成员能力调查

通过对创业团队成员能力的调查，发现一个优秀的创业团队，团队主要成员应具备以下全部或部分能力。

(1) 创新能力和学习能力。

(2) 执行能力和应变能力。

(3) 人际沟通能力。

(4) 语言和文字表达能力。

(5) 领导能力。

(6) 专业技术能力。

(7) 发现和解决问题的能力。

(8) 逻辑思维能力。

(9) 心理承受能力。

由以上调查结果可看出，当代大学生构建创业团队有着很大的优势，并且存在广阔的发展空间。同时，还可以看出，创业团队需要的是多元化的人员组合。如果创业团队中的每个人都想法类似、性格相近，那么他们很难在制定策略及执行策略时有出彩的表现。相反，如果创业团队的人员组成多样且人员之间互补，往往能产生意想不到的效果。

建立优势互补的创业团队是人力资源管理的关键。团队是人力资源的核心，“主内”与“主外”的不同人才，耐心的“总管”和具有战略眼光的“领袖”，技术与市场两方面的人才都不可偏废。创业团队的组织还要注意成员的性格与看问题的角度，如果一个团队里有总能提出建设性意见的成员和能不断发现问题的具有批判性思维的成员，对于创业的成功将大有裨益。

还有一点需要特别注意，那就是一定要选择对项目有热情的人，并且要使所有人在企业初创期有每天长时间工作的准备。任何人才，不管他的专业水平多么高，如果对创业事业的信心不足，都将无法适应创业的需要。而这种消极的因素，对创业过程产生的负面影响可能是致命的。

### 3.3.2 电子商务创业团队的人才类型

在电子商务创业过程中，有5类人才必不可少。

1. 领导者

一个优秀的领导者对一个团队是至关重要的。创业团队中必须有可以胜任的领导者，而这种领导者并不是单靠资金、技术、专利来决定的，也不是谁出了好的点子谁就能当领导，这种带头人是获得了团队成员在多年同窗、共事过程中发自内心的认可的。领导者在团队中必须起到领导大方向、沟通协调的作用，必须有充沛的精力，并全身心地投入创业。作为领导者，不仅要有过人的领导才能，还要懂得分权，不应该把所有的事都揽在自己身上。一方面，他是整个团队的核心；另一方面，其自身可能就是组织最薄弱的环节。企业在起步阶段，各种经营制度和沟通渠道尚未步入正轨，这就要求领导者自身具有很强的协调能力。此外，有限的资源也迫使创业团队领导者必须身兼许多本身并不一定能胜任的职务。只有优秀的创业团队领导者才能保持适度的无私和客观的态度，了解企业阶段性运营的需要。优秀的创业团队领导者展现的重要特质有以下 4 个方面。

（1）智慧和精力。

创业团队的领导者需要有足够的智慧、道德能力和精力，这样才能塑造企业的文化，推动事业的发展，迅速发现问题。由于企业从上到下都要接受他的领导，所以他必须全身心地投入。

（2）正直的品行。

不论在团队的内部还是外部，团队的领导者都必须诚实地对待每一个人，树立好的个人形象，并转化为企业组织运作的典范。能正视本身优点和缺点的领导者，才能较轻易地成为优秀和正直的领导者，与团队成员彼此尊重，进而完成组织任务。

（3）具有创造力和亲和力。

优秀的领导者常见的特点是具有创造力和亲和力。大公司不会轻易让优秀的人才外流，潜在的领导者通常具有不同的社团背景，他们一般没有在大公司工作的经验，也很少受到大公司管理风格的束缚，可以与团队成员建立密切的关系。

（4）自负和谦逊。

过度自负，会影响团队的士气，引起其他成员的不满。缺乏自负，会让领导者无法完全地委托权力和责任。因此，出色的创业团队领导者必须能够控制本身在个性和专业上的自负心态，谦虚地容纳、整合拥有不同专长的人。

没有人是完美的，每一位创业团队领导者都不可避免地存在一些缺点。如何处理这些缺点是很重要的，因为初创企业的基础相当薄弱，很可能一不注意就毁于一旦。因此，优秀的领导者应自觉避免以下 4 方面的不足。

1）自私自利、赏罚不明。

这类领导者在资源有限的情况下，容易纵容不公正的行为、素质差的成员和不良的工作习惯，从而造成过度的开销、效率的降低等。缺乏经验的团队领导者容易错误地判断他所面临的形势，没有白手起家的心态，工作固然出色，但在利益分配上要求高薪和所有的津贴，对报酬相当计较，自大、贪婪，很容易使企业在创业初始阶段就遇到难以克服的瓶颈。

2）无法扮演鼓舞士气的角色。

创业阶段，团队的领导者需要不断向团队成员、顾客和投资者推销公司的愿景和理念。新创企业可能因为许多原因而未能获得投资，但不见得都和企业的生存能力有关。如果领导者不是一位具有说服力的代表，就很可能因为投资者对投资对象的信心不足，而使投资计划

“流产”。这项弱点与团队领导者的沟通能力有关，而且为这项弱点付出的代价往往相当高。

3）不当的用人技巧。

在有些情况下，新创企业由技术出身的创业者充当团队的领导者，他本身可能缺乏许多必要的能力。由于缺乏沟通技巧，不可避免地会出现观念无法传达给其他成员的情况。一个企业要走向成功，必须不断地寻找、雇用最适合的人选。如果一个创业团队的领导者达不到这个要求，就会使整个企业的人力素质逐渐下降。

4）团队组建和管理能力不佳。

创业团队领导者若缺乏团队组建和管理的能力，很可能会使企业在混乱中经营。领导者为了保住自己的决策权，会妨碍团队成员管理潜力的发挥；或者，领导者惯用一对一的方式解决所有问题，无法提高团队共同解决问题的能力。这样，企业的成败往往就取决于领导者的个人能力。创业阶段，团队的领导者如果没有能力把团队成员凝聚在一起，无疑会增加团队内部沟通的成本，不利于打开创业的新局面。

2. 创意型人才

创业初期，一个团队、一个项目从无到有，都需要有想法、有创造力的人才。正是这些新奇、独特的想法、点子，才使得这些创业团队脱颖而出，乃至引领潮流。前苹果 CEO 史蒂夫·乔布斯不仅是 IT 巨头，更是令人景仰的创意大师。无论 iPod 还是 iTunes，对于音乐产业都是里程碑式的标杆，改变了音乐产业的发展模式和生存方式。而乔布斯对 App Store 的规划在于，iPhone 是一个封闭系统，拥有 iPhone 就可以拥有海量应用，而 iPhone 才能借此维持其高昂的价格，苹果自身才能维持高额利润。这是一条真正的循环产业链，也是史蒂夫·乔布斯的智慧所在。正是独特、超前的思维，让史蒂夫·乔布斯看到了世界未来的趋势，或者说这种思维帮助他引导了一种新的习惯。所以对于每一个创业的团队来说，有想法的人才是非常可贵的，他们能为团队带来源源不断的灵感与动力，能推陈出新，使团队不会被淹没在时代发展的洪流中。

3. 技术型人才

由于电子商务是通过网络平台的便捷操作实现交易的，所以电子商务创业必须有能够为团队搭建网络平台的技术型人才。涉及交易，必然涉及资金，还涉及人们最为关心的安全性等问题，这就需要通过技术手段来提高交易平台的安全性与快捷性。有了网络平台作为基础，还需要日常对网络平台进行设计、优化等维护，以及建立庞大的数据库等，这些同样也需要技术人员的参与，以提高用户的体验度。只有用户体验度提升了，才能吸引更多的顾客，从而为网站带来更多的流量。知名企业的创始人或高层，大多是技术出身。如京东商城的创始人刘强东，大学期间在完成学业的同时，将所有课余时间用来学习编程，他也是从技术起家，后来转做电子商务。由此可以看出技术型人才对电子商务创业的重要性，特别是在创业初期，网络平台的搭建、网站的设计与维护、页面优化等是一个从无到有的过程，需要技术型人才的大量心血。所以，技术型人才是电子商务创业团队必不可少的一部分。

4. 财务管理类人才

(1) 财务管理能力直接影响创业团队的发展。

财务管理能力对创业团队来说也是相当重要的，主要表现在以下 3 个方面 。

1）财务管理是创业活动的前提和基础。

创办企业的前提条件之一是必须有一定的启动资金。缺乏资金是创业者在创业过程中普遍存在的问题。财务管理的重要职能之一就是资金管理。企业成长的过程是企业商品流和资金流不断循环壮大的过程，资金对企业的重要程度犹如血液对人体的重要程度。企业内部财务管理就是对企业的资金运动和价值形态的管理，主要以成本管理和资金管理为中心，通过价值形态管理，达到对事物形态的管理。因此，财务管理是创业者创业活动的前提和基础。

2）财务管理贯穿创业的全过程。

从预测启动资金到筹集资金，从会计账目的设立到会计信息的记录，从成本核算到流动资金的风险控制，从财务报表分析到企业的经营决策，都离不开财务管理。同时，在企业日常经营活动中，财务管理延伸到企业经营的各个角落。每一个部门、每一个职工，都会通过资金的使用和财务部门发生联系，每一笔资金的合理使用都受到财务部门的指导和审核，受到财务制度的约束。因此，财务管理贯穿创业的全过程。

3）财务管理是创业活动健康成长的重要保障。

创业活动的好坏，最终都要反映到财务成果上。通过财务管理可以分析企业经营活动的执行情况和存在的问题，并找到解决的方法。创业活动的决策是否正确，经营是否合理，风险是否可控，产品是否畅销，员工是否满意，都能在企业财务指标上得到反映。因此，财务管理是否有效是创业者创业活动能否顺利进行的关键。

（2）提高创业团队的财务管理能力。

上文分析了财务管理对一个创业团队的重要性，那么如何提高创业团队自身的财务管理能力？对此，需要从以下6个方面提高认识。

1）加强对财务管理重要性的认识。

创业者首先要认识到财务管理的重要性，认识到财务管理不仅仅是一种记账手段，更是一种管理理念、一种控制风险的手段。在撰写创业计划书时就要重视财务管理，从创业初期就要建立健全财务管理制度，配备专业财务人员，从而保证在创业初期不会出现严重的财务管理问题。

2）掌握财务管理基本知识。

非财会专业的创业者，要提高财务管理意识，学习财务管理的基本知识，包括会计基本概念、法规和借贷记账法，企业经营过程中的基本核算和资产负债表、利润表、现金流量表等会计报表的填报方法。财会专业大学生创业者要在原有的专业基础上创新、提高，充分借助计算机工具，利用现代记账软件，让会计信息简洁明了，提高效率；同时，在掌握会计信息的基础上，做出专业的财务分析，指导企业生产经营。

3）加强财务管理模拟训练。

财务管理是实践性较强的活动，创业者可以通过企业经营游戏、网上创业模拟训练、ERP 沙盘模拟推演等手段提高财务管理能力。财务管理模拟训练一般包含基本技能、核算能力和管理能力等方面。其中，基本技能包括钞票的真假识别、点钞、真假发票辨别、单据的粘贴及数字书写技能；核算能力包括会计凭证的填制、会计账簿的设置、会计报表的分析、纳税申报表的填制等能力；管理能力包括预测市场供求关系、核算成本、制定价格、回笼资金、控制风险等能力。

4）强化实际动手能力。

在掌握基本财务知识、强化财务管理模拟训练的基础上，强化自己的实际动手能力。首先，要拓宽融资渠道，除了传统的银行贷款、自筹资金、民间借贷，还可以采用风险投资、典当融资、融资租赁等方式。不同的融资方式各有利弊，创业者要找到适合自己的融资方式，并注意控制风险。其次，要建立完善的会计信息体系，保管好各种会计凭证资料，设置会计账簿，做到企业每笔资金来源和支出都有可靠记录，保证会计信息的可靠性和真实性。同时，做好财务报表的编制、分析工作，为企业的财务分析和财务预测等财务管理工作做好信息准备。再次，强化资金管理和财务控制，提高资金的使用效率，使资金运用产生最佳效果，准确预测资金收回和支付的时间，合理地进行资金分配，使流动资金和固定资金的占用有效配合。最后，建立健全财产物资管理的内部控制制度，建立规范的操作程序；加强存货管理，减少库存压力，避免资金呆滞；加强应收账款管理，定期核对应收账款，制定完善的收款管理办法，对死账、呆账进行妥善的会计处理。

5）加强与财务专业人员的联系。

创业初期，遇到专业的财务管理问题可以外聘专业的财务管理人员，向其进行咨询，由专业的财务管理人员代理账务、做财务分析；也可以将财务工作外包给财务专业机构管理；还可邀请具有专业财务管理知识的人员入伙，合作创业。

6）加强与政府相关部门的联系。

为了提高创业成功率，可以进入有关部门建立的创业孵化器，享受政府提供的优惠政策，例如融资、房租、税收、注册资金等，减少资金压力；还可通过政府部门、社会组织或高校专业教师对企业财务管理的指导，提高企业财务管理能力。通过这些组织或个人的指导，了解有关政策，完善创业项目，提高创业能力，降低创业风险。

5. 外联营销类人才

一个团队，有了优秀的领导者，有了新的思路与想法，有了将创意转化为实践的技术人员，有了负责财务管理的大管家，说明创业团队的自身条件已经具备，接下来就需要一个营销类人才，采用各种营销方式，对成果进行包装推广。包装推广也称营销推广，是一个创业项目，也是一种宣传手段。营销策略一般有以下6种。

（1）广告。

营销模式决定了在广告投放方面的特性，以网络营销配合户外广告，扩大知名度，提升企业品牌形象，达到增加网站流量、吸引客户购买的目的。投放与产品相关的网络广告，使广告达到有价值目标的精准投放。

（2）促销。

促销对企业的发展至关重要。做商品促销专场、抢购、送代金券等活动，对销量提升会起到巨大的促进作用。

（3）DM宣传。

可以在定向的目标中实施大规模、高频率的DM（直接邮寄广告）宣传，使目标客户转化为直接的购买者。

（4）市场活动。

市场活动是配合广告、促销等提高市场占有率的有效行为。如果活动创意突出，而且具有良好的执行性和操作性，无论对企业的销售额、知名度，还是对品牌的美誉度，都将起到积极的推动作用。

（5）公共关系。

一个团队要改善与社会公众的关系，增加公众对团队的认识、理解及支持，达到树立良好组织形象、促进商品销售的目的。如京东商城 2007 年宣布与支付宝、财付通正式达成战略合作，通过支付宝、财付通账户进行网上付款，更加便捷地完成购物环节，使京东商城的用户量和销售量大幅提升。

（6）网站。

电子商务创业团队要有自己的网站，可以让客户更深入地了解企业，增加企业的知名度和客户的黏度。

从上述营销策略可知，广告、促销、DM 宣传、市场活动、公共关系及网站都是营销推广的手段。单单是完善的团队、良好的创业项目还不够，还需要有优良的团队进行包装、营销，这样，才能吸引更多客户。

## 3.4　创业团队的组建

《中国合伙人》以“新东方”的成长故事改编而来，讲述了 20 世纪 80 年代到 21 世纪初，三个年轻人从学生时代相遇、相知，拥有相同的梦想，在一起打拼事业，共同创办英语培训学校，最后功成名就、实现梦想的励志故事。他们怀揣着共同的创业梦想，三人与其说是合伙人，不如说是一个有共同目标的团队，给现在创业的年轻人以很好的鼓励和信心。

组建适合的团队不是一件容易的事，人才往往是可遇而不可求的，也是最难获取的创业资源之一。

创业团队在狭义上是指拥有共同目标、共享收益、共担风险的一群创业同仁；而广义上不仅包括狭义的创业团队，还包括创业过程中的部分利益相关者，具体是指由两个或者两个以上具有一定利益关系，彼此间通过分享认知和合作行为以共同承担创建新企业责任，处在新创企业高层主管位置的人共同组建的有效工作群体。组建创业团队非常重要，大学生组建创业团队时一般选择同学或者在朋友，也有不认识、不了解的人。创业团队成员之间有强关系和弱关系之分，选择创业合伙人一般要选择具有弱关系的人，因为强关系的人往往具有太多的相似性而不是互补性。创业伙伴是人多好还是人少好，要根据创办的企业性质而定。

### 3.4.1　组建原则

★阅读材料

**众筹咖啡馆**

2014 年 3 月 8 日，一群穿着红色长裙的女白领，在街上为她们共同出资的咖啡馆“沿街吆喝”，引来路人驻足围观。49 位白领每个人出资 2 万元，在短短的一周时间内众筹了 100 万元。在这些白领中，有些人是因为拥有创业梦想，有些人是为了拓宽自己的社交，有些人想拥有一个交流的平台，还有一些人想为创业积累一定的资源。总之，每个人的目标都不一样，咖啡馆在开业后不久就夭折了。

1. 目标一致

团队成员的个性、脾气、经历、认知、能力可以不尽相同，但是为了创业成功，无论什么样的团队，成员都应具有共同的目标、共同的愿景，为了创业成功而努力。如果组织或者团队目标不能保持一致，团队的成员就需要调换或者重新选择，因为这是影响创业成功的重要因素。

2. 人数合理

创业人数要根据创业企业的需要而定。一般的创业团队，人数最好在 3 ~ 5 人。成员太多，容易思想不统一，许多工作无法开展。合理的创业人数，便于领导，也便于任务分工的有效开展，能保证各项工作完成的速度和质量，提高团队的办事效率。

3. 志同道合

俗话说“道不同，不相为谋”，相似的价值观、理想及信念让彼此信任、坚定和依赖，志同道合的人更容易“抱成团”。创业要面对很多不确定因素，风险大，是否具有共同的兴趣点，以及是否具有共同的创业梦想，对于能否提升和保持团队的凝聚力是非常重要的。拥有相似的成长经历、成长环境及教育背景的人，比较容易志同道合。创业成功，并不一定是因为团队成员有多优秀，而是因为团队成员齐心协力。同样，团队的失败也并不一定是因为团队结构上的缺陷，而是因为团队成员的内部争斗和关系涣散。

4. 优势互补

依托项目的特点来组建团队是创业者应该考虑的重要因素。项目所蕴含的不确定因素较多，价值创造力较大，往往意味着创业过程中面临的任务较为复杂，挑战性较强。理性组建创业团队可以更好地应对创业过程中的复杂任务，有利于成功创业。这种理性组建，主要强调团队成员间的技能互补、知识互补、能力互补、性格互补、观念互补，这种平衡和补充的作用可以保证新创企业健康有序地发展。

5. 兼顾权益

因为志同道合，在创业初期，企业发展还不明朗的情况下，创业者们考虑更多的不是企业的利益，而是友谊、兄弟情，这种关系看似牢固，但也隐藏着很多隐患。当企业发展步入正轨的时候，个人的利益观就凸显出来了，一方觉得自己的付出和回报不成正比，会产生负面情绪，影响企业的发展。因此，在企业初创期就应该明确股权分配，避免以后出现冲突。

在确定股权分配时，要遵循三个重要原则。第一，重视契约精神。在创业之初，就把确定的股权分配方案以公司章程的形式写入法律文件，以契约形式明确团队成员的利益和分配机制。第二，按贡献决定权利分配和股权比例。团队的目标是把蛋糕做大，在实际操作中，往往依据出资多少来确定股权大小，但以技术为出资方式的团队成员需要谨慎考虑技术的商业价值，在资金和技术之间合理权衡。第三，控制权与决策权相统一的原则。在创业初期，更需要集权和统一指挥，控制权与决策权都很重要。

★阅读材料

### 三剑客火锅店

有三个小伙伴，A是厨师，有手艺，有祖传秘方的调料；B熟悉各种工商流程，可以提供大量的创业资金，负责创业初期的开店和手续的办理；C是个年轻的IT小伙，具有信息技术，可以做微信前台开发，有一个好的商业模式。他们准备组成一个团队，开一个火锅店，并进行了股权的分配：技术占25%的权重，出资占55%的权重，商业模式和运营占20%的权重。然后，A、B、C三人分别对其进行打分，以0~5分为阶层，如表3.2所示。

**表3.2 三剑客火锅店股权分配表**

| 投资形式 | A | B | C |
|---|---|---|---|
| 技术（手艺）25% | 5 | 0 | 1 |
| 出资55% | 2 | 5 | 1 |
| 商业模式的运营20% | 1 | 2 | 5 |
| 总股权 | 37.1% | 39.4% | 23.5% |

这样的算法方便合伙人更好地创建团队，并提出以三个月和六个月为期限进行考核。于是，三个小伙伴愉快地完成了自己的创业。

## 3.4.2 组建流程

1. 明确创业目标

创业团队将在企业初创期同甘共苦，完成最具挑战的事业，这需要强有力的驱动力，将大家凝聚在一起，并长久地坚持下去。这个驱动力就是创业目标。明确的团队目标能够激励每个人的斗志，使全体成员紧紧地连在一起，淡化人与人之间的利益冲突，形成一股强大的向心力，推动整个团队前行。

确定创业目标要分阶段，先要明确创业阶段的目标，即创业阶段的技术、市场、组织、管理等各项工作，实现企业从无到有的突破。在总目标确定后，为了更好地推动目标的实现，需要对总目标进行细化，设定一系列若干可行的、阶段性的子目标。

2. 制订创业计划

在确定了总目标及一个个阶段性目标后，就要努力实现这些目标，这需要周密的创业计划。创业计划是在对创业目标进行具体分解的基础上，以团队为整体来考虑的。创业计划确定了在不同的创业阶段需要完成的阶段性任务，以及达成任务的途径与方法。团队按照创业计划约定的步骤来实现最终的创业目标。

3. 招募团队成员

招募团队成员是创业团队组建中的关键一步。关于创业团队成员的招募，主要应考虑两个方面。一是互补性，即能否与其他成员在能力或技术上形成互补。这种互补性有助于强化团队成员间的合作，保证整个团队的战斗力，更好地发挥团队的作用。一般而言，创业团队至少需要管理、技术和营销三个方面的人才，缺少任何一个角色，团队都将无法高速有效运转。二是团队规模，适当的团队规模是保证团队流畅运转的重要条件。团队成员太少则无法实现团队的功能和优势；而成员过多则可能会产生交流障碍，可能使团队分裂成许多小团队，削弱团队的凝聚力。一般认为团队成员在 2～12 人为宜，以四五个人为最佳。

4. 明确权责划分

为了保证团队成员坚定执行创业计划、顺利开展各项工作，必须预先在团队内部进行权责划分，明确每个成员的职责和相应权限。划分权责时既要保证每个人能力的合理利用，又要避免职权的重叠交叉或无人承担。此外，由于创业过程中面临的环境复杂多变，会不断出现新的问题，团队成员可能会更换，团队成员的权责也应根据需要不断进行调整。

5. 构建制度体系

创业团队制度体系体现了创业团队对成员的控制和激励能力，主要包括团队的各种约束制度和激励机制。一方面，通过各种约束制度（包括纪律条例、组织条例、财务条例、保密条例等）指导团队成员，避免做出不利于团队发展的行为，从而保证团队秩序的稳定。另一方面，通过有效的激励机制（包括利益分配方案、奖惩制度、考核标准、激励措施等）使团队成员看到团队成功后自身利益将得到保障，调动成员工作积极性。要达到有效激励，首先要把各成员的收益模式讲清楚，尤其是关于股权、奖惩、加入与退出等与团队成员利益密切相关的事宜。必须注意的是，创业团队的制度一经协商同意，则应该以规范化的书面协议确定下来，以免带来不必要的混乱。

6. 团队的调整融合

运转流畅的创业团队并非创业一开始就能建立的，很多时候随着创业团队的运作，团队组建时在人员匹配、制度设计、权责划分等方面的不合理之处就逐渐暴露出来，然后对问题进行修正和调整。当问题逐渐被解决后，一个初具规模的创业团队就形成了。团队问题的暴露是一个动态持续的过程，所以团队调整也是分阶段的，各阶段的特征和（或）调整重点如表 3. 3 所示。

**表 3. 3 创业团队阶段特征与调整重点**

| 阶段 | 特征和（或）调整重点 |
| --- | --- |
| 形成期 | 初步形成创业团队的内部框架，建立创业团队对外工作机制 |
| 规范期 | 通过交流想法设定团队目标、成员职责、流程标准等规范性制度 |
| 震荡期 | 隐藏问题暴露，应公开讨论、顺畅沟通、改善关系、解决矛盾 |
| 凝聚期 | 形成有力的团队文化、更广泛的授权与更清晰的权责划分 |
| 收获期 | 遇到挑战，应提升团队效率解决问题，取得阶段性成功 |
| 调整期 | 对团队进行整顿，明确新阶段的计划、目标，完善团队规范 |

### 3. 4. 3 创业团队招募

很多时候，创业伙伴都是自己认识的人，是经常活动在自己周边的朋友，但是也有很多的团队成员是互不相识的人。对于大学生创业者来说，创业团队成员可以通过以下渠道招募。

1. 学校的社团

大学里有很多社团，那里有很多活跃的，有理想、有抱负、有特长、有技能的大学生，在那里可以找到志同道合的朋友，也可以找到兴趣爱好相同的伙伴。社团中的学生较一般的同学来说，都是内心充满理想和追求，并且愿意付出更多努力来实现自己目标的。

2. 公共的社交场合

社交场合如各种学术和技能比赛、文艺汇演、学术会议，还有其他一些公共活动。这些场合的学生一般来自不同的院校，有着不同的文化和特质。大学生创业者需要有意识地对关注这些活动，并主动结交朋友。

3. 众创空间

目前，各大高校都涌现出很多众创空间，即使自己的学校没有，一个城市也会有几个不同规模的众创空间。而众创空间的伙伴更多是怀揣着创业梦想或者具有技术能力，再或者是具有创新思维的一群人，在这里寻找创业伙伴，可以解决很多创业初期的难题。

4. 他人推荐

很多时候，很多的人才资源来自他人的推荐。这种推荐方式表明已经对创业伙伴进行了初步的筛选，既节省了时间和精力，又节省了一定的资金成本。

5. 公开招聘

可以在一些互联网平台和微信朋友圈发布招聘信息，去招聘自己需要的创业伙伴，并对招聘的创业伙伴进行筛选，最终选择适合的创业成员。

★阅读材料

**得合伙人者得天下**

腾讯的“五虎将”：腾讯的五位创始人在创业前是同学和同事。其中，马化腾、张志东、许晨晔和陈一丹是从中学到大学的校友，前三位在深圳大学里甚至是一个系的同学，而曾李青则是马化腾姐姐的同事，也是许晨晔的同事。

携程“四君子”：携程的“四君子”中，除CEO梁建章是复旦大学毕业的以外，沈南鹏、范敏、季琦均是上海交通大学的校友。在1982年的中学生计算机竞赛上，沈南鹏和梁建章同时获奖，从此产生交集。1999年，梁建章和季琦、沈南鹏等上海交通大学校友聚会，几个年轻人对互联网话题热烈地讨论了一夜，最后的结论是，一起做一个向大众提供旅游服务的电子商务网站。

复旦“五虎”：复星集团的创始人是郭广昌、梁信军、汪群斌、范伟、谈剑，几人为复旦大学校友。他们团队的特点是：第一，互相信任；第二，志同道合，能力互补；第三，各尽其才，个人优秀才能得到最大限度的发挥。

“饿”出来的创业：2008年的一个夜晚，正在上海交通大学读研的张旭豪和室友一边打游戏一边聊天，突然感到饿了，打电话到餐馆叫外卖，但要么打不通，要么餐馆不送，创业的想法就这样诞生了。张旭豪和同学康嘉、王渊、曹文学一起，将上海交通大学附近的餐馆信息搜罗齐备，在上海交通大学校园内做起了送外卖的生意，“饿了么”由此产生。

### 3.4.4 团队成员的评估

在任何情况下，选择适合的创业伙伴都应当自己始于创业者仔细的自我评估。这是因为，创业者只有知道自己已经拥有什么，才能知道需要从别人那里得到什么。为了选择与自己在知识、技能和特性方面具有互补性的合作者，创业者必须首先对自己的人力资本进行认真评估。这是一件非常困难的事情，因为人们通常意识不到自身的行为，而且在很多情况下，只有根据其他人对自己行为的反映来理解自己的特征。创业者的自我评估主要考虑以下5个方面。

1. 知识基础

创业者所接受的教育及经验可以表明创业者了解什么和不知道什么，以及需要从其他人，包括潜在的合作者那里获得什么，他们必须具备一定的知识基础和教育基础，能够很好地配合。

2. 专门技能

每个人都有一系列独特的完成某些任务的能力，创业者应该理解和列举自身技能，并将其作为创建新企业的初步程序。

3. 动机

思考创业动机有利于评判创业者和潜在合作者之间的差异，防止未来产生分歧。

4. 承诺

承诺是指完成事情（即使在逆境中也继续前进）及实现与新企业相关的个人目标的意愿。

5. 个人特质

创业者要了解自己在责任感、外倾性、友好性、情绪稳定性、经历开放性这五大关键维度上处于什么位置。

## 3.5 创业团队的管理

### 3.5.1 创业团队的管理技巧和策略

创业团队的成功没有可以遵循的统一定律，但是对优秀创业团队的研究表明，优秀创业团队往往具有一些共同的特质，团队领导者需要做的是将这些特质灌输给团队成员并长久执行下去。

1. 凝聚人心

创业团队所有成员都认同团队，这是一股密切联系而又缺一不可的力量。大家都能够意识到只有企业获得成功才能保证团队中每一个人的利益，任何人都不会因为个人利益去损坏公司的整体利益。

2. 合作精神

成功的创业企业最显著的特点是拥有一个能整体协同配合的团队，而不仅仅只有一两个杰出的人物。团队成员注重互相配合，减轻他人的工作负担并提高整体效率；创业者和关键成员注重培养核心人物，并通过奖励制度进行有效的激励。

3. 全局视野

团队中每个人可能只承担了任务的一部分，但是每个人都明白整个任务的目标、设计思路及预期目标，而不会只关心自己所负责的部分，最终形成狭隘的部门思维。

4. 立足长远

创业是一个艰苦卓绝的过程，是一个持续5年、10年甚至更长时间的过程。这个过程不会是一帆风顺的，团队成员应该认同企业的长远目标，不能指望一夜暴富。

5. 收益目标

创业者的目标应是企业的成功，而非每月的薪水。团队成员需要意识到，最终的资本收益才是他们获得成功的标准，在这之前，任何的薪水或者奖励都是可以取消的。

6. 价值创造

新时代创业者要明白，每个参与分蛋糕的人都会努力将蛋糕做大，所以不需要担心人多粥少的问题。当企业能够为顾客、供应商、销售商提供更多的价值时，就已经赢得了市场的认可。

7. 公平分配

对关键员工的奖励及团队的股本分配，应该与一段时期内团队成员的贡献、业绩和成果挂钩，尽量做到公平、公正，避免意外情况发生。

### 3.5.2 创业团队的常见问题及其解决方法

1. 创业理念不一致

在创业理念方面，创业团队经常碰到的具体问题就是团队成员想法不同或心态不好，直接表现为团队班子不稳定、意见不一致等现象。在创业初期，团队成员拥有共同的目标愿景比技能更加重要。通过共同的愿景，团队可以建立共同的事业目标，促进团队为目标而努力。但是实际上，创业团队成员往往有自己的想法和观点，特别是团队中具备领导特质的人有两个或两个以上，就意味着团队存在着不稳定因素。这需要创业团队的所有成员非常清醒地认识到自身的优势和劣势，同时对其他成员的长处和短处也一清二楚，从而对整个团队的现状有清楚的认识。这样，团队就可以避免各成员因为互相不熟悉、想法不一致而产生矛盾、纠纷，保证团队的向心力和凝聚力。很多创业团队的成员非常熟悉、知根知底，这份因熟悉而产生的信任，避免了很多问题，最终获得了创业成功。

2. 素质能力不全

在企业开创之初，一名具备领袖气质的领导人是不可或缺的支柱，指引着整个创业团队的方向。这个领导人不单单需要具备团队管理能力和市场运作能力，更需要在团队成员中有巨大的、无形的影响力，以及一呼百应的气势和号召力。很多创业团队在短时间内消亡，一个很重要的原因就是创业团队的带头人不是一名合格的领导者。

美国硅谷流传着这样一条“谚语”：由一个工商管理硕士和一个麻省理工学院博士组成

的创业团队，是创业成功的保证。虽然有些夸大其词，却蕴含着一个道理：一个优势互补的团队，是创业成功的一大保障。创业团队建立时，需要考虑的重要问题就是成员在知识、资源、能力或者技术上的互补性。一般来讲，团队成员的知识、能力结构越全面合理，团队创业成功的可能性越大。

3. 团队制度和利益分配

创业团队往往是由一群相互熟悉的人基于共同的创业理念组建，但是在实际运作当中，往往也会遇到团队结构不合理、沟通不畅，或做事、理念不一等情况。如果没有好的制度保证这些隐藏的问题能够反映出来并得到解决，那么这些问题很有可能经过一段时间的潜伏后爆发，成为团队离心、解散的导火索。另外，团队创业很重要的一个问题就是利益分配。这需要在创业开始时，将团队中基本的责、权、利说清楚，尤其是股权、利益分配等问题，包括未来可能出现的增资、撤资、扩股、融资、人事安排及解散等事宜。这样，企业在经过发展壮大后，才不会因为利益纠纷而产生团队矛盾，甚至导致团队解散。

4. 冲突

冲突的发生是企业内部不协调的结果，表现在冲突行为主体之间的矛盾激化和行为对抗。优秀的团队知道如何进行冲突管理，从而使冲突对组织绩效的改善产生积极作用。有些学者把团队冲突分为两大类，即认知冲突和情感冲突。

（1）认知冲突。

认知冲突是指团队成员对企业生产经营管理过程中出现的问题的意见、观点和看法不一致。通俗地讲，认知冲突是论事不论人。从本质上说，团队成员之间对生产经营管理过程的相关问题存在分歧是一种正常现象，而且一般情况下，这种认知冲突有助于改善团队决策质量和提高组织绩效。

认知冲突是有益的，因为它与影响团队有效性的基本活动相关，集中于经常被忽略的问题背后的假设，通过对不同选择方案进行的坦率沟通和开放式的交流，认识冲突，鼓励创造性思维，可以促进创造性方案的产生。事实上，没有认知冲突，团队决策不过是一个团队里最自由表达或者是最有影响的个别成员的决策。

除了提高决策质量，认知冲突还能促进决策本身在团队成员中的接受程度。通过鼓励开放和坦率的沟通，以及把团队成员的不同技术和能力加以整合，认知冲突能推动团队成员对团队目标和决策方案的理解，增强其对团队的责任感，从而有助于团队所形成的创业决策方案的执行。

（2）情感冲突。

情感冲突是指团队成员之间的个人情感矛盾。这种冲突是极其有害的，会极大地降低决策质量，并且影响成员在履行义务时的投入程度。与认知冲突不同，基于人格化、关系到个人导向的不一致性往往会破坏团队绩效。情感冲突是论人不论事。

由于情感冲突会导致成员间表现出敌对、不信任、冷嘲热讽、冷漠等，所以它会极大地降低团队的有效性。情感冲突会阻碍人们参与到影响团队有效性的关键性活动中，团队成员普遍不愿意就问题背后的假设进行讨论，从而降低了团队绩效。情感冲突引起的冷嘲热讽、不信任和回避，会阻碍开放的沟通和联合。当它发生时，不只是方案质量在下降，团队本身的义务也在不断地受到侵蚀，因为团队成员不再把他们与团队活动联系起来。

对团队的绩效来说，冲突可以是有益的，也可以是有害的，主要取决于它是认知冲突还是情感冲突。认知冲突可以通过改善决策质量和提高成功决策的概率，进而提高团队绩效。然而，情感冲突会降低决策的质量，破坏团队成员对成功决策的理解，甚至不愿意履行团队成员的义务，进而导致团队绩效下降。

5. 所有权分配问题

在创业初期，一般所有权分配不是困扰团队发展的首要问题，因为大家有共同的愿景，可以共同努力来实现自己的理想，金钱、利润及所有权都不是考虑的重点。但当企业发展到一定规模后，这个问题就将突出表现出来。在所有权分配问题上，创业者要在公平和激励之间良好地权衡。一方面，要在团队成员内部体现出公平性，符合“贡献决定权利”的标准，另一方面，要对成员有一定的激励作用，让每个成员都能感到分配的股权比例超出了自己的预期。要做到这一点，并不是一件容易的事情，首先需要创业者有广阔心胸和不凡气度，懂得与帮助自己创造价值和财富的人一起分享财富，过了这一关，创业者就不会在持股百分比问题上斤斤计较了。

如果创业者太贪婪，过分强调控制权，把公司大部分所有权揽在自己手里，而不是与其他人分享，那一切都将成为泡影。因此，所有权分配问题是致命的，一旦出现，可能使企业产生严重危机。

## 3.6　大学生创业团队的思考与建议

我国大学生创业团队成员大多是一些私交很好的伙伴，例如朋友、同事、同学、校友等。创业者多是相熟的伙伴，或是有相似理念和观点的人，例如具有相近技术研发背景的人等。可以说，人际上的交集是创业团队成员最重要的条件。

创业团队的人员流失率高是一种普遍现象。据调查，在我国100家由大学生创办的成长较快的中小企业中，一半的创业团队无法顺利熬过公司创立后的5年；在12个创业团队中，只有2个团队在创立后的5年内保持初期的完整。随着企业规模的不断扩大，创业团队产生分歧，除队员能力与发展方向和组织要求不适应之外，更多的原因在于创业团队在企业由创业阶段向集体化阶段过渡时期的团队管理。纵观各类创业团队的发展史，大学生创业团队分裂最容易发生在企业从创业阶段向集体化阶段过渡的时期。集体化阶段的特征是企业开始提出明确的目标和方向，部门也随着权力层级、工作分派及劳动分工而建立。在此期间，企业从不规范过渡到正常经营管理状态，创业团队中的很多矛盾很容易暴露出来，这些矛盾正是创业团队分裂的主要原因。导致创业团队不够稳定甚至走向分裂主要有3大因素。

（1）团队成员的性格差异。

不同创业成员之间因为性格、理念不合，容易导致目标和策略有冲突。创业初期，团队成员的性格差异和处理问题的不同方式容易被掩盖，但随着企业的成长，这些问题会显现。如果成员之间缺乏真正的沟通，就不会形成真正意义上的创业团队。

(2) 团队成员能力不足。

创业团队成员的能力不足在众多由大学生创办的企业中体现得非常明显。很多企业的创业元老缺乏持续的学习精神与吃苦耐劳的品质，当初的成功往往是因为有创业激情，敢拼敢干。随着企业进入规范发展的时期，他们自身意志和能力的有限就成了企业发展的阻力。在这种情况下，创业团队很有可能走向分裂。

(3) 没有明确的利润分配方案。

初创团队没有明确的利润分配方案在创业企业中是非常普遍的。很多大学生创业团队在企业发展初期没有考虑到，或者碍于面子，没有明确提出具体的利润分配方案，等到企业规模扩大的时候就开始为利润分配而发生争执。

基于上述分析，大学生创业团队应该理解，创业不仅仅是将一群有激情、有想法的青年组织起来，更重要的是将这些有想法、有能力的人组合成一个团队。这个团队需要在领导者的带领下朝着既定的目标不断前进，相互激励，永不言弃。团队要有明确的分工，成员各司其职；更要有严格的规章制度，以保障企业有序运行。只有拥有足够的热情，才能保证团队拥有永久的活力；只有充分发挥团队里每个人的优势，才能更好地团结协作，真正实现团队的目标。

## 习　题

1. 名词解释

创业团队　星状创业团队　网状创业团队　虚拟星状创业团队

2. 简答题

(1) 简述创业团队人才的类型。

(2) 创业团队组建的原则有哪些？

(3) 创业团队组建的流程有哪些？

(4) 如何管理好创业团队？

3. 思考题

(1) 创业团队与一般团队的区别有哪些？

(2) 怎样解决好创业团队出现的问题？

(3) 大学生如何建立好的创业团队？

第4章

# 电子商务创业项目与资源分析

电子商务创业以网络为依托，利用网络来进行营销和推广。对于创业者来说，创业项目的选择是十分重要的。因此，要掌握创业项目的来源和识别的方法，对创业项目的风险进行分析和论证。同时，在进行创业的过程中，创业者也需要拥有寻找、整合电子商务创业项目资源的能力。

## 学习目标

◆掌握电子商务创业项目的基本特征和面临的风险；
◆熟悉电子商务创业项目的来源；
◆了解电子商务创业项目识别和评估的准则；
◆掌握创业项目风险的构成与规避方法；
◆了解如何整合创业项目的资源。

★阅读材料

### 电子商务创业项目从何而来?

在广州，有一位网上餐厅的老板衣欣，在周围写字楼里工作的白领们几乎没有人不知道她。这些白领都是衣欣餐厅的忠实客户，他们每天通过电子邮件、电话、QQ 等通信工具，向衣欣的餐厅订购可口的饭菜。正是由于这些忠实的客户，才使得衣欣餐厅成为周围人气最旺的网上餐厅。

衣欣之所以会选择在网上开餐厅，是因为一个非常偶然的机会。一天，她给自己的男友做了一顿可口的饭菜送到办公室。当饭盒开启的一刹那，诱人的饭香吸引了身边的同事，大家都用羡慕的眼光注视着衣欣的男友。广州是一个生活节奏比较快的城市，很少有人花时间去张罗午餐，大家都是吃一些小吃匆匆了事。这样一个细节被细心的衣欣注意到了，于是她萌生了开餐厅的想法。

衣欣回去之后就开始着手准备，一方面不断锻炼自己的厨艺，另一方面寻找合适的店铺。但是广州繁华地段的租金惊人，这让她有点退却。这时，有着一定电子商务知识的男友建议她尝试一下在网上开餐厅，并给她做了一个精美的网页。经过半个月的忙活，衣欣的网上餐厅终于产生了。为了宣传，衣欣做了很多名片，印着衣欣的联系方式和餐厅的网址，在各个商业区域发放。开业的第一天，一单生意都没有接到，但衣欣并不气馁，在开业的第四天接到了第一单生意。她秉着诚信的态度，不仅在饭菜质量上下功夫，而且在服务态度上也胜人一筹。

开张3个月后，衣欣的电话接连不断，E-mail里的订单邮件也是爆满。生意红火之后，衣欣聘用了几个员工，她的精力则放在了饭菜制作和网站经营上。每到周一，她就把一星期的配餐计划发布到网页上，让客户依据自己的口味进行选择。同时，她对饭菜的制作亲力亲为，从原料选购到整个制作过程都严格、细心，争取让每一个客户满意。

此外，衣欣还非常注重餐厅的信誉度，因为她知道在网上做生意，特别是食品生意，诚信是必不可少的。一天，她从邮件中得知，在送餐员在把饭菜送到一位客户手中时，饭菜已经不太热了，她立即做了一份热气腾腾的套餐和可口的汤免费送到这位顾客面前。因为这样热情、周到的服务，衣欣餐厅的订单如雪片一样飞来。

（资料来源：金锄头文库，《网上开餐厅：时尚创业月赚过万元》，2018年6月24日。）

## 4.1 电子商务创业项目的基本特征及面临的风险

### 4.1.1 电子商务创业项目的基本特征

电子商务创业项目基本是以大型电子商务网站为依托，通过便捷的物流来进行货物运输，利用网络平台进行营销推广，同时吸纳最新的创业创意和创业思想。电子商务创业项目的基本特征主要有以下几点。

1. 门槛低

电子商务创业以网络和物流为依托，利用网络来进行营销推广。近年来，网络技术的普及，以及物流业的飞速发展，为电子商务创业创造了良好的条件，使电子商务创业项目的门槛大大降低，为更多的创业者进行电子商务创业提供了保障。而且，电子商务创业多以商业性的买卖为主，对技术知识方面的要求并不是很高，创业者只需要懂得基本的计算机和网络知识，具有项目启动和运营的资金，就能进行电子商务创业了。

2. 启动资金少

传统模式的创业项目需要花费大量的人力、物力、财力来注册登记公司，要有实体门店或者厂房仓库来进行生产或者储存货物，并且在过去没有网络的条件下，需要投入大量资金在报纸、杂志、电视等传统媒体上做广告宣传。而电子商务创业如果是以网上商店为主体，则不需要进行注册登记，省去了注册资金。而且，电子商务网上创业不需要实体门店，省去了大额的门面租金，降低了成本，同时还可以充分利用因特网这个平台进行网络营销。

3. 企业成长快

电子商务创业门槛低和启动资金少的特点，大大降低了进行电子商务创业的起步难度，使得通过电子商务创业的项目如雨后春笋般涌现。除此之外，在目前我国鼓励发展电子商务的政策环境下，又有网上创业几乎零税收这个极大的优势。这些因素都对电子商务创业项目的成长起到了极大的推动作用，也使电子商务创业的盈利比传统创业更容易、更快。盈利快的项目能够更快地获得回报，而创业者越快得到回报，加大投资的可能性就越大。较快地对创业项目加大投资就意味着创业项目能够得到持续投资，使创业项目在资金上得到保证，使项目在人力、物力和管理三个方面能够上一个新台阶，进而使创业项目得到持续而良性的快速增长。

### 4.1.2　电子商务创业项目面临的风险

电子商务创业项目与传统创业项目一样，会受很多不确定因素的影响，这些因素可分为正面影响因素和负面影响因素。正面影响因素能够促进电子商务创业项目的成长；负面影响因素能阻碍其发展，甚至产生毁灭性的结局，导致电子商务创业项目失败。这些对电子商务创业项目可能带来负面影响的因素，即电子商务创业项目的风险。

首先，电子商务创业项目的主题对创业项目的发展空间有很大的影响。一个好的项目创意可能会有非常大的发展空间，其所处的行业能给电子商务创业项目良好的环境，并且可能有诸多的利好因素促使该项目最终发展为一个能够盈利并得到较好发展的项目。而一个过时或者没有市场的创业项日，最终只会导致创业搁浅或者失败。所以，选择电子商务创业项目的主题或者说创业项目的核心，必须慎重。

其次，电子商务创业项目营销推广的好坏也对项目的成功有非常大的影响。成功的电子商务网络营销可以对电子商务创业项目起到良好的宣传作用，但是电子商务网络营销的成功并不是和其网络营销的投入成正比的。

再次，物流或者其他相关因素变化非常快，对电子商务创业项目的成本可能带来较大的影响。除此之外，还有很多其他不可预知的因素对创业的成本或者开支产生影响。

对于刚刚诞生的电子商务创业项目来说，风险可能来自资金、技术、市场、竞争等。创业者对这些风险做好心理准备，才能很好地去应对风险。

1. 资金风险

资金风险对所有创业者和创业项目来说都是一种不小的风险。它往往是企业生存和发展的瓶颈，因此创业者应该特别重视。通常情况下，创业项目实施初期，创业者手中的资金十分有限，然而需要花钱的地方却特别多。如何将这些资金合理分配，对于电子商务创业项目能否经受住前期风险至关重要。

★阅读材料

**资金分配失误的教训**

一个小型化肥厂的厂主，为了使工厂有更大的发展，看中了一种新型肥料的生产项目。这种肥料的生产成本低廉，利润却十分高，市场需求也十分广泛。厂主认为，只要化肥能够生产出来，自己的厂必定获利很大。于是，他将所有的资金用来购买生产设备和技术。

正当厂主开始野心勃勃地准备大展宏图的时候，政府环保部门的官员却找上门来了。原来，环保部门规定，要生产这种化肥，企业必须先增设价值 15 万元的污染防治设施。然而，此时厂主为了引进这一项目，已经把手头可用的钱全部投了进去。最终，因无法筹集到这笔资金，该厂被迫关门。

2. 技术风险

对于技术性要求不高（如网上花店、书店、玩具店等）的项目来说，技术风险相对较小。但是对于某些偏重于技术的项目来说，技术力量是否强大、人员的操作是否熟练、经验是否丰富等对项目的生存与发展都有重要的影响。

3. 市场风险

能否经受住市场的第一轮考验，是创业者面临的首要风险，这类风险主要包括产品的顾客认同度、产品宣传策略等。

4. 竞争风险

俗话说，同行是冤家。随着电子商务创业热潮的来临，各种大大小小的电商企业如同雨后春笋般出现，而目标市场的增长速度却跟不上项目的增长速度，不可避免地出现了“僧多肉少”的现象。面对如此激烈的竞争，创业者可能一不留神就被淘汰出局。因此，在电子商务创业项目的计划书中应明确竞争对手及其优势、劣势，做到知己知彼。

当然，项目实施和运营过程中遇到的问题是多种多样的。除上述4点主要风险之外，创业者还应当考虑到其他潜在风险。例如阅读材料中的化肥厂厂主，他的失败原因不仅仅在于对企业资金分配不当，也在于对政府相关政策的不了解，这就提醒创业者，一定要对政府政策、经济情况等大环境有详细的分析。此外，创业者的管理能力、组织机构的架设，也可能成为企业生存和发展中所面临的风险。例如，创业者太过严厉，可能会使合作伙伴及员工产生抵触情绪；太过温和，又会缺乏威信。组织机构的架设臃肿、不合理，也可能导致企业内部问题重重。

对电子商务创业项目影响较大的风险就是生产、经营及财务上的不确定因素。例如，由于设备故障导致产品质量下降，由于财务人员的疏忽导致企业资金流失等。这些不确定因素一旦被忽视，可能会导致企业运行失控，而且这类因素的隐蔽性比较强，不易察觉。创业者应当通过翻阅相关资料等方法尽量把可能存在的问题写进风险分析中。

## 4.2 电子商务创业项目的来源

### 4.2.1 原创项目

在电子商务创业项目的来源中，原创项目是非常重要的来源之一。原创项目，是指创业者按照自己的想法或者创意来进行创业，或根据自身的优势和特长，利用自身的资源进行自主创业的项目。

原创项目最大的特点就是项目的创意来自创业者自身。原创项目有四个特点。第一，创业者拥有该项目的知识产权或者所有权，创业者可以不用支付昂贵的项目购买费用或者加盟费。第二，原创项目的创新性较高，创意一般来自创业者自身的想法。第三，原创项目的可行性和获取收益的概率因项目而异。原创项目的可行性与其所在行业发展现状和项目的规划等因素密切相关，应对不同项目的可行性和获取收益的概率区别对待。第四，原创项目所有权均属于创业者本人，不存在收益分配的问题。

### 4.2.2 引进项目

引进项目是电子商务创业项目的另一个重要来源，有两种情况：一种是创业者利用自身已有的商业资源、引进他人或组织的技术，也可以引进创业项目独立进行创业；另一种是创业者引进项目创意或者创业项目，并与项目的所有人一起进行创业。

引进项目的主要特点是项目的创意或者核心技术不是源于创业者本身，而是引进他人的成果。具体来讲，引进项目具有四个特点。第一，引进技术或者创业项目需要付出一定的代价。第二，引进项目的创新性和原创项目一样，创业者都具有自主的知识产权，因为引进了核心技术或者原创项目之后，创业者就拥有了该项目的技术和产权。第三，引进项目的可行性和收益率一般会比较高。之所以一个项目能够被引进，原因是该项目的可行性较高，收益率也应该是较高的，获得收益的概率较大。第四，引进技术或者项目之后，项目属于创业者，不存在收益分配问题。

### 4.2.3 合作项目

合作项目是指合作的双方或者多方，采用其中一方的项目创意或者创业项目，利用各自拥有的资源一起创业。合作项目的特点包括：第一，由于其项目创意源于创业者内部，所以该项目的知识产权和所有权属于创业项目的合作双方，这是合作项目最显著的特点；第二，合作项目的创新性与原创项目相比要弱一些，因为项目从诞生到寻求合作，再到最后合作成功，需要一定的时间，项目的创意或创新性要受到一定的影响；第三，此类项目需要合作完成，说明其可行性较强，收益的概率也较大；第四，项目的创意或者知识产权和所有权属于创业双方共同拥有，因此需要合作双方或者多方对利益进行合理分配，这是合作项目的一个弱点。

### 4.2.4 购买项目

购买项目是电子商务创业项目来源一个不可或缺的部分。购买项目是指创业者根据自身的需要，购买他人或组织的创意或者创业项目，进行独立创业。购买项目最大的特点就是可行性较好及盈利概率较高。另外，购买项目还有其他三个特点。第一，因为购买项目能够出售，说明其具有可推广性，能经受市场的考验。第二，购买项目的经济性不如其他来源的项目。购买一个电子商务创业项目需要花费一笔高昂的购买费，这是购买项目的一个弱点。第三，项目的购买人拥有项目的所有权和知识产权，同时也就意味着不存在利益分配的问题。

## 4.3 电子商务创业机会的识别和创业项目的可行性分析

### 4.3.1 创业机会的识别

1. 创业项目与创业机会

在创业的过程中，最重要的一件事就是寻找并确定合适的创业项目，而合适的创业项目是与创业机会分不开的。创业机会的识别是创业的开端，更是创业的前提。

创业机会是指创业者可以通过生产新的产品、提供新的服务、使用新的原材料和新的组织形式，以高于成本的价格进行销售的情形。

2. 创业机会的来源

机会是在变化中产生的，创业机会主要源于各种因素的变化与创新，其中，最主要的是政策变化、技术的发展与创新、市场变化。

（1）政策变化。

政策、规章制度的变化带来了相关资源使用上的变动，成为创业机会的重要来源。国家或区域政策环境的变化能够促进商机的产生，从而将原有的资源重新整合并使用，提高资源使用效率。

（2）技术的变化与创新。

技术的变化与创新也是创业机会的重要来源。随着科技的发展与社会的进步，技术上的变化组合与创新，可为创业者带来很多创业机会。

（3）市场变化。

因市场变化而产生的具有一定规模与开发价值的消费需求，被认为是创业机会。市场机会是潜在的、隐性的，是由非直接的消费需求带来的。市场新需求的产生、供求关系的转变、竞争态势的变化，都能带来创业机会。

3. 创业机会的特征与类型

（1）创业机会的特征。

创业机会是指具有较强吸引力、时效性、持久性的能够创造价值的有利于创业活动的机会。创业者或者创业团队可根据创业机会进行创业活动，并从中获益。创业机会具有如下3个特征。

1）时效性。

创业机会只存在于某个时间段，这个时间段被称为“机会窗口”，因此，创业机会具有时效性。当市场需求处于一种不平衡的状态时，创业者需要及时搜集信息并捕捉机会，迅速采取行动，这样才可能取得创业成功并获取收益。

2）持久性。

创业机会在具有时效性的同时，也应该具有持久性，能够得到进一步的发展。也就是说，判断一个创业机会合适与否的标准之一，是市场是否有足够的时间让创业者对创业机会进行开发。

3）创造价值。

创业机会应能带来商业价值或社会价值。市场回应是判断创业机会价值的一个重要标准。所谓市场回应，是指市场对创业者的产品或服务的接受程度。只有在市场能够对创业者的产品有很好的回应时，创业者的产品才有可能产生经济价值。

（2）创业机会的类型。

1）技术机会。

技术机会是指技术创新带来的创业机会。一方面，技术机会会引导新创企业开发新产品和新服务；另一方面，新产品和新服务又能带来新的创业机会。

2）市场机会。

市场机会一般分为三类：第一类是在当下市场已有的产品和服务中，去寻找尚未满足的顾客需求，开发一个新的市场，或开发现有产品的新功能和新用途；第二类是指创造开发并设计生产出具有新功能的产品，来满足变化了的市场需求；第三类是指基于社会分工，开发出衍生产品的市场。

3）政策机会。

政策的变动会带来相关资源使用上的变动，从而产生商机。

4. 识别创业机会

创业机会的识别是创业者在创业活动中需要关注的一个重要问题。由于创业过程是围绕创业机会进行识别、开发、利用的过程，因此，创业者应当具备识别正确的创业机会的技能。识别创业机会需具备以下 3 个因素。

（1）创业的愿望。

创业的愿望是创业机会识别的前提。创业者只有拥有创业愿望，并将其作为创业的原动力，才能去发现和识别市场机会。创业者如果没有创业意愿，遇见再好的创业机会也会视而不见。

（2）创业能力。

创业能力是创业机会识别的基础。创业者在识别创业机会的过程中需要用到多种个人能力，如远见与洞察能力、信息获取能力、技术发展趋势预测能力、模仿与创新能力、建立各种关系的能力等。

（3）创业环境。

创业环境的支持是创业者进行创业机会识别的关键。创业环境包括政府政策、社会经济条件、创业和管理技能、创业资金和非资金支持等，是创业过程中多种因素的组合。一般来说，如果社会对创业失败比较宽容，有浓厚的创业氛围，国家对个人创业比较支持，有各种金融支持措施和完善的创业服务体系，产业有公平、公正的竞争环境，就会鼓励更多的人创业。

### 4.3.2　创业项目的评估

根据蒂蒙斯在 *New Venture Creation*：*Entrepreneurship for the 21th Century* 提出的创业机会评价体系，创业者在进行创业项目评估的过程中需要注意八大类的评估，包括：行业和市场、经济性、收获、竞争优势、管理团队、致命缺陷、个人标准、战略差异。将每个指标的吸引力分为最高潜力和最低潜力，并对最高潜力和最低潜力进行描述。具体来讲，要遵循以下评估准则。

1. 市场评估准则

（1）市场定位。

一个好的创业机会，必然具有特定的市场定位，专注于满足顾客需求，同时能为顾客带来增值的效果。因此，评估创业机会的时候，可根据市场定位是否明确、顾客需求分析是否清晰、顾客接触通道是否流畅、产品是否持续衍生等，来判断创业机会可能创造的市场价值的大小。创业项目带给顾客的价值越高，创业成功的机会也就越大。

（2）市场结构。

对创业机会的市场结构进行分析的内容包括进入障碍，供货商、顾客、经销商的谈判能力，替代性竞争产品的威胁，以及市场内部竞争的激烈程度。由市场结构分析可以得知新企业未来在市场中的地位，以及可能遭遇竞争对手反击的程度。

（3）市场规模。

市场规模的大小与成长速度，也是影响新企业成败的重要因素。一般而言，市场规模大，进入障碍就相对较低，市场竞争激烈程度也会略为下降。但是，如果新创企业要进入的是一个十分成熟的市场，虽然市场规模很大，但由于成长空间不大，利润空间也必然很小，恐怕就不值得再投入。相反，一个正在成长中的市场，通常也会是一个充满商机的市场，只要进入时机正确，必然会有获利的空间。

（4）市场渗透力。

对于一个具有巨大市场潜力的创业机会，市场渗透力（市场机会实现的过程）的评估将会是一项非常重要的影响因素。创业者应选择在最佳时机进入市场，也就是市场需求正要大幅增长之际，做好准备，等待接单。

（5）市场占有率。

创业机会预期可取得的市场占有率，可以显示新企业未来的市场竞争力。一般而言，成为市场的领导者，最少需要拥有20%的市场占有率。如果市场占有率低于5%，则新企业的市场竞争力不高，自然也会影响企业未来上市的价值。尤其是具有赢家通吃特点的高科技产业，新企业必须拥有成为市场前几名的能力，才具有投资价值。

（6）产品的成本结构。

产品的成本结构，也可以反映新企业的前景。例如，从物料与人工成本所占比重、变动成本与固定成本的比重，以及经济规模产量，可以判断该企业创造附加价值的幅度及未来可能的获利空间。

2. 效益评估准则

（1）合理的税后净利。

一般而言，具有吸引力的创业机会，至少需要创造15%的税后净利。如果创业机会预期的税后净利在5%以下，就不是一个好的投资机会。

（2）达到损益平衡所需的时间。

合理的损益平衡时间应该是在两年以内，如果三年还达不到，恐怕就不是一个值得投入的创业机会。不过，有的创业机会确实需要经过比较长时间的耕耘，通过前期投入，克服进入障碍，保证后期持续获利。在这种情况下，可以将前期投入视为一种投资，允许损益平衡时间较长。

（3）投资回报率。

考虑到创业可能面临的各种风险，合理的投资回报率应该在25%以上。一般而言，投资回报率在15%以下是不值得考虑的创业机会。

（4）资金需求。

资金需求量较低的创业机会，投资者一般会比较欢迎。事实上，许多案例显示，资本额过高其实并不利于创业成功，有时还会带来稀释投资回报率的负面效果。通常，知识越密集的创业机会，对资金的需求量越低，投资回报率越高。因此，在创业开始的时候，不要募集太多资金，最好通过盈余积累的方式来创造资金。较低的资本额，将有利于提高每股盈余，还可以进一步提高未来上市的价格。

（5）毛利率。

毛利率高的创业机会，相对风险较低，也比较容易取得损益平衡。相反，毛利率低的创业机会，风险则较高，遇到决策失误或市场产生较大变化的时候，企业很容易遭受损失。一般而言，理想的毛利率是 40%。当毛利率低于 20% 的时候，这个创业机会就不值得再考虑。软件业的毛利率通常很高，所以只要能找到足够的业务量，从事软件创业在财务上遭受严重损失的风险相对较低。

（6）策略性价值。

创业机会能否创造新企业在市场上的策略性价值，也是一项重要的评价指标。一般而言，策略性价值与产业网络规模、利益机制、竞争程度密切相关，而创业机会对产业价值链所能创造的附加值效果，也与它所采取的经营策略与经营模式密切相关。

（7）资本市场活力。

当新企业处于一个具有高度活力的资本市场时，它的利益回收机会相对较高。不过资本市场的变化幅度极大，如果在市场高点时投入，资金成本较低，筹资相对容易；但如果在资本市场低点时投资，新企业开发的诱因则较低，好的创业机会也相对较少。不过，对投资者而言，市场低点的成本较低，有的时候反而投资回报率会更高。一般而言，新企业活跃的资本市场比较容易创造增值效果，因此，资本市场活力也是一项可以用来评价创业机会的指标。

（8）退出机制与策略。

由于投资的目的都在于利益的回收，因此，退出机制与策略就成为一项评估创业机会的重要指标。企业的价值一般由具有客观鉴价能力的交易市场决定，而这种交易机制的完善程度也会影响新企业的退出机制。由于退出的难度普遍要高于进入，所以一个具有吸引力的创业机会应该要为所有投资者考虑退出机制，以及退出的策略。

### 4.3.3　项目的可行性分析

可行性分析是确定项目创意或项目计划是否可行的过程。作为对项目计划和项目创意的初步评估，可行性分析用来确定项目创意是否可以实施，并在投入资源之前对项目进行检测，处于机会识别阶段与制订项目计划阶段之间。当一个项目创意经过可行性分析被认为不可行时，就应该放弃或重新规划。如果该创意被重新构思，新创意仍要和原创意一样进行同等水平的可行性分析。

项目的可行性分析是通过分析项目需要的技术、所处的市场环境、可能发生的投资和费用、产生的效益，从而确定该项目成功的可能性。项目的可行性分析包括以下 7 个方面。

1. 产品/服务可行性分析

产品/服务可行性分析指对拟推出的产品或服务的总体吸引力进行评估。在产品或服务投入开发之前，企业应该确定产品或服务是消费者所需要的，并且拥有足够大的市场。

产品/服务可行性分析由概念测试和可用性测试两个基本测试组成。

（1）概念测试。

概念测试是指向预期客户展示产品或服务，以评估消费者的兴趣和购买意向。概念测试的结果通常是开发出产品或服务的原型或者模型。通常，基本原型首先被开发出来，再用于评估消费者兴趣和开展可用性测试。

（2）可用性测试。

可用性测试要求产品使用者执行某些任务，以便测量产品的易用性与用户的体验。在不同的情况下，可用性测试也被称为用户测试、贝塔测试或实地测试。可用性测试是创业者或企业资源的一项非常有益的投资。

2. 行业或市场可行性分析

行业或市场可行性分析是对将要提供的产品或服务的整体市场的吸引力进行评估的过程。拟实施项目在进行这部分可行性分析时，需要考虑以下几个问题。

（1）行业吸引力。

行业之间的增长率千差万别。一般而言，正在持续增长的行业更具吸引力，因为这种行业对新进入者和新产品的接受程度高。决定新项目可行性的一个重要因素是其所选择行业的吸引力，这也正是很多风险投资在考虑投资新项目时会首先评价新项目所在行业吸引力的原因。富有吸引力的行业一般具有四个特征。第一，发展空间广阔并呈现持续成长的态势。第二，对消费者具有重要意义，市场所销售的产品或服务通常是消费者必需的。第三，有较高的经营利润，进入并参与这类市场竞争，会比较容易获得更多利润。第四，竞争对手较少。如果竞争对手众多，势必会产生价格战，降低经营利润。除了这四个行业特征，还要认真考虑项目所在行业的成长态势到底在能够多大程度上满足以上标准。

（2）市场进入时机。

对项目创意进行行业或市场可行性分析时，需要考虑特定产品或服务引入的时机。拟建项目既可以引进突破性新产品或服务，也可以改进当前可行的产品或服务。

（3）利基市场识别。

利基市场是指在较大的细分市场中具有相似兴趣的小众群体所组成的市场空白。大多数成功的创业项目一开始并不是在大市场上开展业务，而是通过识别较大市场中新兴的或未被发现的利基市场而走向成功。利基市场战略有利于新企业创造一个行业，避免与主要竞争对手进行正面竞争，而且也有益于企业集中精力服务于某个特定市场。具有吸引力的利基市场的主要特点在于，每个市场必须足够大，以支持新创项目，同时也要足够小，以避免与同行进行正面竞争。

3. 组织可行性分析

组织可行性分析用以确定新计划的项目是否具有足够的管理专业知识、组织能力和资源来成功创办新企业，主要体现在管理才能和资源丰富程度上。

（1）管理才能。

一个项目能否顺利实施，要充分评估项目管理团队的才能或能力，这就意味着创业者必须进行自我评估，主要评估以下 3 个方面。

1）个体创业者或者管理团队对项目创意所抱有的激情。

2）个体创业者或管理团队对将要进入的市场的了解程度。

3）管理者是否拥有广泛的职业和社会网络。

一个项目的管理团队不但包括项目创立初期的创业者、核心成员和顾问，或有助于管理新企业的群体，还包括企业创办后发现的有才能并愿意加入其中的人。

（2）资源丰富程度。

要确定新创项目是否拥有充足资源来成功推进产品或服务开发。

4. 财务可行性分析

财务可行性分析是对项目创意是否可行进行的初步财务分析。该环节需要考虑的主要问题有资本需求、财务收益率。

（1）资本需求。

评估企业是否能筹集足够资金来满足其资本需求十分必要。新企业通常需要资金来完成各种事务，包括招聘员工，租赁办公或生产场所，购买设备，对员工进行培训，以及进行产品研发、营销和首次产品销售。在可行性分析阶段，财务数据不必强求精确，但务求准确，以使创业者认识到创业项目所需费用。

（2）财务收益率。

资产回报率、权益收益率和投资回报率是新创项目诸多预期收益中的一部分。在可行性分析阶段，重要的是确定预期收益是否足以保证项目的创建。

5. 非财务可行性分析

非财务可行性分析是指列出若干种有助于推进项目创意开发的非财务关键资源，包括规避产品的行业风险、自然风险、社会风险、经营风险、管理风险等资源，并评估企业获取这些资源的可行性。

6. 项目调研

俗话说，“机会总是留给有准备的人”。在开始进行电子商务创业之前，做好准备也是应该的。项目调研必不可少，具体包括政策调研、行业调研、产品调研、客户调研和盈利模式调研。

（1）政策调研。

政策调研，就是根据政策的外延和内涵变化而变化。在创业的过程中，如果能合理地利用各种优惠政策或者看准政策的导向，那么成功的可能性就会很大。因此，在计划创业项目时进行政策调研是很有必要的。

首先，由于每个创业者的创业方向、特点不同，每项创业政策的使用范围和对象也不同，要选择适合自己的创业政策。其次，创业者需要了解的政策包括劳动部门、就业指导部门、中小企业服务中心等部门制定的各项政策。其中，主要有劳动保障部门的贷款担保政策、中小企业担保基金专项贷款、中小企业贷款信用担保、大学生科技创业基金等。这些优惠政策主要集中在以下4个方面。

1）劳动就业服务企业的税收优惠政策。

2）高校毕业生创业税收优惠政策。

3）商贸型、服务型企业的优惠政策。

4）失业人员、农村剩余劳动力从事个体经营的优惠政策。

（2）行业调研。

如果要使自己在从事的行业中有竞争力，就必须对该行业有所了解。所以，在开始创业前，创业者需要进行行业调研。

每个行业都有其特殊的规律，创业者在选择创业行业时，一定要考虑自身的情况，充分分析自己在此行业中的优势和劣势，同时对行业中的机会和威胁进行尽可能详尽的分析。

（3）产品调研。

创业者要使自己的新产品进入市场，就要对产品进行调研，确定其可行性。

首先，要对自己的产品准确定位。例如，自己的产品到底属于哪一类？强势品牌的产品具有什么样的外形和功能？面对的分别是什么目标客户？都有哪些产品在销售？创业者获取的信息必须是发散性的，要考虑到诸多因素对产品营销的影响，只有这样，得出的结论才能公正客观。

其次，要对可能购买这个产品的消费群体进行调研。对消费群体的调研必须认真详细，每一个细节的失误都可能会对整体的营销造成影响。

最后，对一些高科技成果或权威机构进行调研。高科技成果的运用，不仅可以提高产品本身的质量，也能为产品罩上一层光彩夺目的光环。伴随着最新技术、最新成果诞生的，最多的就是最新的产品，因为高新技术已被人们认识并接受，而由此转化成的生产力制造出的产品就更容易被人接受。所以，创业者一定要做好产品调研，只有洞悉市场上产品运行的基本情况，才能最终把自己的产品成功推向市场。

（4）客户调研。

客户调研就是对即将开发的产品或服务是否能够满足客户的需求进行调研。对客户进行调研时，必须对调研的内容进行详细规划，例如，客户需要这种产品实现什么样的功能等。如果客户表述的概念有些模糊，就要弄清楚客户到底需要什么样的服务。

消费者每一次购买行为的产生、发展，直到结束，并不是一件简单的事情。在消费者的整个购买过程中，为什么买，在哪里买，在什么时候买，向谁买以及怎么买，都有心理活动的作用。分析消费者的购买心理，对产品的销售起至关重要的作用。

（5）盈利模式调研。

一个创业项目没有合理的盈利模式，不管企业名气有多大，最终也会失败。

企业的盈利方式很多，但只有最优秀的才谈得上模式。模式具有规律性，可以把握、学习、效仿，也可以根据自身的情况进行改造。企业的盈利模式一般有五个要素，如表 4.1 所示。几乎所有企业的盈利模式都是以其中一个或两个要素为核心要素的组合。

**表 4.1　盈利模式的五要素**

<table>
<tr><th>要素</th><th colspan="2">具体说明</th></tr>
<tr><td rowspan="3">利润源</td><td rowspan="3">企业提供的商品或服务的购买者和使用者是企业利润的唯一源泉</td><td>有足够的规模</td></tr>
<tr><td>对利润的需求和偏好有比较深刻的认识和了解</td></tr>
<tr><td>挖掘利润时与竞争者比较而言有一定的竞争优势</td></tr>
</table>

续表

| 要素 | 具体说明 | |
|---|---|---|
| 利润点 | 可以获取利润的产品或者服务 | 针对确定客户的清晰需求偏好 |
| | | 为构成利润源的客户创造价值 |
| 利润杠杆 | 生产产品或服务以及吸引客户购买和使用产品或服务的一系列业务活动，反映的是一部分投入 | |
| 利润屏障 | 为防止竞争者掠夺利润而采取的防范措施，与利润杠杆都表现为投入 | |
| 利润家 | 对企业如何盈利具有极强的敏感和预见性的人，往往是创业者本人，也可能是创业者的合作伙伴 | |

7. 市场分析

市场分析可以帮助创业者找到适合进入的市场，帮助企业准确地进行市场定位。

电子商务创业项目市场分析是对网络消费者的需求进行管理。首先通过研究了解网络消费者的购买需求，再结合企业的特点，分析得出企业应该通过哪些网络营销手段来影响网络消费者的购买欲望，最终达到通过满足网络消费者的需求实现企业盈利的目标。

电子商务创业项目市场分析还可以帮助企业将网络市场进行细分。通过将网络市场细分，可以准确地认识网络目标市场，准确把握不同消费者的不同需求，进而根据这些目标市场的特征制定切实可行的网络营销组合策略。

市场分析最重要的是找到适合电子商务创业项目的目标市场。根据项目的规划和生产的产品，结合市场分析信息，确定目标市场，并根据目标市场的特征制定相应的市场营销策略。

（1）市场分析的主要内容。

商场如战场，行军布阵需要研究地形，创业也是如此。对于创业者而言，面前的市场便是自己将要作战的地形。如何对市场进行分析，分析结果是否正确，结果的应用是否恰当，将直接影响企业的生存与发展。

要进行市场分析，首先要确定分析的内容。通常来说，创业者需要在电子商务创业项目计划书中体现的市场分析内容如下。

1）市场状况分析。

市场状况分析是对整个产品市场的描述，如顾客群体、市场需求量和增长潜力、市场的发展方向等预测。

2）目标市场分析。

将市场细分，确定自己产品的目标客户，集中注意力，去吸引他们。这是市场分析最为重要的一环。

★阅读材料

**美国钟表公司的顾客细分策略及成功应用**

第二次世界大战时期，美国钟表公司对可能的顾客进行了一次调查，将顾客细分为三类。第一类顾客是追求实用型。他们需要的是实际功能，追求物美价廉。这类顾客占据市场的23%。第二类顾客具有一定的消费能力，希望用更高的价格购买时间更准、样式也更加新颖好看的表。这类顾客占据市场的46%。第三类顾客是具有相当消费水平的上流人士。他们购买手表往往是作为礼物或者身份的象征，不求最好，只求最贵。这类顾客占据市场的31%。

当时，美国钟表企业大多把精力放在第三类顾客身上。也就是说，还有69%的顾客市场处于饥渴状态。于是，美国钟表公司决定将所有注意力集中在第一类和第二类顾客上。很快，他们推出一种造型较为美观、做工也不错的手表，这种物美价廉的手表很快便在消费者中流传开来。

3）产品优势分析。

面对形形色色的同类产品或者商店，顾客为什么光临自己的商店、购买自己的产品？这需要对产品优势进行分析。许多商家总是希望将自己的产品提供给每一位顾客，因此往往制造出一些功能齐全、价格不菲的产品。事实上，对顾客而言，这种功能齐全的产品反而没有太大的价值，因为许多功能用不到。

如果创业者根据目标顾客的需求，推出具有相应功能的产品，那么其优势自然就显示出来了。产品的真正优势就在于能满足顾客的需要。

4）产品的销售策略分析。

没有好的营销手段，再好的产品也无法让顾客心动。因此，在电子商务创业项目的创业计划书中体现销售策略分析，无论对于增强投资者的信心，还是作为自己今后的动力，都极有好处。

顾客是市场的基础，产品是企业的根基。因此，市场销售策略应当从目标顾客和产品特征这两方面进行。

销售策略分析就是要使创业者明确：自己的产品在哪里销售、什么时候可以销售以及利用何种手段能够畅销。市场销售分析的内容如表4.2所示。

**表4.2　市场销售分析的内容**

| 分析项目 | 分析内容 |
| --- | --- |
| 产品在哪里销售 | 目标顾客的集中地域、顾客习惯 |
| 什么时候销售 | 产品季节性分析，产品旺季销售预算 |
| 利用何种手段能够畅销 | 分销商介绍，主要顾客名单，产品宣传计划 |

（2）市场调查方法。

顾客细分的手段，就是市场调查。对于创业者来说，最常用且有效的市场调查方法有两种：资料分析法和实地考察法。

1）资料分析法。

资料分析法是指创业者通过收集与分析一些现有的市场行业信息、相关的产品资料，得出需要的结论的方法。

资料分析法的关键在于资料的收集。收集资料的准确性、公平性，决定了市场分析的正确性及参考性。

在信息时代，收集资料并不是一件困难的事，资料收集的途径很多。从互联网查找相关资料、数据就是一个不错的选择，信息量大，但信息的真实性、可靠性、是否具有代表性等无法保证。为了避免收集的资料不准确，创业者可以从以下几个方面着手寻找。

第一，政府统计部门公布的工业普查资料。

第二，专业部门颁布的统计资料汇编。

第三，商业分布地图。

第四，行业协会颁布的行业资料。

此外，创业者还可以去当地图书馆、正规书店寻找相关行业、市场的统计资料。从正规渠道取得的资料都有一定的代表性，准确度也很高，完全可以作为创业的参考。

资料收集法的缺点在于数据可能较为陈旧或者只能代表某个地域范围的平均水平，无法体现地域之间的差异。

2）实地考察法。

实地考察法可以弥补资料收集法的不足。对于创业者而言，实地考察法可以采用询问法和观察法两种方法进行。

询问法最为常见的是问卷调查。问卷调查就是把创业项目需要的数据项目设计成直观、简洁的问题，通过消费回访调查、电话调查、论坛调查等方式了解消费者。当然，除此之外，创业者还可以选择一些更加灵活的调查方式。例如，通过认识的人来进行相关信息的调查。如果有条件的话，甚至可以拜访相关领域的资深人士或者专家，如果能获得他们的帮助，将对项目的创立大有帮助。询问法的缺点在于，为了保证调查数据的准确，调查样本必须分布广泛，因此，投资相对较大，数据分析也较麻烦。

观察法是指创业者亲身实地感受、调查市场，用自己的双眼去判断各种市场分析内容。美国斯图·伦纳德奶制品商店的经理斯图·伦纳德经常带领自己的员工去一些对手的商店游逛。当然，他们并不是在闲逛，而是在学习对手的优秀经验。他们约定，每个人都要站在不同的角度从对手那里找出至少一点比自己公司强的地方。通过这种做法，斯图·伦纳德奶制品商店不仅学到了各种优秀的经营手段，更从对手那里发现了许多预示市场发展方向的信号，使公司在行业中长期居于领导地位。

观察法的缺点是创业者会带有强烈的个人色彩，不易形成客观、公正的市场分析。因此，创业者一定要结合自身的特点，综合运用上述方法，才能够得到相对准确的市场分析结果。

在进行市场分析的时候，除对顾客的机构、地域特点等要素进行分析之外，还有一个不可忽略的方面——宏观经济环境。例如，某创业者十分看好红砖生意，因为通过调查，他发现建筑红砖有着低成本、高利润的优势，随着建筑业的发展，需求有增无减，市场潜力巨大，而且附近没有红砖厂，许多本地的建筑商必须从外地进购红砖；如果办厂，竞争压力较小。该创业者的市场分析近乎完美，无论市场现状分析、目标市场还是销售分析，都极具说服力。然而，在他的红砖厂开办一年之后，政府下令禁止生产红砖，创业者血本无归。他的失败，就在于对宏观经济环境没有把握好。宏观经济环境分析要素如表 4. 3 所示。

**表 4. 3　宏观经济环境分析要素**

| 要素 | 具体内容 |
| --- | --- |
| 对国内外政治法律环境的调查 | 掌握一定时期内政府关于工业、农业等的相关政策，以及有关价格、税收、信贷、外贸等方面的法规及其对项目产生的影响 |

续表

| 要素 | 具体内容 |
| --- | --- |
| 对国内外经济环境的调查分析 | 了解相关地域的人均收入、生活水平和经济购买力 |
| 对社会文化、技术环境的分析 | 掌握一定时期、一定地域的人口数量、文化、教育、职业、性别、年龄等方面的构成，了解相关团体对消费者需求的影响。搜寻消费流行趋势、周期及影响，关注新技术的研发 |
| 对自然环境的调查分析 | 了解当地交通、气候、名胜古迹等相关信息 |

8. 市场预测

市场预测就是运用科学的方法，对影响市场供求变化的因素进行调查研究，分析和预见其发展趋势，掌握市场供求变化的规律，为创业项目的经营决策提供可靠的依据。市场预测应该遵循一定的程序和步骤，以使工作有序化。市场预测的过程大致包含以下步骤。

（1）确定预测目标。

预测目标是开展市场预测工作的第一步。预测目标不同，预测的内容和项目、所需要的资料和所运用的方法也会有所不同。明确预测目标，就是根据经营活动存在的问题，拟订预测的项目，制订预测工作计划，编制预算，调配力量，组织实施，以保证市场预测工作有计划、有节奏地进行。

收集资料也是进行市场预测必不可少的环节。有了充分的资料，才能为市场预测提供分析、判断的可靠依据。在市场预测计划的指导下，调查和收集与预测有关的资料是进行市场预测的重要一环，也是预测的基础性工作。

（2）选择预测方法。

创业者应根据预测的目标及各种预测方法的适用条件和性能，选择合适的预测方法。有时可以运用多种预测方法来预测同一目标。预测方法的选用是否恰当，将直接影响预测结果是否具有精确性和可靠性。运用预测方法的核心是建立描述概括研究对象特征和变化规律的模型，根据模型进行计算或者处理，即可得到预测结果。

（3）预测分析和修正。

分析是对调查收集的资料进行综合分析，并通过判断、推理，使感性认识上升为理性认识，从事物的现象深入事物的本质，从而预测市场未来的发展变化趋势。在分析的基础上，通常还要根据最新信息对原预测结果进行评估和修正。

（4）编写预测报告。

预测报告应该概括预测研究的主要活动过程，包括预测目标、预测对象及有关因素的分析结论、主要资料和数据、预测方法的选择和模型的建立，以及对预测结论的评估、分析和修正等。

## 4.4 创业项目的风险分析

### 4.4.1 创业项目风险的构成与分类

机遇与风险总是并存的。在创业过程中，不可避免地会有风险因素的干扰，如果不能及时规避风险或把风险降到最低，很有可能使创业活动难以进行下去，甚至导致创业失败。在激烈的市场竞争面前，学会识别风险并化解风险是十分重要的。

创业风险就是指在创业过程中存在的风险，主要是由不断变化的、不确定的因素构成的，可分为系统风险与非系统风险两类。

1. 系统风险

系统风险是由环境因素的不确定性导致的风险，是创业者自身难以掌控的风险。对于这类风险，创业者只能加强监测和预警，提前做好准备，尽力去规避。

（1）国家法律及政策变化的不确定性。

商业领域出现的新事物，经常是超前于立法机构和政府制定的法律政策，往往缺少国家标准。因此，当新的事物或者新的商业模式出现之后，如果存在法律空白，政府或立法机构可能会及时做出相应的政策调整。这些政策调整可能会改变之前的商业环境，对创业者的创业项目产生有利或者不利的影响。

创业者的新产品在正式销售之前，需要获得政府职能部门的许可。但某些时候，新创企业的产品并不一定都能获得政府的许可，当产品扩大影响范围并引起社会讨论时，政府或立法机构会及时对政策进行调整。

（2）商品市场需求的不确定性。

商品市场带来的风险，是指在创业的市场实现环节遇到的由市场需求的不确定性或竞争的不确定性所导致的创业失败的风险。由于新产品在开发市场的过程中，它的市场需求是潜在的、待成长的，市场接受新产品的具体时间具有不确定性，因此，创业者很难在产品投入市场之前就预判出市场接受自己新产品的具体时间，也很难确定新产品上市最合适的时间点。

同时，创业者也很难预测出自己新产品市场需求的增长速度，以及新产品的扩散速度。这些不确定性为创业者的下一步计划带来了困扰，创业者只能通过时刻关注市场，结合新产品市场需求的增长情况来进行下一步计划。

（3）市场同行竞争的不确定性。

市场是随时间不断变化的，市场竞争也是瞬息万变的。据调查，多数创业者的创业计划中忽视了对同行竞争者的分析。而在真正的市场中，拥有相似产品的创业团队是非常多的。在团队整体的知识、技术差不多的情况下，如何战胜竞争者是创业者要考虑的一个问题。

由于过度关注自己的产品，满足于自己“具有新意”的点子，多数创业者会忽视同行市场竞争的态势，在不知不觉中被超越甚至创业失败。

（4）生产要素市场供给的不确定性。

新产品的生产是离不开上游原料供应的。创业者在选定创业项目并决定投入生产后，能不能及时从上游市场获得价格合适且足量的原材料供给，具有不确定性。同时，受到各种因素的影响，上游供应商的原料是否充足，或上游原料供应商是否会将原料销售给出价高的下游企业，以及供应商是否按契约按时足量供应原料等，都具有不确定性。而这些是创业者很难控制的。

2. 非系统风险

非系统风险是指由非外部因素导致的风险，是与创业者自身、创业者团队和创业投资者等有关的不确定因素导致的风险。例如，创业项目可实施的不确定性、创业团队能力的不确定性带来的风险。

（1）技术风险。

技术风险是指由技术方面因素的不确定性导致的风险。随着科技的发展和社会的进步，技术市场在不断地发生变化。一个新技术导向的新产品，在技术实现方面具有不确定性，这影响到新产品是不是能够及时问世。同时，技术手段也存在风险，新技术是否易于实现，是否适合大规模生产，也关系着新产品能不能在市场中占有一席之地。另外，技术寿命长短的不确定性也属于技术风险。在日新月异的技术及产品更迭中，新产品的核心技术是否很快被更新的技术所替代，也是创业者要面临的风险。

（2）生产风险。

企业在生产过程中，如果生产技术或生产工艺落后，就会导致生产周期过长、生产成本过高，进而导致企业难以大批量生产，在利润方面没有竞争优势。这是创业者需要警惕的生产风险。同时，由生产外包或其他原因导致的产品质量难以保证，也是创业者要尽量规避的生产风险。

（3）财务风险。

创业者在启动创业项目之前，最重要的是得到资金，但在资金的获取过程中往往存在最大的不确定性。现阶段，创业者主要通过自筹、银行贷款、风险投资等方式来获取资金，但在真正实施的过程中，自筹资金多源于薪酬结余积累或家庭积蓄，商业银行小额贷款的额度往往不足以支撑市场容量较大的创业活动，争取风投公司的投资又不容易。因此，创业者如何抓住自有产品的优势，多途径吸引资金，就成了一件充满不确定性却又十分重要的事。

（4）团队管理风险。

创业者在进行创业活动时，可能遇到由于管理不善导致团队分裂甚至造成创业失败的风险，这属于管理风险。创业团队内部需要形成团队凝聚力，否则可能会在以后的磨合中因失去最初共同的目标而各奔东西。

### 4.4.2 创业项目风险的规避途径

1. 系统风险的规避

（1）规避政策改变的风险。

创业者如果不在创业前认真了解与创业有关的法律法规，认真了解所在行业的基本政策，就有可能在实践的过程中“踩到雷区”。更有甚者，在风险和利益同时存在的情况下存在投机心理，钻法律的空子，造成创业失败甚至更为严重的后果。因此，创业者在创业之前应该把法律法规作为必备知识。遵纪守法，并根据法律保护自己的合法权益，同时要时刻关注相关政策的调整，并根据政策的变化对创业计划进行调整，这样才能在创业过程中获得先机。

（2）提前进行市场调研，选择创业的正确方向。

通过详尽的市场调研，创业者可以对创业项目的市场潜力以及成长性有一个大概的了解，进而可结合其他因素，对创业项目进行客观的评估。

创业者在做好市场调研、了解市场需求后，可以对市场未来发展方向进行预估，进而选择正确的创业方向。当然，这还需要对相关行业的发展现状、未来前景、经济变化形势、行业发展趋势以及市场竞争情况有相对详细的了解。

(3) 对竞争对手进行分析。

创业团队可通过对竞争对手的分析，了解竞争对手的信息，获知竞争对手的发展策略，及时做出恰当的应对策略。具体而言，可以从战略上对竞争对手进行以下 4 个方面的分析。

1) 竞争对手的各期目标和战略分析。

2) 竞争对手的经营状况和财务状况分析。

3) 竞争对手的技术与经济实力分析。

4) 竞争对手的领导者和管理者背景分析。

(4) 对生产要素市场供给的变化要有准备。

生产要素市场有金融市场（资金市场）、劳动力市场、房地产市场、技术市场、信息市场、生产资料市场等。生产要素市场的培育和发展，是发挥市场在资源配置中的基础性作用的必要条件。在创业过程中，创业者要随时关注生产要素的变化，包含创业资金的准备是否充足、劳动力是否充足、上游原材料供应是否有保障等问题。要做出解决问题的预案，一旦出现上述问题，及时启动预案解决。

2. 非系统风险的规避

(1) 技术风险的规避。

防范技术研发过程中的风险，减少损失，是获得创业成功的重要条件。

对于技术风险，创业者可从几条途径进行规避：一是避开高风险的开发项目或技术开发中的高风险因素；二是尽可能利用自有技术或专利技术，并对所用技术进行科学评估；三是在技术开发过程中，对于无法避免的风险性因素，要尽可能减少风险带来的损失。

(2) 生产风险的规避。

企业在生产过程中，要不断提高生产技术和工艺水平，降低成本，缩短生产周期；还要保证产品质量，增强企业抗风险的能力。

(3) 财务风险规避。

创业者可采取“多渠道融资”来规避由创业资金不足导致的创业风险。若采用单一的融资渠道，可能会面临资金链断裂的风险，创业者应采取自筹、债券融资、股权融资、争取政府机构支持等多种手段来获取资金。

创业者应在创业的过程中，及时收回初始资金并获取利润，以避免企业出现支付危机。创业者在创业经营环节中应时刻保证流动资金多于到期应付的贷款，维持企业的良好信誉。

在出现资金周转困难时应果断采取应对措施，例如增加自筹资金、转化短期贷款为长期贷款、督促客户进行支付或对产品进行促销的方法来解决困境。同时，创业者应在企业内部建立一套行之有效的财务预警机制。运用财务安全指标来预测企业财务危机，借以分析企业失败的原因，通过预警后不断调整来摆脱财务困境。

(4) 管理风险规避。

创业者应在团队形成之初就确立团队的“领导”，并努力形成团队凝聚力，鼓励团队成员拥有一致的目标、愿景等。在团队遇到困难时，团队的核心人物应及时鼓励团队成员，防止团队成员因畏难而出走或去寻找其他更具有诱惑力的商机。在团队确立之初就确定好科学、健全的内部管理制度，建立创新激励机制，建立人才储备机制，构建法人治理结构，既可以降低创业风险，又可以提高创业成功率。

### 4.4.3 创业者风险承担能力的估计

创业是具有风险的，对创业者来说，最主要的就是风险评估与风险承担。理性的创业者应对创业机会进行风险预估，并在预测自己的风险承担能力的同时，尽力找出规避或降低风险的关键点。

创业者的风险承担能力是指创业者愿意承担创业风险的程度和容忍创业过程中不确定性因素的程度。创业者需要在前期准备阶段针对特定的创业机会，分析并判断创业风险的具体来源及发生概率，对宏观环境、市场、消费者等具有不确定性的因素进行评估，并预估自己的承受能力，进而进行风险决策。创业者的风险承担能力可由下述公式计算。

创业者的风险承担能力=企业的财务能力/可承受的最大的风险损失

这一比值越大，表明创业者对创业风险的承担能力越强。创业者应在创业准备阶段提高团队的财务能力，尽量规避创业风险，提高风险承担能力。

### 4.4.4 基于机会风险的创业收益预测

创业收益是创业者创业的主要动因，是指创业者将自己拥有的技术、资本等资源投入创业项目后，通过运营后的实际产出额减去投入后剩下的部分，是创业项目回报给创业者的财务和社会收益。

创业收益不是无风险收益。创业者承担风险后可能会获得相关报酬，且收益与风险一般成正比。

在创业者对各项风险因素可能发生的概率及造成的损失进行预估后，可以测算特定创业机会的风险收益，并以机会风险收益为根据来评判是否值得开展该创业项目。在通常情况下，创业机会的风险收益越大，越值得创业者对这个创业项目进行投入。下面是特定机会的风险收益的测算公式。

$$FR = \frac{(M_t + M_b) \cdot B \cdot P_s \cdot P_m}{C_d + J} \cdot S$$

其中，$FR$ 表示特定机会的风险收益指数，$M_t$ 表示特定机会的技术及市场优势指数，$M_b$ 表示创业者的策略优势指数，$B$ 表示特定机会持续期间的预期收益，$P_s$ 表示技术成功概率，$P_m$ 表示市场成功概率，$S$ 表示创业团队优势指数，$C_d$ 表示利用特定机会创业的有形资产投资总额，$J$ 表示利用特定机会创业的无形资产投资总额。风险收益指数越高，风险收益就越高。

## 4.5 电子商务创业项目的资源需求分析

### 4.5.1 创业项目资源概述

1. 创业项目资源的定义

创业者在实施创业项目之前，要筹集并获得必要的资源。资源是企业在向社会提供产品的过程中，所拥有的或能支配的用以达到创业目标的各种要素及要素的组合。创业过程实际上就是创业者筹集、整合和拓展资源的过程，是创业者对创业资源进行重新整合，以获得竞争优势的过程。

2. 核心资源与非核心资源

根据资源基础理论，可将创业项目资源分为核心资源与非核心资源。在创业过程中，创业者要学会识别核心资源，在立足于核心资源的基础上发挥非核心资源的辐射作用，这样才能实现创业资源的最优组合，最充分地利用创业资源。

（1）核心资源。

核心资源是创业资源中最重要的、相比于其他创业项目具有优势的资源，是创业机会识别、筛选和运用阶段的主线。核心资源主要包括技术资源、管理资源和人力资源。

1）技术资源。

技术资源是一种积极的机会资源，在创业初期起关键作用。第一，技术资源是决定创业产品市场竞争力及获利能力的重要因素；第二，技术资源的核心程度影响所需的创业资本；第三，是否具有独特的核心技术影响着新创企业能否在市场中取得成功。

具有商业价值的科技成果，是创业团队的核心竞争力所在。对于创业团队来说，首要任务就是寻找一项成功的创业技术。

2）管理资源。

管理资源也是创业者的核心资源，代表着创业团队领导人本身对机遇的识别与把握能力，以及对其他资源的整合能力。这些能力直接影响创业的成败。

3）人力资源。

人力资源是一个企业创新的源泉，是企业的财富。一个创业团队在开创企业的过程中，需要不断地去发现和挖掘高素质人才，为团队注入新的活力。

（2）非核心资源。

非核心资源主要是指创业团队所需的资金、场地与环境资源，它在创业过程中同样有重要的作用。

1）资金资源。

资金是创业者在创业过程中进行资源整合的重要媒介。对于创业者来说，筹集并投入一定的资金，不仅是创业活动得以开展的基础，更有助于筹集社会资源。资金资源包括创业需要的启动资金、企业转型或发展所需要的再次融资。

2）场地资源。

企业在选择场地时，要考虑到多方面的因素。良好的场地资源能够大幅度降低企业的运营成本，为企业提供便利的生产环境与经营环境，更能帮助企业在短期内积累更多的顾客或质量好、价格低的原料供应商。

3）环境资源。

环境资源作为一种外围资源，影响着新创企业的发展。环境资源包括信息资源、文化资源、政策资源、市场资源等。信息资源可以为创业者提供优厚的场地资金、管理团队等关键资源；文化资源是指企业的核心文化，它有助于企业凝聚力的形成，促进管理资源的持续发展。

3. 内部资源与外部资源

从控制资源的主体的角度，可以将创业资源分为内部资源和外部资源。

（1）内部资源。

内部资源来源于创业团队内部的积累，是创业者自身所拥有的可用于创业的资源。具体来讲，内部资源包括创业者个人或创业团队具有的知识技能与核心技术，创业团队拥有自主支配权的生产资料，创业者自身拥有的可用于创业的自由资金，创业者所拥有的创业机会信息，创业者的管理才能等。

1）团队拥有的资金。

创业团队所拥有的资金不仅属于创业的核心资源，更属于内部资源。资金是一种流动性资产，可以迅速地换回企业所需的各种资产，也可在其他资产难以快速兑现的情况下发挥应急作用。

2）知识资产及技术专长。

创业者或创业团队所拥有的有价值的知识性成果被称为知识性资产，包括已经获得的各类知识产权，例如专利、软件著作权等。在知识经济形态下，知识性资产和技术专长是创业团队的创业基础，代表着创业团队的核心竞争力。

3）关系网络。

关系网络是创业者或创业团队所拥有的各种社会关系的总和，包括创业者的个人关系网络及新创企业的组织关系网络，例如已有的客户资源、稳定的合作伙伴等。这些关系网络有助于创业团队进行市场拓展，为新创企业的初期创建及后续发展奠定良好的基础，提供坚实的支持和保障等。

4）营销网络。

对于电子商务新创企业而言，企业的成功与强大的电子商务营销网络是分不开的。电子商务营销网络是重要的创业资源之一，创业团队无论销售自己生产的产品还是别人的产品，都需要强大的电子商务营销网络作为营销平台。

（2）外部资源。

外部资源更多来自外部的机会发现，在创业初期起重要作用。创业团队在创业初期面临着资源不足的重要问题：一方面，新创企业的创新与成长必须消耗大量资源；另一方面，新创企业自身还很弱小，没有途径去实现资源的自我积累与增值。因此，创业团队需要识别机会，从外部获取充足的创业资源，实现企业的快速成长。

1）市场。

市场是创业项目得以产生、生存并发展的基础，是创业者正确决策的重要信息依据，是调整创业思路的基础。在千变万化的市场中，创业团队需要及时收集尽量完备的市场信息，否则就会因信息滞后而处于劣势。

在市场上首先获得客户认同、较早占据市场的新创企业具有更大的优势，消费者容易形成品牌忠诚度，为其带来更稳定的客户支持。因此，创业团队需要及时收集市场信息，努力开拓市场资源，积极争取获得更多客户的认同。

2）政策信息。

政府政策对创业活动的支持主要体现在按照创业企业衍生及发展的需求，提供必要的优惠和支持，包括税收、注册等方面的支持。

创业者及创业团队需要在创业的过程中时时关注政策信息，把握政策改动中对自己有利的一面，及时避开或减轻对创业活动不利的影响。

4. 影响创业资源获取的因素

创业资源的获取是创业团队在创业初期的一个重要环节，是新创企业在确定了资源需求以后利用自身资源获取资源的过程，主要包括外部购买、外部吸引和内部积累三个方面。经过调查分析，以下因素可能会影响创业资源的获取，在创业过程中应当尤其注意。

（1）创业导向。

创业导向是创业组织解决问题、响应环境变化的一系列相关活动在创业活动中的具体表现。创业导向的企业具备创新和承担风险的态度，能够在面对竞争对手时积极应战，面临市场机会时超前行动。创业导向反映了企业追求机会时的态度，使企业扩张，使技术进步。这种态度或者意愿会正向激励创业行为，财富由此被创造。

创业导向分为多种维度，包括创新性、风险承担性、前瞻性与竞争积极性。

创新性是指创业团队或新创企业在面临挑战时愿意通过具有创意的创新方式来解决，如新产品、新技术、新工艺或新的管理思想等。

风险承担性是指新创企业将大量资源投入创业活动中的意愿和愿意承担不确定风险的程度。

前瞻性是指新创企业在预测市场需求的前提下，率先将新产品或新服务引入市场并获得利润。

竞争积极性是指新创企业为了成功进入市场而与市场中已有的竞争者有力地进行竞争的程度。

在创业导向的指导下，创业团队能够创造性地、积极主动地整合并利用资源。因此，创业导向影响着创业团队对创业资源的获取。

（2）创业团队拥有的初始资源。

创业团队拥有的初始资源包括受教育程度、创业经验、知识、技术及关系网络。

创业团队在进行创业活动的过程中，将从先前的创业经验中转移来的知识运用到本次创业活动中，有助于发现、获取资源。拥有创业经验的创业者在各种不确定性因素和时间的压力下，运用先前创业经验来做出有利于本次创业活动的判断，更容易获得可取的特定机会，更能从多途径获取创业资源。

创业者已有的行业经验、市场知识等强化了其发现创业机会、获取创业资源的能力。同时，创业者拥有的初始资源有助于解决创建和管理创业团队中遇到的困难，有利于新创企业的发展。

（3）创业网络。

创业网络包括社交关系网络与营销网络。创业者拥有的社交关系网络是新创企业最重要的资源之一，可以提供企业正常运转所需的各种资源。社交关系网络能通过促进信息传递，大大降低企业的交易成本，帮助新创企业获得与企业需求相匹配的资源，因而对创业资源的获取具有重大意义。

电子商务营销网络也是重要的创业资源之一。创业团队在销售产品的过程中需要强大的电子商务营销网络作为营销平台，而且，利用电子商务还有助于创业资源的获取。

## 4.5.2 创业资源的作用

创业者获取创业资源的最终目的是组织这些资源并服务于创业活动，使创业活动获得成功。创业者获取的各种创业资源，对创业活动产生着不同的积极作用。

1. 资金资源在创业中的作用

资金资源是创业者在创业活动中最重要的媒介，充足的资金有助于新创企业的发展。创业团队在创业的过程中，无论进行产品研发、推广还是生产销售，都离不开充足的资金，但是，大多数新创企业在初期是没有或很少有收入的。因此，创业之前要准备好资金，来规避因资金链断裂而导致创业活动失败的风险。

2. 技术资源在创业中的作用

对于基于技术服务的新创企业来说，技术资源是企业存在和发展的基石，是创业活动稳定进行的根本保障。因此，创业者在进行创业活动之前就要找寻成功的创业技术。

3. 专业人才在创业中的作用

专业人才对于新创企业的成长和发展起着十分重要的作用。对于技术类导向的新创企业来说，专业人才显得尤为重要。创业者需要不断地去发现和挖掘高素质人才，为团队注入新的活力。

## 4.5.3 创业项目资源的获取方式

1. 资金资源的获取

(1) 外源融资的获取。

创业团队可以通过市场交易获取创业资源，其中比较常见的一种方式是外源融资。外源融资是指企业通过一定方式向企业之外的其他经济主体筹集资金，包括直接融资、间接融资两种方式。企业通过外源融资吸收其他经济主体的储蓄，并转化为自己的投资。外源融资方式包括银行贷款、发行股票或企业债券等。此外，企业之间的商业信用、融资租赁在一定意义上也属于外源融资。

(2) 内源融资的获取。

内源融资是指企业经营活动产生的资金，即企业内部融通的资金，主要由留存收益和折旧构成，是企业不断将自己的资金储蓄转化为投资的过程。内源融资主要包括权益性融资和债务性融资两种方式。权益性融资构成企业的自有资金，投资者有权参与企业的经营决策，有权获得企业的红利，但无权撤退资金。债务性融资构成企业的负债，企业要按期偿还约定的本息，债权人一般不参与企业的经营决策，对资金的运用也没有决策权。

2. 人才与技术资源的获取

创业者可以通过以下几种方式来吸引人才、引进技术。

(1) 吸引技术持有者加入创业团队。

(2) 购买他人的成熟技术，并进行技术的市场寿命分析。

（3）购买他人的前景型技术，再通过创业团队的后续开发，将其包装成一件商品。

3. 技术、市场与政策信息资源

创业者可以根据自己的实际情况，通过政府机构、同行创业者、专业信息机构、互联网等渠道来获取技术、市场与政策信息。

## 4.6　创业项目资源整合

创业资源整合是指创业者用最少的资源获得最好的收益，是企业间竞争的一个新角度。在当今日趋激烈的企业竞争中，企业的资源整合能力很重要。资源整合能力强的企业，充分利用了自己的内部资源与外部资源，具有竞争优势。创业者需要在获得各种创业资源后，有效地对其进行识别，并借助创业团队内部力量或外部力量对创业资源进行组织和整合，增强企业的核心竞争力。

### 4.6.1　创业资源整合的原则

1. 寻找利益相关者

创业团队在进行资源整合时，要关注与自身具有利益关系的组织和个人。首先寻找出利益相关者，辨别利益相关者之间的利益关系，特别是创业团队自身与利益相关者的利益关系。

2. 构建共赢机制

创业团队在进行资源整合的过程中，不仅要考虑自身的利益，也要考虑资源提供者的利益，使双方达到利益上的共赢。在与资源提供者进行合作时，创业团队要确立各方利益都能实现的共赢机制，给资源提供者一定的回报。

3. 维持长期合作

资源整合以利益共赢为基础，需要以信任来维持，以达到长期合作的目的。创业团队要努力构建信任制度，与资源提供者建立更广泛的信任关系，以获取更长远的合作和更大的回报。

### 4.6.2　创业资源整合的途径

1. 业务外包

业务外包又称资源外包，是指企业在拥有合同的情况下，将一些非核心的、辅助性的功能或业务包给外部的专业化厂商，利用它们的专长和优势来提高企业的整体效率和竞争力，从而降低成本、提高效率、充分发挥自身核心竞争力和增强企业对环境的应变能力的一种管理模式。

2. 合资

合资又称合营，是指企业通过合资经营的方式将各自的资源整合在一起，共同分享利润，共同承担风险。

3. 联合研发产品

新产品的开发是个复杂的过程，从寻求创意到新产品问世往往需要花费大量的时间，而市场环境的复杂多变又使新产品开发上市的成功率极低。企业间共同开发与提供新产品，可以利用共同的资源，进行技术交流，共同攻克技术难题，减少人力资源闲置，节省研究开发费用，分散风险。企业之间联合开发一项新的产品，各自都可以利用新产品改造现有的产品，提高产品的质量或创造新卖点，从而提高市场竞争力。

4. 资源共享

资源共享就是把属于本企业的资源与其他企业共享，共享方式可以是有偿的，也可以是无偿的。资源共享一方面可以充分利用现有资源提高资源利用率，另一方面可以避免因重复建设、投资和维护造成的浪费，是实现优势互补、提高效率、降低成本的重要措施。

### 4.6.3 创业项目资源的创造性利用

1. 善用资源整合技巧

创业者将已有的资源进行拼凑，加入一些新的元素，与已有的元素重新组合，或者形成新的创业项目，产生在资源利用方面的创新行为，就是资源整合技巧之一。

创业者应突破环境、市场等的约束，突破资源传统利用方式的约束，利用手头已有的资源实现创业目标。

创业者通常使用身边已有的一切资源进行创业活动，其实，创业者还可以通过自己独有的经验和技巧，对一些效用不那么高的资源进行改造利用。整合已有的资源，快速应对新情况，是创业者创业成功的利器。创业者要善于用发现的眼光，洞悉身边各种资源的属性，将它们创造性地整合起来。

2. 发挥资源杠杆效应

尽管存在资源约束，但创业者不应被当前可控制或支配的资源所限制。成功的创业者善于利用关键资源的杠杆效应，利用他人或者其他企业的资源来实现创业的目的，用一种资源补足另一种资源，使其产生更高的复合价值，或者利用一种资源撬动和获得其他资源。许多大公司不只是一味地积累资源，更擅长资源互换，进行资源结构的更新和调整，积累战略性资源，这是创业者需要学习的经验。

3. 设置合理的利益机制

资源通常与利益相关。创业者之所以能够从家庭成员那里获得支持，就是因为家庭成员之间不仅是利益相关者，更是利益整体。因此，创业者在整合资源时，一定要设计好有助于资源整合的利益机制，借助利益机制把潜在的和非直接的资源提供者整合起来，借力发展。整合资源需要关注有利益关系的组织或个人，尽可能多地找到利益相关者；同时，分清这些组织或个体和自己及自己想做的事情的利益关系，利益关系越强、越直接，整合到资源的可能性就越大。

## 习　题

1. 名词解释

原创项目　合作项目　业务外包　创业导向

2. 简答题

(1) 简述电子商务创业项目的基本特征。

(2) 电子商务创业项目面临的风险有哪些?

(3) 电子商务创业项目的来源有哪些?

(4) 如何识别创业机会与创业项目?

(5) 创业项目的市场评估准则有哪些?

(6) 创业项目的效益评估准则有哪些?

(7) 创业项目资源有哪几类?

(8) 怎样才能获取创业项目资源?

(9) 如何整合创业项目资源?

3. 思考题

(1) 怎样才能更好地整合创业资源?

(2) 如何规避创业项目的风险?

(3) 如何对创业项目进行可行性论证?

(4) 除了本章所讲的电子商务创业项目的来源，你认为还有哪些领域适合进行电子商务创业?

# 第5章 商业模式

商业模式是创业研究的一个重要领域。新创企业即使具备市场机会、新奇的商业创意、充足的资源和有才能的创业者等条件，仍然有可能遭受失败。一种原因可能是企业的商业模式不适合。因此，创业者需要系统了解商业模式的理论及设计体系。本章主要介绍商业模式的概念，企业常见的商业模式，以及如何对商业模式进行分析应用和设计。

**学习目标**

◆掌握商业模式的概念；
◆掌握企业常见的商业模式；
◆掌握商业模式的构成；
◆掌握商业模式的描述方法。

## 5.1 商业模式的概念与类型

### 5.1.1 商业模式的概念

商业模式是创业者创意开发的最终成果，体现了创业的战略价值和意义。商业模式描述了企业创造价值、传递价值和获取价值的基本原理。从创业研究的角度来看，有关初始商业模式的看法是基于一系列假设的，既是企业的商业模式，也是创业者的一种创意，是一些没有实现的商业模式构想。商业创意来自机会的丰富和逻辑化，并最终演变为商业模式。随着市场需求的日益清晰及资源日益得到准确的界定，机会将超脱其基本形式，逐渐演变成商业概念，包括如何满足市场需求或如何配置资源等核心计划。随着商业概念自身的提升，它变得更加复杂，包括产品/服务概念（即提供什么）、市场概念（即向谁提供）、供应链/营销/运作概念（即如何将产品/ 服务推向市场）。这个准确且差异化的商业概念逐渐成熟，最终演变为完善的商业模式，将市场需求与资源结合起来。

一种好的商业模式不仅可以回答“谁是顾客”“顾客需要什么”，也能回答每个管理者需要回答的基本问题，即如何通过商业活动来获得利益，还能够解释如何以合适的成本向顾客提供价值的潜在经济逻辑。

Michael等（2003）通过对30多个商业模式定义的关键词进行分析，指出商业模式定义可分为三类，即经济类、运营类、战略类。经济类定义将商业模式看作企业的经济模式，是指如何赚钱的利润产生逻辑，相关变量包括收益来源、定价方法、成本结构和利润等；运营类定义关注企业内部流程及构造问题，相关变量包括产品或服务的交付方式、管理流程、资源流、知识管理等；战略类定义涉及企业的市场定位、组织边界、竞争优势及可持续性，相关变量包括价值创造、差异化、愿景和网络等。商业模式内涵正由经济、运营层次向战略层次延伸。商业模式起初强调收益模式，对收益来源的追溯使商业模式指向创业者创业的实质，即抓住市场机会为顾客创造更多的价值。只有满足顾客尚未得到满足的需求或解决市场上有待解决的问题，才能创造真正的价值。

商业模式包含价值创造与价值获取两种机制，价值创造与价值获取在企业中同时发生和并存。商业模式是一个综合性概念，并非指单纯的盈利模式，但也没有抛弃价值获取的内容，而是将价值创造与价值获取有机地结合起来，形成价值发生和价值获取两种机制在企业内部的平衡。因此，商业模式描述了企业创造价值、传递价值和获取价值的基本原理。

### 5.1.2 企业常见的商业模式

商业模式涉及众多类型、行业的企业，因此很难对其进行统一的分类。目前，大多数文献主要是对电子商务的商业模式进行了分类，或者对某个具体行业的商业模式进行分类。如Rappa将基于网络的商业模式分为经纪人、广告商、信息中介、销售商、制造商、附属模型、社区、订阅、效用服务九种；Weill和Vitale将电子商务的商业模式分成八类，即内容提供商、直销商、全面服务提供商、中介网站、共享基础设施、增值网络集成商、虚拟社区、企业/政府整体。把所有类型、所有行业的商业模式进行分类，比较全面的是Weill等提出的麻省理工学院（MIT）商业模式原型。他将所有企业按照其从事的活动性质分成制造者（制造并提供产品所有权）、销售者（提供产品所有权，但是不改变产品的形态）、出租者（提供产品使用权）和经纪人（提供供求双方之间的媒介）四类，并把提供的产品或服务分为财务产品（货币、资本等）、实物产品、无形产品（知识产权、品牌等）、人力资源产品四类，将每类活动和每类产品进行结合就是一种商业模式，从而把市场上所有的商业活动从理论上分成十六种类型。本书没有对商业模式进行分类介绍，而是选择了几种比较热点的商业模式予以介绍和简单分析，旨在拓宽读者思路，把握市场变化趋势。

1. 互联网商业模式

随着电子商务的快速发展，互联网商业模式，如B2B模式、B2C模式、C2C模式、O2O模式、社区模式、广告收益模式、电子市场模式等被陆续提出并付诸实践。互联网改变了传统经济的许多天然壁垒和约束，消除了时间和空间的限制，打破了原有的价值链、价值网络，构建出了新的价值网络体系，对传统企业和产业造成了巨大冲击，并产生了一批像腾讯、阿里巴巴、亚马逊这样的新兴互联网企业，这是商业模式创新的重要结果。互联网商业模式意味着企业需要不断发现市场新需求，应用互联网及电子商务技术，整合内外部资源，满足利益相关主体的价值，为客户提供更多更丰富的价值，吸引更多客户参与。

（1）互联网商业模式的特征。

1）客观性和主观性。

互联网商业模式是基于互联网的商业活动，其运行规律的主要特征、属性、结构、规则等方面具有客观性。同时，它又是一种主观构建，并不反映互联网的商业活动或特定问题的全部，因而具有主观性。

2）能动性和被动性。

能动性是指互联网商业模式的提出、发展和运用必须依赖人的能动性的发挥；而被动性则是指任何商业模式都必须受到一定客观条件的约束。

3）多样性和系统性。

互联网技术应用的普及和深入导致许多基于互联网的商业模式出现，从早期的 B2B、B2C 、C2C 到网络门户、垂直网站等，模式多且变化迅速，具有多样性。然而，每种商业模式内部要素之间、商业模式之间、商业模式与环境之间又存在内在的联系，从而形成有机的相互关联的系统。

（2）互联网商业模式价值分析。

1）经济价值。

20 世纪后半期，信息技术的飞速发展使互联网为商业活动提供了新的空间，也改变了固有的劳动形式。管理和知识成为新的劳动形式，提供了新的价值创造机会，使生产力要素的内涵得到扩展。在互联网商业环境下，生产力的构成要素表现为知识工作者、资本、知识、信息等，互联网商业模式通过一定的规则将这些要素结合在一起。知识工作者的劳动成果，包括专利权、著作权、数据库等，则可以通过风险投资及融资活动以契约的形式转换为资本形式。

2）组织价值。

互联网和电子商务改变了企业组织的内外部环境，降低了企业内部的管理成本、企业组织间的交易成本，并改变了企业与消费者之间的联系模式。在互联网商务环境下，多个独立的个人、部门和企业为了共同的任务组成联合体。它的运行不靠传统的层级控制，而是在定义成员角色和各自任务的基础上，通过密集的多边联系、互利和交互式的合作来实现共同追求的目标。在这个网络中，基本构成要素是众多由个人、企业内的部门、企业或它们混合组成的节点和节点之间的相互关系。每个节点之间都以平等的身份保持着互动式联系，企业也就转化成了高效的扁平化和网络化组织。互联网商业模式为提高组织在网络环境下的适应性提供了多种可行的途径。

3）客户渗透价值。

互联网商业模式的客户渗透价值体现在对企业的创新激励和由互联网对用户创造的心理/路径依赖两个方面。在市场竞争的过程中，有许多互联网商业模式被提出，一些因不被市场接受而很快就被否定，而成功的商业模式则得到了丰厚的回报。这样就形成了一种对创新进行奖励的市场机制，实现了良好的预期效果，也进一步强化了激励模式。用户在长期使用的过程中会固化浏览行为，形成对特定网站的偏好，从而对其行为和价值判断产生一定的影响。

成功的企业必须时刻关注市场的变化，根据市场环境不断创新商务模式。互联网消除了时间和空间的限制，为商业模式创新开辟了广阔的空间和极高的自由度，促进了商业交易新方式的产生，为商业模式提供了更多的表现形态。此外，企业所处的商业生态网络越来越复杂，利益相关者和价值网络形态逐渐多样化，互联网商业模式需要不断创新。

★阅读材料

**阿里巴巴商业模式的创新**

阿里巴巴集团由五个核心业务子公司组成，分别是阿里巴巴B2B公司、淘宝网、支付宝、阿里云、中国雅虎。阿里巴巴B2B、淘宝网分别占据B2B、C2C市场，解决了信息流的问题。支付宝是目前国内第一的第三方支付机构，解决了资金流的问题。阿里云在阿里巴巴庞大的用户群基础上做增值服务，开拓新的业务，同时从技术上保障信用评价机制。中国雅虎凭借其搜索技术，为淘宝的垂直搜索、商业搜索奠定了良好的基础。

阿里巴巴并没有盲目地把利润来源定位于广大的网络受众，而是着眼于国内数量众多的中小企业，将自己的道路规划为从信息流积累客户资源，绕开物流，前瞻性地观望资金流，在适当时机介入支付环节，在实施过程中敏锐捕捉新的收入机会，不断扩展业务范围。正是基于准确的市场定位和务实的运作，阿里巴巴迅速扩展了自己的客户群，为日后的盈利业务奠定了良好的基础。

阿里巴巴被誉为全球最大的网上贸易市场。商务活动包括四流，即信息流、商流、资金流、物流。通过互联网进行的信息传递，不受时间和空间的限制，可以在瞬间将某种商品的图案、动画、规格、价格、交易方式等信息传到万里之外。产品优劣、价格贵贱，瞬息之间地球人都知道，商家可以与世界各地的用户达成交易。正因如此，阿里巴巴在短短几年内就拥有全球210万商人。

阿里巴巴专做信息流，汇聚了大量的市场供求信息。阿里巴巴采用本土化的网站建设方式，在不同国家采用不同的语言，简易可读，这种便利性和亲和力将各国市场有机地融为一体。阿里巴巴通过增值服务为会员提供了优越的市场服务，一方面加强了网上交易市场的服务项目功能，另一方面又使网站有多种方式直接盈利。适度而成功的市场运作提升了阿里巴巴的品牌价值和融资能力。

纵观阿里巴巴的发展历程，其在“跳跃式”的发展过程中进行了商业模式的创新。科学定位是商业模式创新的基石，是创造顾客需求的源头。阿里巴巴主打中小企业，从满足中小企业需求为出发点，帮助中国企业实现全球采购，为全世界的中小企业搭建全球贸易的网商平台。这个科学而准确的定位是阿里巴巴商业模式创新的基石。阿里巴巴商业模式具有核心竞争力，它通过科学定位扩大业务系统的规模，掌控各种关键资源和能力，驱动企业发现衍生的各种增值服务，由该增值服务形成可持续发展的现金流，创造企业价值。而且，这个商业模式难以被竞争对手模仿和复制。

2. 云计算商业模式

云计算商业模式能相对集中和统一地存储及管理用户的数据，并且为用户提供统一的服务，十分类似于水电的集中生产。云计算商业模式是一种对信息资源的集中式管理，并且提供一种统一的使用方法（云计算服务）。对于这些服务，用户可以按需使用，使用多少就付多少钱，不使用则不付钱。

集中的数据存储和统一的云计算服务部署及运营使用户接触到的云服务具有更新快、种类多、使用方便、便宜便捷等特点。

除此之外，云计算商业模式中心主管用户的基础数据及所能使用的服务，因而对用户数据安全性的保护及服务质量起决定性作用。这种网络服务方式将提供开拓更大市场的机会。

从商业模式的角度来看，云计算商业模式可具体划分为以下类别，如图 5.1 所示。

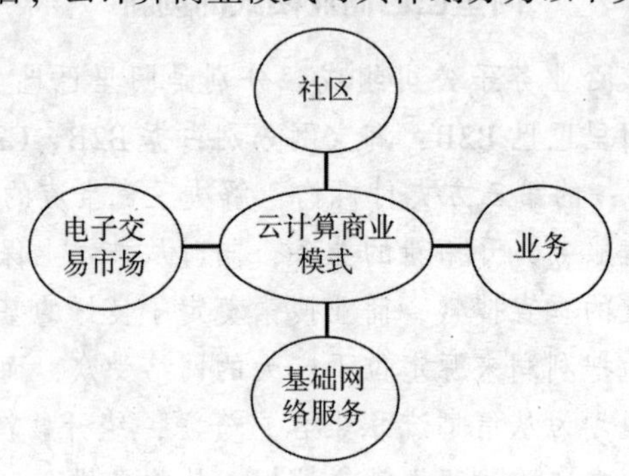


**图 5.1　云计算商业模式分类**

（1）以社区为特点的云。

以社区为特点的云主要提供社区云服务，如博客群等。未来的云计算，将提供给用户更多更广泛的社区类云服务。

（2）以业务为区分的云。

不同的应用领域，将诞生不同类型的云，如在线 ERP（企业资源计划）服务等。未来将有更多的类似于 SaaS（软件即服务，通过网络提供软件服务）的行业软件服务出现。

（3）基础性网络服务。

基础性网络服务，如文档的存储管理、搜索引擎提供的服务等，加入了云计算的特点之后，将充分挖掘用户的信息，并据此提供更为优质的云计算商业模式。

（4）电子交易市场。

电子交易市场，如苹果的软件商店平台，提供了基础的交易模式，并为用户的资金、商品提供一定的管理手段、营销手段，为未来最为重要的云计算商业模式之一。

3. 物联网商业模式

物联网指的是将各种信息传感设备与互联网结合起来而形成的一个巨大网络，达到物品自动识别和信息互联、共享、处理、聚合的目的。物联网是战略性新兴技术，是引导经济社会发展的重要力量。作为新一代信息技术，其在技术特征、用户行为和产业结构等方面不同于以往的信息技术，必将要求构建与之适应的新商业模式。物联网包括感知层、网络层、应用层三部分。

物联网召唤着新的商业模式，电信运营商或将在其中扮演推动龙头的作用。纵观国外电信运营商与中国三大电信运营商在物联网领域的商业模式，由中国电信运营商为主导的物联网产业存在以下 4 种商业模式。

（1）间接提供网络连接。

间接提供网络连接，是指由系统集成商租用电信运营商网络，通过整体方案连带通道一起向用户提供业务。这是目前使用较多的商业模式。这种情况是基于物联网应用都是个体内部实现的，且实现物联网应用的企业相对比较专业，需要由行业内专业的系统集成商提供服务，特别是壁垒高、对应用要求复杂的行业，更需要系统集成商的存在。

（2）直接提供网络连接。

直接提供网络连接，是指由电信运营商向使用业务的企业客户直接提供通道服务。目前，中国移动、中国电信在电力、金融等行业的业务开展基本以提供数据通道包月或按流量计费的方式进行。

（3）合作开发、独立推广。

合作开发、独立推广，是指运营商与系统集成商合作，由系统集成商开发业务，由电信运营商负责业务平台建设、网络运行、业务推广及收费。

（4）独立开发、独立推广。

独立开发、独立推广，是指电信运营商自行搭建平台开发业务，直接提供给客户。这种模式对运营企业初期投入要求较高，所以采用的企业较少。

4. 制造商商业模式

制造商、品牌商、经销商、终端商，都有自己比较独特的商业模式。目前，制造商商业模式主要有以下6种。

（1）直供商业模式。

直供商业模式主要应用在市场半径较小、产品价格较低或者流程比较清晰、资本实力雄厚的国际性大公司。直供商业模式需要制造商具有强大的执行力，现金流状况良好，市场基础平台稳固，具备市场产品流动速度快的特点。但是市场竞争的加剧及新技术、新理念的迭代，使强大如可口可乐、康师傅等跨国企业也开始放弃直供商业模式。只有利润比较丰厚的行业与产业（如白酒行业）还会选择直供商业模式，很多酒业公司在当地市场上均具备一定的实力与良好的基础。

（2）总代理制商业模式

这种商业模式被中国广大的中小企业广泛使用。由于中小企业在发展过程中面临两个最为核心的问题，一是团队执行力比较差，二是资金实力不强，所以它们可以通过这种方式完成原始资金的积累，实现企业快速发展。

（3）联销体商业模式。

很多比较有实力的经销商为了降低商业风险选择与企业进行捆绑式合作，即制造商与经销商分别出资，成立联销体机构。这种联销体既可以控制经销商的市场风险，也可以保证制造商始终有一个很好的销售平台。例如，娃哈哈采取了联销体商业模式；格力空调也选择了与区域性代理商合资成立公司共同运营市场，取得了良好的市场业绩。

（4）仓储式商业模式。

很多强势品牌基于渠道分级成本和制造商竞争能力大幅度下降的现实，选择了仓储式商业模式，通过价格策略打造企业核心竞争力。仓储式商业模式是企业拥有自己的销售平台，并通过自己的销售平台完成市场配货。

(5) 专卖式商业模式。

随着中国市场渠道终端资源越来越稀缺，越来越多的中国消费品企业选择专卖式商业模式。如五粮液提出全国2 000家专卖店计划，蒙牛乳业提出蒙牛专卖店加盟计划等。专卖式商业模式受到一些现实条件的制约：其一是品牌，选择专卖式商业模式的企业基本上具备很好的品牌基础，市场认知比较成熟；其二是产品线比较全，专卖店产品结构须合理，企业必须具备比较丰富的产品线；其三是消费者的消费习惯，专卖式商业模式需要成熟的市场环境。

(6) 复合式商业模式。

复合式商业模式是企业基于发展阶段而做出的策略性选择。一般情况下，无论多么复杂的企业或市场，都有主流的商业模式，而且企业的组织建构、人力资源配备、物流系统、营销策略等都应与之相匹配，这样才能建立成熟的商业模式。

5. 农林产品商业模式

农林产品的商业竞争越来越激烈，且产品和服务同质化现象较为严重。许多农林产品及相关企业处于不利地位，主要有五方面的原因。一是和供应商议价的能力低。农林企业的上游供应商多为高度分散的农民，他们诚信意识、履约能力不佳，对价格的敏感度高，企业无法建立稳定的供应商体系。二是和购买者议价的能力低。农林企业的下游客户多为消费者，他们的品牌忠诚度低、对价格的敏感度高，企业的品牌建设投入大，进入销售渠道特别是商超的成本高，资金占压严重。三是新进入者的威胁。从市场进入壁垒看，中国农林资源高度分散，农地资源流转的政策、法规不够健全，导致同行业的竞争对手众多。四是替代品的威胁。农林产品的种类众多，消费者的热点不断转换，价格波动大。五是行业内存在竞争。农林企业面对不利的竞争环境，既要准备大量的收购资金，又要巨资投入养殖、屠宰、加工、仓储、物流等设施，建立稳定的原料基地和生产加工基地。从经营风险的角度，农林企业要面对气候、疫情及上游农产品原料价格的波动，无论对企业自身还是投资者来说，都是压力大、回报低。

随着农林企业经营环境日趋复杂，农林企业的核心竞争力成为企业经营成功的关键，而农林企业的核心竞争力就是其独特且难以被复制的商业模式。但是，农林企业在商业模式上不能简单模仿成熟的商业模式。

★阅读材料

**六和集团的商业模式**

饲料行业的六和集团，设计了一种担保公司模式。六和集团于2007年成立了滨州和兴牧担保公司，注册资金为2 000万元。该担保公司可担保的资金额度，是其注册资金的5倍，即1亿元。而这笔钱，可建设约400栋标准化鸡舍。而且鸡舍建设完毕后，农户还可以继续从担保公司获得担保，从银行处获得流动资金。根据鸡鸭的养殖周期，一年可周转6次，即形成6亿元的流动资金。

在解决了基地建设的资金后，六和集团再通过旗下的饲料厂、冷藏厂、种禽场、兽药厂，为养殖户提供整体解决方案，包括厂房基建、保姆式技术服务、质优价廉的种畜禽和兽药等。因此，六和集团的销售收入快速增加。2006年六和集团的收入约为98亿元，2010年则上升到507亿元。从传统的企业直接投资或与农户共同投资建设基地，到成立担保公司，放大杠杆为农户担保，六和集团对商业模式进行了创新升级。

**“好想你”枣业**

深加工的产品，不仅附加值高，而且往往具有更强的抗风险能力。“好想你”红枣就是通过这一方式来应对价格波动的。“好想你”红枣的原材料成本最大，占销售总成本的77%～87%。因此，它通过以下三种方式，降低原材料的成本，来应对价格波动。

第一种，产品深加工。“好想你”红枣开发了深加工产品枣干和枣片，使原材料成本占比分别降到65%和27%。

第二种，产品高端化。新疆是我国的高端红枣产区，虽然采购价格高，但毛利率更高。比如，以每千克25元收购的红枣，毛利率通常为25%；而以每千克35～40元收购的红枣，毛利率则超过30%。

第三种，自建基地，平滑价格波动。公司在2011年自建的生产基地已经超过5 000亩(1亩≈666.67平方米)。“好想你”红枣通过对产品进行深加工，提高了产品的附加值。

## 5.2 商业模式的构成

商业模式像一个战略蓝图，可以通过企业组织结构、流程和系统来实现。通过客户细分、价值主张、渠道通路、客户关系、收入来源、核心资源、关键业务、关键合作、成本结构九个基本模块就可以很好地描述并定义商业模式，它们可以展示出企业创造收入的逻辑。这九个模块覆盖了商业模式的四个主要方面，即客户、提供物（产品/服务）、基础设施和财务生存能力，构成了一个商业模式的框架，使创业者能够描述和思考所在的组织、竞争对手和任何其他企业的商业模式。这些要素所构建的框架可以作为一种共同语言，让创业者方便地描述和使用商业模式，来构建新的战略性替代方案。

### 5.2.1 客户细分

客户是所有商业模式的核心。没有客户，企业就无法存活。为了更好地满足客户，企业可以把客户分成不同的细分区隔，每个细分区隔中的客户具有共同的需求、共同的行为和共同的属性。在对客户群体进行细分后，企业应决定自己服务的客户细分群体，根据目标细分客户群体的特定需求设计相应的商业模式。

当客户群呈现以下特征的时候，则可以体现为独立的客户细分群体。

(1) 需要提供明显不同的提供物（产品/服务）来满足客户群体的需求。

(2) 客户群体需要通过不同的分销渠道来接触。

(3) 客户群体需要不同类型的关系。

(4) 客户群体的盈利能力（收益性）有本质区别。

(5) 客户群体愿意为提供物（产品/服务）的不同方面付费。

### 5.2.2 价值主张

价值主张用来描绘为特定客户细分创造价值的系列产品或服务。

价值主张是客户转向一个企业而非另一个企业的原因，解决了客户困扰或者满足了客户需求。每个价值主张都包含可选系列产品或服务，以迎合特定客户细分群体的需求。在这个意义上，价值主张是公司提供给客户的受益集合或受益系列。有些价值主张可能是创新的，并表现为一个全新的或破坏性的提供物；而另一些可能与现存市场提供物类似，只是增加了功能和特性。

价值主张通过迎合细分群体需求的独特组合来创造价值。价值可以是定量的（如价格、服务速度）或定性的（如设计、客户体验），具体包含了许多要素，如表 5.1 所示。它主要应该聚焦于解决以下问题。

（1）我们该向客户传递什么样的价值？

（2）我们正在帮助客户解决哪一类难题？

（3）我们正在满足客户哪些需求？

（4）我们正在提供给客户细分群体哪些系列的产品或服务？

**表 5.1　价值主张要素**

| 要素 | 描述 |
| --- | --- |
| 新颖 | 客户从未感受和体验过的全新需求 |
| 性能 | 改善产品或服务的性能 |
| 定制化 | 定制产品或服务以满足个别客户或群体的特定需求 |
| 完善 | 帮客户做好事情，简单创造价值 |
| 设计 | 设计优秀的产品，脱颖而出 |
| 品牌 | 客户通过使用和显示某一特定品牌而发现价值 |
| 价格 | 以更低的价格提供同质化价值 |
| 成本 | 帮助客户降低成本 |

### 5.2.3　渠道通路

渠道通路用来描绘企业如何沟通、接触其客户细分，从而传递其价值主张。沟通、分销和销售等渠道构成了企业相对客户的接口界面。渠道通路是客户接触点，在客户体验中扮演着重要角色。

1. 渠道通路的功能

（1）提升企业产品或服务在客户中的认知。

（2）帮助客户评估企业价值主张。

（3）协助客户购买特定产品或服务。

（4）向客户传递企业的价值主张。

（5）提供售后客户支持。

渠道具有认知、评估、购买、传递和售后五个阶段，每个渠道都能经历部分或全部阶段。渠道可以分为直销渠道与非直销渠道，也可以分为自有渠道和合作伙伴渠道。在把价值主张推向市场的期间，发现接触客户的正确渠道组合至关重要。

2. 渠道管理

渠道管理主要回答以下问题。

（1）通过哪些渠道可以接触客户细分群体？

（2）如何接触他们？渠道如何整合？

（3）哪些渠道最有效？哪些渠道成本效益最好？

（4）如何把渠道与客户的例行程序进行整合？

渠道管理的诀窍是在不同类型的渠道之间找到适当平衡，并通过整合来创造令人满意的客户体验，同时使收入最大化。

### 5.2.4 客户关系

客户关系用来描绘企业与特定客户细分群体建立的关系类型。企业应该弄清希望和每个客户细分群体建立的关系类型。客户关系可以被客户获取、客户维系、提升销售额（追加销售）等几个动机所驱动。商业模式所要求的客户关系深刻地影响着全面的客户体验。客户关系可以分为几种类型，如表5.2所示，它们可能共存于企业与特定客户细分群体之间。

表5.2 客户关系类型

| 客户关系 | 描述 |
|---|---|
| 个人助理 | 人与人之间的互动 |
| 专用个人助理 | 为单个客户安排专门的客户代表 |
| 自助服务 | 为客户提供自助服务所需条件 |
| 自动化服务 | 客户自助处理 |
| 社区 | 通过在线社区建立关系 |
| 共同创作 | 企业和客户共同创造价值 |

客户关系要素要求企业关注：每个客户细分群体希望企业与之建立和保持何种关系；哪些关系已经建立；这些关系成本如何；如何把它们与商业模式的其余部分进行整合等。

### 5.2.5 收入来源

收入来源用来描绘企业从每个客户群体中获取的现金收入（需要从创收中扣除成本）。如果客户是商业模式的心脏，那么收入来源就是动脉。企业必须清楚，什么样的价值能够让各客户细分群体真正愿意付款。只有弄清了这个问题，企业才能在各客户细分群体上发掘一个或多个收入来源。每个收入来源的定价机制可能不同，例如固定标价、谈判议价、拍卖定价、市场定价、数量定价或收益管理定价等。

1. 一个商业模式的收入来源

一个商业模式可以包含两种不同类型的收入来源：一是通过客户一次性支付获得的交易收入；二是经常性收入，来自客户为获得价值主张与售后服务而持续支付的费用。

2. 不同商业模式的收入来源

在不同的商业模式中，可以获取收入的方式有以下几种。

（1）资产销售。

最为人熟知的收入来源方式是销售实体产品的所有权，如家具、食品及汽车的销售等，客户购买之后可以任意使用、转售甚至破坏。

（2）使用收费。

这种收入来源是指通过特定的服务收费。客户使用的服务越多，付费则越多，如旅馆按照客户入住天数来计费，快递公司按照运送距离来计费。

（3）订阅收费。

这种收入来自销售重复使用的服务，如网络游戏、收费新闻和视频网站注册用户等。

（4）租赁收费。

这种收入来自对某个特定资产在固定时间内的暂时性排他使用权的授权。对于出租方而言，租赁收费可以带来经常性收入；对于租用方或承租方而言，可以仅支付限时租期内的费用，而无须承担购买所有权的全部费用。

（5）授权收费。

这种收入来自将受保护的知识产权授权给客户使用而换取的授权费用。授权可以让版权持有者不必将产品制造出来或者将服务商业化，仅靠知识产权本身即可获得收入。授权收费在媒体行业和技术行业非常普遍。

（6）经纪收费。

这种收入来自为双方或多方提供中介服务而收取的佣金。例如，信用卡提供商作为信用卡商户和顾客的中间人，从每笔销售交易中抽取一定比例的金额作为佣金；还有股票经纪人和房地产经纪人等。

（7）广告收费。

这种收入来自为特定的产品、服务或品牌提供广告宣传服务。

### 5.2.6　核心资源

核心资源用来描绘让商业模式有效运转所必需的最重要的因素。每个商业模式都需要核心资源，这些资源使企业组织能够创造和提供价值主张，接触市场，与客户细分群体建立关系并赚取收入。不同的商业模式所需要的核心资源不同。核心资源既可以是自有的，也可以是企业租借的或从重要伙伴那里获得的。具体说来，核心资源可分为实体资产（如生产设施、不动产等）、知识资产（如品牌、专利和版权等）、人力资源及金融资产等。

### 5.2.7　关键业务

关键业务用来描绘为了确保其商业模式可行，企业必须做的最重要的事。任何商业模式都需要多种关键业务活动，这些业务活动是企业为了成功运营必须进行的最重要的工作。正如核心资源一样，关键业务也是创造和提供价值主张、接触市场、维系客户关系并获取收入的基础，也会因商业模式的不同而有所区别。例如，对于软件制造商而言，其关键业务为软件开发；而对于咨询企业而言，其关键业务为问题解决。

企业的关键业务可以分为制造产品、解决问题和利用平台或网络等类别。事实上，前面所述的要素，诸如价值主张、渠道通路、客户关系及收入来源等，都应思考需要哪些关键业务。

### 5.2.8　关键合作

关键合作用来描述使商业模式有效运作所需的供应商与合作伙伴的网络。企业会基于多种原因打造合作关系，合作关系正日益成为许多商业模式的基石。很多企业通过创建联盟来优化其商业模式，降低风险或获取资源。

1. 合作关系的类型

（1）在非竞争者之间的战略联盟关系。

（2）在竞争者之间的战略合作关系。

（3）为开发新业务而构建的合资关系。

（4）为确保可靠供应的购买方与供应商的关系。

2. 创建合作关系的动机

以下 3 种动机有助于创建合作关系。

（1）商业模式的优化和规模经济的运用。

（2）风险和不确定性的降低。

（3）特定资源和业务的获取。

### 5.2.9　成本结构

成本结构用来描绘运营一个商业模式所需要的所有成本。创建价值、提供价值、维系客户关系及产生收入都会引起成本变化，这些成本在确定关键资源、关键业务与关键合作后可以相对容易地计算出来。然而，相比其他商业模式，有些商业模式更多的是由成本驱动的。

成本结构包括固定成本、可变成本、规模经济及范围经济。在每个商业模式中，成本都应该最小化，对于某些商业模式来说，低成本结构比另外一些因素更重要。

## 5.3　商业模式分析应用设计

### 5.3.1　创意想法的描述

1. 创意的内涵

创意的本质是捕捉满意和快乐。星巴克创始人舒尔茨（Hauard Schultz）曾说：“我们所创造的公司既具有和谐环境，又能够让我的顾客享受咖啡和体验，同时又能够为家人、朋友提供交流的平台。我们将其称为在家和公司之外的第三空间。由于这个是全世界所有顾客都需要的，因此我们所开的店将不断地重复这一价值理念。”所以星巴克不仅售卖产品和服务，同时也在售卖思想和文化，这正是星巴克的独特之处。

创意是对商业活动中不确定性问题的一种独特处理方式，引导着商业模式的变化和商业利润的产生。同时，创意对于一整套的商业行为来说只能算是一个开始。创业者通过把握市场机会、开发资源价值、构建产权契约等将创意一步步落实，这样创意才能利用市场机会使企业创造价值，实现经营利润。

商业创意是商业活动中关于投入和产出方式的创意，产生于对不确定问题的直观判断，由创业者的愿景和意志推动，围绕企业的建立和运作展开。

2. 创意描述对创业的重要性

创业意味着创新和变革，创新性的商业创意实践可以在转变经济增长方式的同时增强企业的竞争力。当一种创意性的想法被发现后，可以转换、开发成创新产品。以拖把这种日常清洁用品为例，过去人们习惯于用拖把和清水拖地，但为宝洁公司设计家居清洁产品的公司研究发现，拖把上的水实际上更容易使脏污四处散落，而干抹布却能把尘土都吸附起来，这是静电吸附的原理。这一发现帮助宝洁公司开发了拳头产品——速易洁静电除尘拖把。从创新的设计角度来说，这就是一个典范转换。从创新的内容来看，创意更强调创新的人文内涵。创新不光是针对中间生产手段和工具的技术创意，更是对人的价值的创造性响应。从创新的方式来看，一方面，更加强调创意是原生态的创新，另一方面，则更加强调创意是“活”的创新。

3. 商业创意的分类

具体来说，商业创意可以分为以下几类。

（1）创意与市场机会相关。

市场机会是指具有购买力而又未被满足的消费者的需求。创业中的机会问题包括三重含义：机会的产生、发现和利用。机会的产生，来自市场参与者之间的知识分散性；机会的识别，与人们的经验、能力和社会角色相关；机会的利用，需要处理一系列生产经营活动问题。创业者的作用在于，以其特殊的知识结构、机会认知、行为风格，推动资源整合和产权重组，从而实现商业效益。由于面对消费需求提出某种满足方式并加以实施时，必须处理一系列不确定性问题，因此要求创业者进行商业创意。

（2）创意与资源开发相关。

所谓资源，是指有价值的存在物。资源价值来自其属性，具有很大的主观性。创业中的资源问题，主要是资源属性的效用开发和利用方式问题。如果能够发现资源的新属性，或者发现资源属性的新组合方式，就能带来经济效益，有可能吸引他人投资。在此过程中，资源使用方式的创意、资源使用权的获取、资源配置方式的实现等，存在着大量的不确定性因素，需要创业者进行商业创意。

（3）创意与产权契约相关。

产权是指对财产关系的界定。创业者进行机会利用和资源开发都涉及产权关系的调整，包括吸引投资、进行分工、协调分配等。由于机会利用和资源开发的创意前景往往模糊且难以预期，既不能通过市场转让，也不能加以理性测量，只能以创立生产经营组织的方式加以实现，因此，构建企业契约是创业活动的一项基本任务。如何在投入产出不确定的情况下，合理地调整产权关系，防范机会主义，构建企业契约，需要创业者进行商业创意。

商业活动存在大量的不确定性问题，需要创业者发挥主观能动性来解决，因而商业创意存在着现实要求和广阔空间。

4. 商业创意的描述

好的商业创意只是创业者手中的一个工具，将商业创意转变为企业的过程往往充满各种风险和不确定性。从经济、社会、政策、技术等变化的环境趋势出发，解决问题以及在市场缝隙中发掘创意并不难，难的是如何筛选出最具商业价值的创意。创业者将商业创意转变为企业之前必须对商业创意进行可行性分析，目的是评估商业创意的优缺点以帮助创业者判断某一创意是否切实可行。对商业创意可以从产品、产业与市场、创业团队及财务四个方面考量，以确定其是否真的值得被发展为一个企业。

对商业创意的描述可以从以下 5 个方面展开。

（1）以投入产出意图为基础。这是商业活动的特点，能够把商业创意与其他领域的创新区别开来。

（2）以不确定性问题的处理为内容。这是商业创意活动的特殊情景，能够把它与一般商业决策区别开来。

（3）以直观经验判断为形式。这是商业创意的主观行为特征，能够把它和商业活动中的理性分析和选择区分开来。

（4）以愿景和意志为动因，界定商业创意行为的动力，把它与以认识为依据的行动区分开来。

（5）以企业的建立和运行为日标，界定商业创意的效果，把成功与不成功的商业创意区分开来。

### 5.3.2　商业模式要素的描述

商业模式并不是一成不变的，创业者应随着市场需要、产业环境、竞争形势的变化而不断调整。因此，建立成功的商业模式是创业过程中最具价值潜力的环节。创业者在设计商业模式时，需要对自己所设计的商业模式的各项要素进行描述，这样既方便自己分析，也便于其他人理解该商业模式，更有助于设计者把控整个商业模式的走向。好的商业模式的构成应该满足两方面的要求：一是简洁、高效，力争把构成要素减少到最低限度，避免重复；二是全面，避免以偏概全。描述商业模式的要素时要注意既突出重点，又关注各个部分的有机统一。

1. 需进行客户洞察

创业者应在市场研究上下足功夫，加大投入的力度，并且投入大量的精力和人力，重点改进服务和产品的质量，保证商业模式符合客户的要求和设计的观点。从客户的角度对待商业模式，寻找新的设计机会，但是这并不意味着要按照客户的思维来进行商业模式的设计，而是要在评估的阶段，融入客户的思维，进行必要的改进和调整，运用创新性的思维，深入理解客户的意图。

2. 创意的构思

一种全新的商业模式，需要进行大量的创新和构思，并且从众多的商业模式设计方案中精心挑选出最为恰当的设计方案。这是一个极富创造性的过程，可以不断地收集新奇的意图和设计理念，可以对创意构思的过程采取多种多样的形式，扩展搜索的关键词，筛选关键性的问题，运用团队来对创意进行挑选，并且最终完成原型的制作。

3. 可视性思考

在工作中，创业者可以运用草图、图片、幻灯片或者便利贴和图表等形式，将创意思维表现出来，并将各种复杂的概念重新组合在一起，创造出一个更加具有创意的商业模式。在设计的过程中，可以运用便利贴和商业模式相结合的方式进行描绘。便利贴可以增加创意的内容，并且可以在不同的创意模块之间自由移动。而绘图往往比便利贴更加有效，图片及草图在多个方面都可以发挥出巨大的作用，而最为简单的方式，则是商业模式的设计及简单图片的描绘。

4. 制作商业模式原型

原型制作主要源于工业设计领域。在设计中，并不是将商业模式的原型当成一种商业模式设计的草图来进行描绘，而是将其作为一种思维的基本模式，帮助人们更加深入地展开探索，摸索出商业模式设计的最佳方向，保证方案设计的合理性与科学性。原型的制作应该是一种可以帮助创业者进行辅助式思考的工具，可以帮助人们对商业制作的本质有更加深刻的了解。通过商业模式的原型制作，还可以保证创意更加具有灵活性的特征。此外，还须根据客户的需求进行情景推测，在原有的设计基础之上，细化抽象性的概念，重现设计的情景和流程，进而引导创业者在商业模式设计中做出最为恰当的抉择。

### 5.3.3 商业模式的描述

商业模式如果运用得当，会使管理者缜密思考自己的各项业务。商业模式作为规划工具的最大优点是：将注意力集中于将系统内所有元素协调成一个有效的整体。因此，创业者在完成一个商业模式的设计后，应当能准确、精炼地描述该模式，传递它所蕴含的商业价值。

1. 描述企业提供物

描述企业提供物（产品/服务）其实就是描述企业的价值主张，商业模式的定义已经表明，其本质是描述企业创造价值、传递价值和获取价值的基本原理。所以，企业的价值主张无疑位于商业模式最核心的地位。商业模式需要考量企业能否提供给客户所能接受的独特、清晰、简明的价值，以及这样的价值是否能够超越客户的期望。如果商业模式的价值主张不符合市场需求，那么再好的资源与渠道也不可能为企业带来持续的盈利，这样的商业模式也只能是无源之水，不能持久。而价值主张直接体现在企业所提供的产品和服务上，描述企业的价值主张即是对企业的系列产品和服务给出总的看法。

2. 描述企业为谁提供价值

企业的价值主张是为目标客户所提供的，所以企业需要在商业模式中明确自己的目标客户是谁，客户群体有多大，客户群体的增长空间有多大，客户对企业所提供的价值主张有多大的需求，依赖性又有多大等。

3. 描述企业如何接触客户

描述企业如何接触客户，即描述企业与客户沟通和联系的渠道。渠道通路是企业的价值主张和目标客户之间的桥梁，说明了企业如何将自己的商品或服务传递给目标客户，并且如何使客户接受企业的价值主张。

4. 描述企业建立的各种关系

在描述企业建立的各种关系时，有一些需要注意的事项。一是描述企业目标客户群体与企业之间的关系；二是厘清企业已建立并运行良好的商业关系；三是计算企业在运营维护这些关系时所花费的成本；四是企业应将这些关系与其商业模式进行融合。

5. 描述企业如何赚钱

一个好的商业模式的盈利设计需要切合市场实际，并且富有弹性，这样，企业就存在可预期的实际盈利，也就意味着企业将来是可以赚钱的。商业模式中的盈利设计包括价值获取、战略定价和目标成本规划。企业要想盈利，在用户需求既定的情况下，用户不仅是企业的目标用户，还应具有较强的消费能力，能为企业带来盈利。描述企业如何赚钱，不仅需要描述清楚企业靠哪种方式赚钱，还需要描述清楚哪种盈利方式对企业当下的情况是有利的，企业又要如何做才能让未来更好。一个创业者需要思考该种商业模式能够获得的商业价值是多大。盈利应该来源于客户价值的创造。通过商业模式，可以有效改善企业的显性及隐形资产状况。

6. 描述需要什么样的资源与能力

企业的资源可以来自企业内部，也可以来自企业外部。不同的商业模式需要的资源和能力不同。企业需要什么样的资源及如何获取这些资源，关系企业能否实现自己所提出的价值主张并盈利。描述资源与能力时，应关注资源的类别、来源、获取及成本等方面。

7. 描述需要什么样的业务

在描述企业商业模式所涉及的关键业务时，可以将关键业务分为制造产品、问题解决和平台/网络。制造产品业务涉及生产一定数量或满足一定质量要求的产品。问题解决业务指的是为个别客户的问题提供新的解决方案，比如咨询公司。而利用平台/网络则是以平台为核心资源的商业模式，其关键业务都是与平台管理、服务提供和平台推广相关的。

8. 描述商业模式所涉及的合作伙伴

好的商业模式需要关注其利益相关者之间的关系。如果让利益各方都能获得利益，而且分配合理，那么这个商业模式在较长一段时间内是可持续的。不过，商业模式不可能总是固定不变的，随着企业的发展，用户的很多需求会逐渐衍生出来，这时企业需要考虑商业模式的创新。没有一个商业模式是完美的，因为消费者的需求、渠道（代理或经销）的需求、供应商的需求等都是在不断变化的，很难保证一个商业模式能一直让利益各方都满意。

9. 描述商业模式的成本

成本结构关系企业的存活，无疑是一个重点。无论是什么商业模式，都渴望将成本最小化，利益最大化。但是不同的成本结构对不同的商业模式有着不同的意义，在描述商业模式的成本时，应该注意这一点。

### 5.3.4 商业模式的检验

1. 实验室检验

实验室检验商业模式的方法主要是通过团队描述、相关人员分析和评价来实施。团队在描述商业模式时可以从几个方面展开，但应有所侧重。在表述清楚模式之后，相关人员在评价的时候可以从几个部分进行衡量，如表5.3所示。通过这种团队描述、相关人员评分的方式，可以达到“旁观者清”的效果，不仅仅对商业模式起检验的作用，也有利于商业模式的修正和完善。

**表 5.3　商务模式的评价——对其组成部分的衡量**

| 组成部分 | 具体内容 | 评价（或以高/低判断） |
| --- | --- | --- |
| 定位 | 公司的竞争力：竞争、顾客、原料补给、供应商、潜在进入者、替代产品等 | |
| 客户价值 | 公司提供的客户价值：与竞争者相比 | |
| 客户范围 | 市场的成长速度：市场份额、产品替代威胁等 | |
| 定价 | 产品或服务的定价是否合适 | |
| 收入来源 | 利润率、市场份额所占比例及增幅 | |
| 关联活动 | 活动是否相互支持和适应公司发展 | |
| 实现 | 公司团队的水平 | |
| 能力 | 公司的能力是否独特，是否难以模仿，是否向其他产品市场扩展 | |
| 持久性 | 公司能否保持并扩大它在行业中的领先优势 | |
| 成本结构 | 公司的成本结构 | |

2. 实践检验

利润的重要性不仅在于其本身，还在于其能证明商业模式是否行得通。实践是检验真理的唯一标准，商业模式也不会例外。对于一个企业来说，如果没能达到预期目标，那么商业模式的设计者就应该重新检查商业模式。因此，商业模式的设计过程就是科学方法在管理上的应用，从一个假设开始，在实施过程中检验，并在必要时加以修订。商业模式的实践检验内容包括市场占有率、市场增长率、企业盈利、品牌影响力及客户口碑等各个方面。实践检验意味着商业模式必须能承受住激烈的市场竞争的考验。如果企业最终在市场竞争中失败，那么即使是理论上再完美的商业模式也是不能通过检验的。

## 习　题

1. **名词解释**

商业模式　客户关系　核心资源　商业创意

2. **简答题**

(1) 企业常见的商业模式有哪些？

(2) 简述互联网商业模式的特征。

(3) 云计算商业模式包括哪些类型？

(4) 物联网商业模式包括哪些类型？

(5) 商业模式中的价值主张有哪些要素？

(6) 商业模式中的渠道通路有哪些功能？如何管理渠道？

(7) 商业创意可以分为哪几类？

（8）请描述商业模式及其要素。

3. **思考题**

（1）除了本章讲的商业模式，你认为还有哪些商业模式？

（2）怎样才能更好地对商业创意进行描述？

（3）如何更全面地描述商业模式？

（4）在不同的商业模式中，可以获取收入的方式除了本章所讲的内容，还有哪些？

（5）打车 App 对商业模式起着积极创新的作用，试举例说明其他在商业模式创新中比较突出的企业或行业。

# 第6章

# 创业计划与商业计划书撰写

创业计划与商业计划书是创业过程中必不可少的内容，详尽的创业计划和商业计划书，就好像一份业务发展的指示图，时刻提醒创业者应该注意什么问题、规避什么风险，并最大限度地帮助创业者获得来自外界的帮助。好的创业计划和商业计划书也会成为衡量创业者未来业务发展的标准。本章主要阐述商业计划书的作用及主要内容。

## 学习目标

◆了解创业计划的含义和作用；

◆了解商业计划书内容的选择原则；

◆了解商业计划书的作用；

◆掌握商业计划书的写作原则、主要内容等。

★阅读材料

### “久创科技”的故事

黄同学等7人，均为某大学自动化专业本科生，合伙经营了一家名为“久创科技”的电脑服务公司，主要业务包括组装电脑的导购、电脑及配件的代售、电脑故障维修等。黄同学等人的创业想法源于他们参加过的创业计划大赛。虽然在那次比赛中，他们的成绩并不突出，但却激发了他们的创业热情。于是比赛结束后，在黄同学的倡议下，他们决定开始真正地创业。

通过商议，黄同学出资2 000元，其他八名同学每人出资1 000元，共计10 000元启动资金。接着，他们开始修改创业计划，完成之后，大家就创业计划提出自己的意见和建议。在讨论中，他们对公司的组织结构设计出现了分歧。一些人认为建立鲜明的组织结构才能管理好企业；另一些人认为，大家都在同一个起跑线上，确立等级制度会导致关系的分裂。最终，他们达成一致意见，认为他们创立的只是一个小企业，尚不需要建立组织结构。于是，创业开始了，他们正式成立久创科技公司。

在后来的经营当中，有两名同学因为自身经济困难而撤资，其他七人继续维持经营。这七名同学根据自身特点和专业，分工负责企业的各项业务，店面的营业人员则轮流充当。由于关系良好，平常的工作量和业绩并不直接与利益挂钩，而采取平均分配利润的方式。经营一年多后，业绩尚可，已收回投资，并开始盈利。

（资料来源：卢福财．创业通论［M］．2版．北京：高等教育出版社，2012.）

## 6.1　创业计划

### 6.1.1　创业计划的概念与特点

创业计划是创业者计划创立业务的书面摘要，用以描述与拟创办企业相关的内外部环境条件和要素特点，为业务的发展提供指示图和衡量业务进展情况的标准。通常，创业计划是市场营销、财务、生产、人力资源等职能计划的综合。

创业计划具有以下特点。

（1）时效性。

由于企业外部的经济社会环境并非一成不变，创业企业也在不断发展进步中，创业条件会随着企业内外部条件的变化而改变，所以在制订创业计划时，应根据不同发展阶段的实际情况进行调整，使创业计划具有领先于发展现状的时效性。

（2）可行性。

创业计划有两个方面的内容，一是企业追求的目标，二是为了实现这个目标的行动规划。行动和目标越一致，创业计划的可行性越高，创业成功的概率就越大，得到投资者认可的概率也就越大。

（3）概括性。

从创业项目的选择、确立到创业企业真正成立并持续发展是一个漫长的过程，是无法向投资者展示的，此时，就需要一份具有可操作性的创业计划，对创业者整个经营设想进行总结和概括。

### 6.1.2　创业计划的作用

1. 指导行动，明确方向

数据显示，切实可行、目标明晰的创业计划有助于创业者冷静地识别和分析创业机会，明确自己的创业理想，进而为创业行动指明方向。

2. 凝聚人心，有效管理

创业计划通过描绘创业企业的发展前景和成长潜力，使团队成员对企业的未来充满信心。创业计划中应明确要从事什么项目或活动，使大家了解自己将要充当的角色、达到的目标，这对于凝聚人心、协同发展具有重要意义。

3. 决策参考，投资依据

从融资角度来看，创业计划通常被誉为“敲门砖”。创业计划为创业者提供了自我推销的重要工具，为新企业创造了向潜在投资者、供应商、商业伙伴和关键职位应聘者展示自身的机会。

## 6.2 商业计划书概述

### 6.2.1 商业计划书的概念

商业计划书是创业者为了达到发展和经营目标及面向社会筹措资源的目的而撰写的，旨在展现项目和企业现状及发展前景的书面文件。与创业计划不同，商业计划书更多的是适应外部资源提供者，特别是投资者的需要，写作时在很大程度上要遵循特定格式或规范；而创业计划则用于指导创业者的创业行为，是基于创业团队的构想所编写的，因而拥有较多的主观性。

### 6.2.2 商业计划书内容的选择原则

商业计划书有固定的写作模式，但可以根据不同的技术项目、创业计划、创业团队等加以改进，使计划书更具特色。在内容的选择上，可以参考以下原则。

1. 换位思考，投其所好

商业计划书写作的最终目的是吸引社会资源拥有者的投资，将项目落到实处，因而在内容选择上就要遵循为投资者着想的原则。商业计划书是风险投资者评估创业企业的重要依据，如果创业者可以根据投资方评估或关注的重点，如股权分配、年收益率等，在商业计划书中给出有倾向性的具体解答，或者作探讨性的自我评估，就会在一定程度上增加成功的概率。

2. 重点突出，详略得当

商业计划书的篇幅不宜过长，应以 20 ~ 40 页为宜。而想要在这短短几十页中把一个企业及其发展路线展示得淋漓尽致的同时博得投资者的青睐，就要详略得当。由于投资者每天要看很多商业计划书，不可能每一份都去仔仔细细审查，对其中的每个条目都去认真研究，所以，创业者应尽量避免在项目简介、公司战略等较概念化的地方着墨过多，而应重点关注数据、风险分析等比较实在的内容。

3. 定位精准，独特取胜

创业企业大多是为了填补市场空白而产生的，因而应在商业计划书中展现其明确的市场定位及独特性，使投资者体会到效益最大化和成本最小化。企业的独特性不仅可以体现在产品和服务上，还可以体现在营销模式、团队管理等方面。

4. 明确干什么，怎么干

商业计划书应让团队所有成员更加明确到底要干什么，要怎么干。在写商业计划书的过程中，会对自己的项目更加明确，对于“项目是不是合理?”“项目具体要做什么?”“项目怎么做?”“需要什么资源?”等问题可以边讨论边编写。甚至有些创业者在写商业计划书时突然发现整个项目是不可行的，这种情况很正常，也避免了盲目投入带来的损失。商业计划书的前身是一个想法，而商业计划书是第一次详细地审视这个想法，并让它变具体、变合理、变可行。所以，商业计划书也是给自己看的，让自己对这个项目更加明确。

### 6.2.3　商业计划书的作用

商业计划书的撰写是企业初创阶段的一个重要环节。商业计划书主要分两个版本，一个是PPT版，就是常说的BP（Business Plan），一般用作路演；另一个是Word版，是比较详细地论述商业计划的。通常，投资者或者评委专家会先看BP，因为比较简单，被BP吸引后，才去看Word版的商业计划书，了解一些细节。

商业计划书主要给合作伙伴或投资人看，说服这些人加盟项目，进行投资。如果投资人或合伙人感兴趣了，才会有后面的合作机会。但商业计划书也有局限性，它只是吸引投资的一个敲门砖。

如果想用项目参加比赛，在项目海选过程中，评委们看的就是商业计划书。而且商业计划书必须在短时间内就吸引评委，因为通常评委需要在很短的时间内从大量计划书中挑出少量可行的项目，每个项目评审的时间很有限，所以商业计划书一定要吸引人。

### 6.2.4　商业计划书的执行概要

执行概要或执行总结，是对商业计划书核心内容的提炼，是整个商业计划书中最重要的内容。由于商业计划书的篇幅普遍较长，投资者或评委很难做到通篇阅读，在这种情况下，一篇精炼的执行概要就可以使投资者或评委对项目有全面的了解，在最短时间内最大限度地激发投资者的兴趣。

为了准确概括商业计划书的核心内容，执行概要应在整本计划书完成之后撰写。其主要内容应与正文对应，大致包括创业团队、产品与服务、目标客户群体、市场现状与前景、竞争优势、盈利模式、融资额度等，每部分内容用一句话或简短的一段话阐明，总篇幅以2页为宜。需要注意的是，执行概要的内容不必与正文结构完全一致，可以根据商业计划书的写作目的进行调整和强调。如以获得股权投资为目的的商业计划书，可以明确投资者在不同投资额度下所能获得的股权比例，以达到投其所好的作用。

另外，执行概要的语言应做到逻辑清晰、严谨工整，同时对发展前景有积极的预期，以引起投资者共鸣与认可。

## 6.3　商业计划书的内容

### 6.3.1　项目简介

投资者或评委在拿到商业计划书的时候，首先看的就是项目简介。可能有70%～80%的项目在这一环节就被淘汰，所以这部分内容是非常重要的，也是最精简、最难写的。创业者一定要用最简练的语言明确地告诉投资者或评委自己到底要做什么。很多项目简介堆砌了一大堆华丽的辞藻，不知所云，投资者或评委评语没看懂，后面的内容就不看了。

1. 一句话简介

商业计划书可以用一句话介绍项目，主要说明自己要做什么、为什么做、做成了有什么价值。项目简介要能让大家看得明白，不要用大量的专业术语。一般写这种文案都是怕短不怕长，一两句话就把项目说清楚是有一定难度的，而且要写得精练，是需要下功夫的。

2. 用户面临的问题

用户面临的问题就是“痛点”。用户面临的问题可以用大量的篇幅去写，把“痛点”找对，尤其是要有支撑。支撑就是怎么得到这些“痛点”的，用户群是谁就对谁进行调研。如果写了一堆问题，但没说这些问题哪来的，那就是没有调研支撑。所以，在商业计划书里面，一定要有市场调研问卷。如果找准了“痛点”，基本上这个项目离成功就不远了。如果投资者或评委觉得项目“痛点”找得准，就会看解决方案。

3. 解决方案

解决方案也就是“产品服务”部分。这部分要引入产品，要讲清楚具体要做什么样的产品或者提供什么样的服务。同样要写得让人能看懂，千万不要用太多专业术语。这时，投资者或评委关注的是创业者能否真正解决这些“痛点”，能否高效且低成本地解决这些“痛点”。

项目简介是全篇商业计划书的精华，也是整个商业计划书的精简版、浓缩版。如果能够通过项目简介吸引投资者或评委，离大功告成就已经不远了。

## 6.3.2 团队介绍

很多好项目，有人能做，有人不能做，这就是团队和资源的问题。在介绍团队时，第一点就是要介绍核心成员的背景。一些大学生创业项目里罗列团队成员时，通常会介绍有些大学生成员是学习委员或班长，或者成绩优秀，拿过什么奖学金等。实际上这不叫团队成员背景介绍，投资者或评委一般不关心这些，他们关注是团队目前有没有可能做成这件事。应该首先说明团队成员的各个角色和岗位，比方说技术由谁负责，他有什么样的背景和优势，以及他擅长什么技术，有多少项目研发经验等；如果是负责市场渠道的角色，就得说明他在渠道建设方面有什么经验和资源，有哪些渠道；如果是市场营销方面的角色，就应说明他有什么样的营销背景，当然这个背景里面包括专业背景。所以，团队简介首先要分析这个项目需要什么岗位，每个岗位都要有负责人，否则团队就不完整。其次要证明各个岗位负责人的经验和背景。使他能够担任这个岗位，做好这件事情。

但很多时候，创业者的团队确实不占优势。目前，“互联网+”创新创业大赛可以说是创新创业比赛中比较重要的赛事了。在 2018 年以前的几届“互联网+”创新创业大赛中，许多团队由若干名博士、硕士组成；2018 年获得金奖的项目里只有一个项目是主要由硕士组队的，其他团队基本上是由博士组成的，很少有本科生组成团队的项目。有的项目，指导老师和顾问中有四五个院士。因此，团队的组成在很多时候是本科生创业的短板。因此，在组建团队的时候，需要适当引入外援，包括导师、校友等，可以通过多种途径把这些相关的专业人员引进团队。在介绍项目团队的成员时，主要写各成员分别来自哪个单位、以前做过什么，然后介绍他们在哪些方面比较擅长。其实，对于初创项目，很多时候投资者投的不是项目，而是团队。关于创业团队，还有一方面很关键，就是团队结构需要“四平八稳”。团队成员一定要有搞技术的或者是搞研发的，要有做营销的、建渠道的、搞运营的，还有一个非常重要的是财务，团队里一定要有人专门负责财务，这对投资者或评委来说很重要。

### 6.3.3　股权结构

现在的创业实践项目大多数需要成立公司，公司的股权结构有可能直接影响未来的收益。例如，5个人成立一个公司，各占20%的股权，这是极不科学的，这种股权结构是不可能有人投资的。如果有人想投资，需要每个人跟投资者一块儿讨论，万一意见不一致，又没有人能拍板，投资者就没信心了。如果股权平均分配，遇到决策时没有人能做最后的决定，在决策上是低效的，投资者也非常讨厌这种情况。一般企业的股权结构，需要有一个人至少占股51%，即大股东，他具有绝对的话语权。

在第一次融资之前，团队最大的股东至少要占股70%，才能够保证未来不至于由于不断的资本注入把股权稀释没了。比如创业者的初始股权占60%，第一次融资200万元，出让20%股权，就只剩40%了。由于项目比较大，后面还要第二轮、第三轮或更多轮的融资，每一轮都会减少股权比例，最后项目成功了，企业就要上市了，但企业不属于创业者。所以，第一笔融资之前发起者至少要拥有70%的股权。在商业计划书里写明现在的股权结构，以及创业初期需要的资金。

即使是用项目参加比赛，并不想真正融资，也应该有股权结构的说明。目前的高水平竞赛，都是大量的投资人当评委，他们是用投资的眼光去看商业计划书的，他们不仅仅打分，也看这个项目值不值得投资。融资本身也是一个估值的过程，商业计划里一定要有融资计划，且融资额度不能太少，至少50万元。

### 6.3.4　市场分析

1. 市场规模

任何商业计划书都要有一个目标市场和应用场景。在市场分析中，要重点关注市场规模。市场规模指的是目标市场有多大的容量或者体量。许多商业计划书都写着“市场潜力巨大”“市场规模巨大”“有很大的市场前景”等，这些表述是没有意义的。好的商业计划书要估算出市场规模到底有多大，它有具体数值。比如，打算在大学校园卖零食，在项目前期市场可能就是自己的学校，那么就要测算学校有多少学生，比如说有25 000名在校学生；并计算每个人平均每个月零食的消耗，当然，男生与女生不太一样，还有个体差异，只要一个基本的平均数就可以，如平均每个人一个月200元，25 000人就是500万元。这就是项目第一阶段的目标市场规模。

2. 竞争分析

在市场经济高度发达和经济全球化的大背景下，只要企业的价值还依赖于市场认同，特别是顾客认同来实现，就必然面临市场竞争。创业型企业想要在有竞争的环境下保证自身价值的实现，并且凭借核心优势有效实施对价值分配的掌握和控制，就要使投资者对企业发展潜力和市场前景充满信心。竞争分析一般可分为竞争环境分析、主要竞争对手分析、核心竞争优势分析。

（1）竞争环境分析。

竞争环境分析一般包括集中度、产品与服务的差别度、行业壁垒、行业信息化程度等分析。

（2）主要竞争对手分析。

竞争对手主要是与创业企业的客户群体或提供的产品/服务有较大交集的、在同类行业中所占市场份额较大的企业。一般来说，至少要对行业内位居前三位的竞争企业进行详细的对比分析，分析内容包括产品或服务特征、质量、技术、成本、市场占有率、财务状况、经营规模、利润水平等，必要时也要考虑竞争企业的顾客忠诚度、顾客消费惯性等。

（3）核心竞争优势分析。

创业企业要想获得成功，就必须有独特的核心竞争优势。一般来说，能够形成核心竞争优势的条件主要包括：①技术创新；②率先达到生产及市场经济规模；③绝佳的用户体验，培养良好的美誉度与顾客忠诚度。

创业企业所选定的创业项目可能不止一家，肯定会有竞争对手，因此就要做竞争分析。有的商业计划书，轻易将腾讯、阿里巴巴、京东等大型企业作为竞争对手，那项目也不用做了。仍以“高校零食”项目为例，竞争对手包括线下的校园超市，甚至一些小卖部，还可能包括一些网上平台，比如说天猫超市，还有微商等。

确定了竞争对手后，就要研究竞争对手的优势与劣势，即优劣势分析。不一定必须做SWOT分析，但优劣势分析一定要有，因为对手的不足恰恰是切入点。一般情况下，企业一定要了解竞争对手，而且持续跟踪。如企业要生产某个产品，就要了解这个产品有哪些企业在生产，它们各有什么优劣势。竞争分析要把竞争对手分析透，一定要真正调研，不能拍脑门决定。

### 6.3.5 商业模式

商业模式要写明自己打算怎么做这个项目，或者说怎么赚钱。有的商业计划书在商业模式部分总是写“要采用B2C、B2B、C2C、O2O”等，把所有的电商模式都写上，但商业计划书不是教科书，必须写清如何做这个项目。

1. 运营模式

什么是运营模式？假设创业项目要做犀牛摆件，在商业模式中就要说清楚谁去设计这个产品；设计出来后谁去生产，是自己生产还是代工生产；谁去检验；如何销售，是直销还是通过代理渠道；如果是线下发展代理商，代理制度怎么定；如果打算线上直营，计划用什么平台销售等。所以，商业模式没有标准格式，只要说清要怎么干，让大家看明白就行。对于真正要做的项目，运营模式要切合实际。如果只是一个商业计划，运营模式讲不透彻，就会非常明显地反映出作者不是真实地在做这个项目。运营模式要依托于已经做了的工作，说得越具体越好。比如产品要找工厂代加工，那跟哪个工厂谈过，是否已经有合作的意向，最好把代工协议附上，这样更加真实可靠。

2. 盈利模式

盈利模式要从两个方面阐述。

首先要说清项目怎么赚钱，不要太空泛。比方说做一个网站，有些商业计划书上的盈利模式可能会写“通过会员盈利”“通过广告盈利”甚至是“通过竞价排名”。这些都是教科书上的东西，采用这些盈利模式是可以的，但是要分阶段进行。开始时网站既缺会员又缺流量，哪来的会员费和广告费呢？这就涉及所有初创项目面临的破冰问题。可以写在项目前期、中期、后期怎样去盈利，甚至写清前期没办法盈利；当有了一定的用户流量时，可以先通过广告或者加盟广告联盟盈利。设计盈利模式的时候，要从用户角度出发，说清用户为什么要付费。

另外，盈利模式还要分析成本，即成本结构。比方说做犀牛摆件，就要估算一下成本来自哪几个方面，如设计费用、材料费用、加工费用、营销费用，这些就是基本的成本。最好通过各种计算方法把成本预估清楚，以便于之后做财务分析。

### 6.3.6　产品与服务

产品与服务是企业价值主张的载体，是企业得以建立的基础。商业计划书的这一部分内容应包括产品或服务的介绍、市场定位、可行性分析等内容。

1. 产品或服务的介绍

产品或服务介绍的主要内容应根据企业的类型来选择。

(1) 提供服务类的企业。

此类企业没有成熟、独立的产品来销售，而是在其他社会资源的基础上衍生出服务并提供给消费者。这类创业企业的商业计划书应涵盖服务的基本功能、运营模式、核心特点、目标客户群体、可行性分析等内容。

★阅读材料

**宠物短期寄养在线服务平台**

1. 平台介绍

宠物短期寄养在线服务平台作为连接宠物主人和寄养家庭的纽带，推出了个性化家庭寄养服务，在宠物主人付出比宠物医院更低的寄养成本的同时，宠物也会生活得更加快乐，主人离家外出时也会更加安心。

平台运营初期将厦门、福州、泉州、广州、深圳、上海、武汉、重庆、北京等地作为第一批服务城市。寄养家庭的收费标准根据养宠物的经验、医护知识、活动空间而各不相同，基础服务价格一般低于50元。

宠物短期寄养在线服务平台将利用完善、严格的审核机制来考察申请成为寄养家庭的爱宠人士，确保寄养家庭符合资质。作为交易担保的第三方，平台将提供医疗咨询、上门急救、保险、用户评价、社交论坛、看护知识培训等服务。在平台运营初期，实施全免费的服务方式；平台的注册会员数突破50万后，将实施收费模式，抽取5%～10%的佣金。平台将为每只宠物提供涵盖各种紧急情况的保险（高达5 000元），并将选择符合要求的宠物医院合作，为会员提供医疗咨询和急救服务。此外，平台还将提供7×24小时的服务咨询，提供在线客服支持功能。

寄养平台为双方提供信任保证，对寄养过程中可能发生的纠纷和问题进行预防和解决。

通过寄养平台选择的寄养家庭，不仅可以让宠物得到在家一样的待遇，还可以提供散步、洗澡、游戏以及全身按摩等服务。寄养家庭每天定时上传宠物的照片，主人随时可以在相应的手机 App 上查看宠物的最新状况，安心地享受假期的同时，让自己的宠物也度过一个愉快的假期。

2. 平台主要页面搭建

(1) 平台首页

首页的主要功能是让宠物主人方便快速地搜索合适的寄养家庭，这是网站的核心服务。除此之外，还将在首页设置宣传视频位置，初期用于广告宣传，后期开放给寄养家庭制作微电影。为了加强和客户的黏性，将每季度评选出明星寄养家庭，每月评选明星宠物，并给予奖励。

(2) 寄养家庭注册页面

寄养家庭可以登录注册页面，填写基本信息进行实名认证。认证通过后完善寄养资料，资料越完善星级评定越高。初始评级均为一星，平台后续将根据宠物主人的评价进行星级调整。

3. 平台运作

(1) 寄养家庭申请

为了保证宠物在寄养家庭的安全，平台对申请成为寄养家庭的负责人实行实名认证。申请人在注册时需提交基本的真实信息以便平台进行人工审核，审核通过后，寄养家庭将拥有一个账户和页面，可以完善自己的养宠经验、护理知识、对犬种的喜好等基本信息。寄养资料更新完毕后，寄养家庭将接受平台的在线视频面试和指导，通过考核，成为合格寄养家庭，才可以开始为宠物提供服务。

(2) 宠物主人搜索

宠物主人在首页选择城市、宠物种类、寄养的起止日期，即可搜索条件匹配的宠物寄养家庭。希望注册成会员的宠物主人，直接单击“注册”按要求填写信息即可。成为会员的宠物主人，可以享受更多的会员增值服务。

(3) 交易

宠物主人和寄养家庭在见面沟通环节取消交易，则平台将寄养费用全额退还给宠物主人。当宠物主人评价结束后，寄养家庭可以实时收到看护佣金。

（资料来源：王丹雪. 宠物短期寄养在线服务平台创业计划书 [D]. 厦门：厦门大学，2014.）

(2) 提供产品类的企业。

此类企业有自己独立的成熟产品，或者已得到专利或产品授权并用于商业化运营，以产品或技术为主体，附加相关业务。这类创业企业的商业计划书应该包括产品的概念、性质及特征，品牌和专利，目标客户群体，市场前景预测等。写作语言既要准确精练，也要通俗易懂。产品结构、功能、用户体验等内容可通过大量的图片展示，使之更直观明了。需要注意的是，对于依托创新技术研发的产品，要对技术来源和专利所有权进行细致、诚实的说明，必要时在附录中附上专利证书等。

2. 市场定位

企业根据竞争者现有产品在市场上所处的位置，针对顾客对该类产品某些特征或属性的重视程度，为本企业产品塑造与众不同的形象，并将这种形象生动地传递给顾客，从而使该产品在市场上占据适当的位置。市场定位解决的问题是针对一件产品在顾客心目中树立的具体形象。市场定位的实质是使本企业与其他企业严格区分开，使顾客明显感觉和认识到这种差别，从而在顾客心目中占据特殊的位置。市场定位可分为对现有产品的再定位和对潜在产品的预定位。对现有产品的再定位可能导致产品名称、价格和包装的改变，这些外表变化的目的是保证产品在顾客的心目中留下值得购买的形象。对潜在产品的预定位要求营销者从零开始，使产品特色确实符合所选择的目标市场。

（1）产品定位。

产品定位是在产品设计之初或在产品的市场推广过程中，通过广告宣传或其他营销手段使其在顾客心中确立一个具体形象的过程。简而言之，就是给顾客选择产品时制造一个决策捷径。产品定位侧重于产品的质量、成本、特征、性能、可靠性、用性、款式等，目的是在目标顾客的心中为产品创造一定的特色，赋予其一定的形象，以适应顾客一定的需要和偏好。

（2）品牌定位。

品牌定位就是指企业的产品及品牌，基于顾客的生理和心理需求，寻找其独特的个性和良好的形象，从而在顾客心目中占据一个有价值的位置。品牌定位针对产品品牌，其核心是要打造品牌价值。品牌定位的载体是产品，其承诺最终要通过产品兑现。

3. 可行性分析

可行性分析研究内容侧重点差异较大，但一般应包括以下内容。

（1）投资必要性。

投资必要性主要是根据市场调查及预测的结果，以及有关的产业政策等，论证项目投资建设的必要性。

（2）技术的可行性。

技术的可行性主要是从项目实施的技术角度出发，合理设计技术方案，并进行比较和评价。

（3）财务可行性。

财务可行性主要是从项目及投资者的角度，设计合理财务方案，从企业理财的角度进行资本预算，评价项目的盈利能力，进行投资决策，并从融资主体（企业）的角度评价股东投资收益、现金流量计划及债务清偿能力。

（4）组织可行性。

组织可行性主要是制订合理的项目实施进度计划，设计合理的组织机构，选择经验丰富的管理人员，建立良好的协作关系，制定合适的培训计划等，保证项目顺利执行。

（5）经济可行性。

经济可行性主要是从资源配置的角度衡量项目的价值，评价项目在实现区域经济发展目标、有效配置经济资源、增加供应、创造就业、改善环境、提高人民生活等方面的效益。

（6）社会可行性。

社会可行性主要分析项目对社会的影响，包括政治体制、方针政策、经济结构、法律道德、宗教民族、妇女儿童及社会稳定性等。

(7) 风险因素及对策。

风险因素及对策主要是对项目的市场风险、技术风险、财务风险、组织风险、法律风险、经济及社会风险等因素进行评价，制定规避风险的对策，为项目全过程的风险管理提供依据。

### 6.3.7 营销模式

营销策略是指创业企业以顾客需求为出发点，以为顾客提供满意的产品和服务为目标，在市场调查等途径的基础上，开展销售推广活动。这一部分最好清楚地说明企业总体的营销策略，包括定位策略、差异化等信息，然后通过定价策略、销售过程和促销组合、渠道策略，说明如何支持总体营销战略的开展。

1. 主要内容

(1) 总体营销战略。

每一个企业在制订营销计划、开展销售活动时都会受到资源的限制，而总体的营销指导思想和操作方法，可以使企业在使用资源上更有目的性和连贯性。要对企业的定位策略和差异性予以说明，针对企业与竞争对手相比的处境，突出企业提供的产品或服务的特性。

(2) 定价策略。

这部分是对企业产品或服务的定价方法及其原因进行解释。企业可以采用的定价方法有竞争定价法、心理定价法、差别定价法、成本加成定价法等，分别适用于不同的产品或服务及市场竞争状况。

(3) 销售过程与促销组合。

销售过程是企业识别潜在顾客和完成销售所经历的过程；促销组合是企业用来支持销售和提升总体品牌形象的具体策略。

企业的销售过程不尽相同，但一般来说会包含七个步骤：搜集销售机会、接触消费者、实现销售机会、进行销售演示、和顾客沟通、完成销售、客户关系管理。

企业可以采用的促销方式有广告、公共关系和其他促销方式等。公共关系不需要资金投入，还可以增加企业的信誉度。新闻发布、媒体报道、博客、微信等是常用的建立公共关系的方式。企业还可以通过提供免费样品、试用体验等促销方式来开展销售活动。

(4) 渠道策略。

渠道包含企业的产品或服务从产地到达顾客手中所经历的过程。企业必须清楚地展示谁来负责销售，以及采用的具体渠道是什么。例如，是采用直接销售方式还是使用分销商、批发商，是通过同行联合还是使用其他渠道等。

2. 营销模式撰写原则

(1) 注重创新。

市场营销中的创新包括营销观念的创新、营销产品的创新、营销组织的创新和营销技术的创新。营销人员要随时保持思维模式的弹性，让自己成为“新思维的开创者”。

(2) 重视用户体验。

好的用户体验可以带来顾客的信任，从而得到顾客的认可进而留住顾客。顾客认可后有可能通过各种途径在周围的群体中传播，最终达到帮助企业宣传推广的效果，增加企业盈利。一般情况下，拥有较好用户体验的营销模式通常能够超过用户的预期，重视细节及客户的沟通和维护工作。

（3）切实可行。

营销策略是企业经营管理策略的一部分，应遵循可行性这一根本原则。在撰写营销策略时，应充分考虑企业发展所处的阶段、目标市场、客户群体、竞争状况等关键要素，确保营销策略顺利开展并取得预期效果。

（4）方法灵活。

营销模式不应拘泥于某种单一形式，而应采取如线上线下相结合等方法，对症下药，灵活应对各种销售环境。

（5）手段新颖。

互联网时代下，应重视利用现有社交软件或者创建自己的宣传软件等公共平台，如微博、微信、博客、企业官网、新闻媒体，以及抖音等短视频，经常更新企业的新闻和动态，重视与客户的互动和交流。

### 6.3.8 执行状况

执行状况是指创业企业目前的项目进度，即企业做到了什么程度。

#### 1. 市场切入（破冰）

无论提供产品还是服务，市场切入就是进入市场。要找准切入点，可以从两个方面说明。

第一，有创新。对于创新的产品，市场几乎还不存在同类产品，主打“创新”这个卖点。但是这个创新点的提出一定要基于前期仔细的调查。有时，路演人声称自己的产品是国内首创，尚无竞品，评委们会马上掏出手机，在淘宝上搜索，看是否有同类产品。所以，一定要对自己提出的创新点负责。

第二，从资源上切入。如果企业的产品或服务目前还不具备创新特色，可以从资源上切入。虽然这个产品在市场上可能有同类产品，但企业有一些资源，或者一些比较好的渠道、比较优秀的合作伙伴，或者已经有了一定基础的客户，这些都可以作为切入点。这方面一定要说具体。比如，农业电商方面的创新创业项目很多，如果你的家乡是内蒙古，羊肉特别好，想做一个这样的项目，把家乡的优质羊肉进行推广，一般会将品牌建设、特色包装、营销推广渠道建设和运营整合起来，再引进旅游。这样的项目很多，产品差别也不大，就需要创业者具体说明怎么落地、怎么切入市场，比如团队已经和某些牧场、屠宰场达成了合作，有生鲜电商的运营经验，甚至和一些大的生鲜电商平台已经进行了合作等。

#### 2. 执行现状和规划

执行现状也就是项目目前的进度，按实际情况写就可以，不必渲染太多，重点是发展规划。一般要写出3~5年的发展规划，规划可以适当放大，投资者喜欢自己能创造利益的项目。即使没有投资，项目也能生存和发展，只是发展得慢点；有了投资之后，可以迅速扩大。一般像风险投资或者天使投资，投资回报率要达到10~15倍。这么高的回报率，如果发展规划写得太谨慎，可能会没办法激发投资人的热情。一般项目的发展规律是，获得投资的第一年比较平淡，第二年有所腾飞，因为投资资金的作用发挥出来了，第三年会持续腾飞，然后到第四年、第五年，增长慢慢平稳，增长速度适当下降。

### 6.3.9 财务分析

财务分析是对商业计划书中的所有定性描述进行量化的一个系统过程，直接关系项目价值的评估和取得资金的可能性。在商业计划书中，一般需要对企业做3～5年的财务规划，具体内容可参考以下模式。

1. 经营的条件假设

创办企业需要人、财、物等各方面资源的支持，此处主要讲述物质资源的条件假设。创业需要的物质资源一般表现为有形资产，根据流动性可以分为流动资产和非流动资产。流动资产是在一年或一年以上的一个营业周期中可以变现的资产，如原材料、库存商品等。流动资产以外的有形资产或无形资产均属于非流动资产，如机器设备、办公桌椅、商标权、专利权等。对资产进行预估，再结合对流动资产需求的判断，计算出物质资源所需的资金。

2. 未来的财务预算

创业者要在对企业未来发展做出合理预测的前提下进行财务预算，确定资金需求、融资额度、预期收支等。这部分主要通过编制预计的资产负债表、损益表、现金流量表等来体现。

预计资产负债表反映企业在未来某一时刻的经营状况，可根据一些数据来获得可能的投资回报率，由固定资产、现金、贷款、净资产、股本、利润准备金、股东资金等组成。

损益表反映企业未来的盈利状况，是对创业企业经过一段时间运作后的运营结果的预期，包括销售收入、毛利润、管理费用、营业利润、财务费用和净利润等内容。

现金流量表反映企业未来的现金流动。

3. 财务预算的原则

(1) 财务预算要立足于真实的市场调研。

只有市场调研可靠、顾客需求得到验证，企业的经营活动才有可能创造实际价值，财务预算才真实可信。

(2) 财务预算奉行“长粗短细”原则。

“长粗短细”，即长期财务预算可以简略一些，但短期预算要尽量做到精确、翔实。

(3) 在企业营销、生产运营等分析的基础上进行财务预算，要明确下列问题。

1) 产品在每一个会计期间的产量、销量有多大?

2) 企业何时需要扩大生产?

3) 单位产品的生产费用是多少?

4) 单位产品的定价是多少?

5) 使用什么分销渠道，所预期的成本和利润是多少?

6) 雇用人员的成本是多少?

4. 融资方案

融资方案是根据创业计划、创业项目、产品的特点，结合创业团队的优势、财务风险分析和财务风险控制的计划所编写的。一般来说，融资方案包括融资额、融资时间、融资对象、融资方式、融资用途等。

5. 大学生创新创业需要做的财务分析

（1）财务报表。

对于大学生的创新创业项目来说，财务分析比较难写。因为一般情况下，已经运营一段时间的企业有历史财务数据，所以这部分内容主要是对企业过去金融财务的统计和报告，是企业过去的运营情况，用过去的数据来说明财务情况和发展趋势。而大学生的创新创业项目，尤其是初创项目，可能还没有实际运营，更没有财务往来、资金往来。没有历史数据，就要预测未来，预测未来3年或者5年的财务情况。比如，估算第一年的销售量和利润率，这样，成本和利润等最基本的数据就可以计算出来。然后把这些基本数据提供给专门做财务分析的团队成员，这个团队成员通常要具有一些基本的财务知识和专业背景，才可以编制各种财务报表。其实，这个财务报表也可以叫财务预测，主要包括资本负债表、现金流量表、利润表等。对于大学生创新创业项目来说，评委不会特别关注财务分析，因为这些数据都是预测的，所以，财务分析部分只要做得相对完整就可以了。

（2）融资方案与支出计划。

融资方案主要说明资金需求计划、资金用途、融资需求、投资收益与风险分析等内容，其中，投资收益与风险分析需要估算出投资现值、投资回收期、内含报酬率等数据。

支出计划要列出未来一段时间，比如6个月或者一年的支出计划，一定要写清楚，到底是支持研发，还是扩大市场投入，通常要做一个比较详细的表格，好让投资人知道自己的资金都用到了这个项目的哪些地方。

### 6.3.10　风险分析

风险分析主要是分析企业可能面临的诸如技术、市场、管理、政策、经济等方面的风险和问题，并提出相应的合理有效的规避方案等。

1. 技术系统风险

电子商务对于技术系统的稳定性、可靠性和安全性都有较高的要求，如果系统设计不好，软件与硬件不匹配，将会产生巨大的技术风险。

2. 运营风险

虽然电子商务交易平台满足了企业在各种交易条件下进行业务交易的需要，但各项收入（如保证金、交易手续费等）取决于会员的数量和交易量，如果没有足够的会员和交易量，企业将面临一定的运营和财务风险。

3. 政策风险

政策风险主要包括反向性政策风险和突变性政策风险。反向性政策风险是指市场在一定时期内，由于政策的导向与企业发展方向不一致而产生的风险。突变性政策风险是指由于管理层政策口径发生突然变化而给企业造成的风险。国内外政治经济形势的突变会加大企业的政策风险。

政策风险防范主要取决于市场参与者对国家宏观政策的理解和把握，取决于投资者对市场趋势的正确判断。对于反向性政策风险的防范，主要是理顺国家政策与企业资产运作内在机制之间的关系。对于突变性政策风险的防范，主要取决于国家监管部门，其防范措施为加强日常监管，提高市场监管水平。创业者要根据市场的运行和变化，运用市场控制手段把握市场供需结构和行业平衡，完善资本市场，减少突变性风险。

★阅读材料

**海品乐淘网**

"海品乐淘网"项目涉足跨境电子商务，存在一定的通关问题，虽然"海品乐淘网"海外产品主要为品牌辨识度较高、品质有保障、稀缺、实惠的优质产品，其中，热门品类（如进口奶粉、保健品、化妆品及其他母婴用品）自营，其他品类开放。换言之，自营类的产品多为常规性产品，但是仍然存在海关检验检疫问题，而且受到国家进出口政策的影响比较大，可能带来较大风险。

另外，"海品乐淘网"自营类产品中，多数产品来源于美国、日本、韩国、澳大利亚、新西兰等国家，这些国家的出口政策也对该项目存在一定的影响。从"海品乐淘网"所涉及的商品类型来看，基本为食品、保健品及其他母婴产品，会遇到出口国食品检验问题。

（郑畅. GQ 海品乐淘网商业计划书［D］. 广州：华南理工大学，2015.）

## 习 题

**1. 名词解释**

创业计划　商业计划书

**2. 简答题**

（1）创业计划的作用有哪些？

（2）商业计划书内容的选择原则有哪些？

（3）商业计划书的作用有哪些？

（4）商业计划书的项目简介应该写哪些内容？

（5）商业计划书中如何撰写市场分析？

（6）商业计划书中如何撰写营销模式？

（7）做财务预算时，要注意遵循的原则有哪些？

**3. 思考题**

（1）利用电子商务创业，如何做好创业计划？

（2）在电子商务创业领域，如何写好商业计划书？

（3）不同的创业者，在不同的创业环境下，面对不同的投资者，所撰写的商业计划书是不同的。不同类别的创业项目，商业计划书应包括哪些不同的结构及内容？请举例说明。

# 第7章

# 大学生创业融资

资金是企业正常运转必需的“血液”或“润滑剂”。稳定的资金来源、及时足额筹集到生产要素组合所需要的资金，对企业的经营和发展起着至关重要的作用。在金融市场日益扩大的今日，融资已经成为每个企业发展必须经历的过程。

对于大学生创业来说，资金不足、没有好的融资方案等仍然是普遍性的问题。处理好创业主体、创业融资出资方、政府及创业中介组织的关系，是融资者要考虑的问题；同时，大学生也应考虑自身的条件及创新创业方式，多方面开拓融资渠道，提高融资量。

本章的主要内容是创业融资，分别介绍了大学生创业融资的现状，创业融资的机理及模式、渠道、风险及其管理、瓶颈及其原因。

## 学习目标

◆了解创业融资原则及大学生创业融资现状；

◆了解大学生创业融资模式；

◆掌握创业融资渠道和存在的风险；

◆了解创业融资瓶颈及其原因。

★阅读材料

### 大家投网站

大家投网站的创始人李群林起初并不是互联网投资人喜欢的创业者，有很多知名的天使投资人拒绝了他的请求。但李群林并没有轻易放弃。他不断在微博上发表并宣传自己的创业理念，结识真正认可他的朋友。经过两个月的艰苦努力，他引起了深圳创新谷科技孵化器公司的注意，并做他项目的领投人。不久，他又吸引了11位个人的投资。总共12个投资人，每人出资最高15万元，最低3万元，大家投网站最后出让20%的股份。

大家投网站的模式是当创业项目在平台上发布后，吸引足够数量的小额投资人（天使投资人），在凑满融资额度后，投资人就按照各自出资比例成立有限合伙企业（领投人任普通合伙人，跟投人任有限合伙人），再以该有限合伙企业法人身份入股被投项目公司，持有项目公司出让的股份。融资成功后，作为中间平台的大家投网站从中抽取2%的融资顾问费。

如同支付宝解决电子商务消费者和商家之间的信任问题一样，大家投推出了一个中间产品，叫“投付宝”。简单而言，它就是投资款托管。对项目感兴趣的投资人把投资款先打到由银行托管的第三方账户，在公司正式注册验资的时候再拨款进公司。“投付宝”的好处是可以分批拨款，比如投资100万元，先拨付25万元，根据企业的产品或运营进度决定是否持续拨款。

对于创业者来讲，有了“投付宝”后，投资人在认投项目时将投资款转入托管账户，有效避免了以前投资人轻易反悔的情况，大大提升了融资效率。由于投资人存放在托管账户中的资金是分批次转入被投企业的，所以大大降低了投资人的投资风险，投资人参与投资的积极性会大幅度提高，创业者的融资效率也会大幅度提高。

（资料来源：虎嗅网，《中国企业界众筹融资的三个案例》，2013年8月30日。）

## 7.1 创业融资的困难及原则

### 7.1.1 创业融资的困难

创业者面临的最大问题是缺乏资金和缺乏项目。创业者缺少甚至没有资产，无法进行抵押，融资规模相对较小。

对于创业者而言，创业融资一般会面临以下困难。

第一，不确定性。创业企业的不确定性比既有企业的不确定性要高得多，因为创业企业缺少既有企业所具有的应付环境不确定性的经验，尚未发展出以组织形式显现出来的组织竞争能力。

第二，信息不对称。与创业者相比，投资者处于相对信息劣势的地位，投资前的信息不对称可能导致逆向选择，投资后的信息不对称则与道德风险有关。

### 7.1.2 创业融资的原则

为了保证融资的顺利进行，维护融资各方的利益，创业企业在融资过程中必须遵守一定的原则。

（1）互利性原则，即融资双方要互利互让。但这种原则不是平均分配利益，各方的利益要通过协议或者股份来确定，这样才能保证双方资金的顺利融通。

（2）合法性原则，即借贷双方必须遵循相应的借贷条款的规定，股票融资必须遵循公司法及上市公司和股票交易的规定，融资双方不得进行非法融资。

（3）诚信原则，即融资双方应依据合同的契约关系，保持诚信。

（4）适度性原则，包括融资资金的适度性、融资期限的适度性、融资方式的适度性和约定条款的适度性。

（5）低成本性原则。降低融资成本不仅可以提高创业者的收益率，还可以减轻其还本付息的负担。创业者可以在融资地点的选择、融资货币的选择和融资方式的选择上来降低融资成本。

## 7.2　大学生创业融资的现状

调查显示，资金不足、没有好的融资方案，是大学生创业者面对的最大困难。再小的公司也需要有人员开支、办公物品开支等日常运营经费，而刚毕业的大学生缺乏社会经验和社会人脉，自身积蓄有限，往往会因为无法获得创业资金而在创业路上裹足不前，对创业的热情也因此冷却。为此，国家和地方有关部门出台了很多政策，为大学生创业者解决融资难的问题，为大学生搭建更好的创业平台，帮助大学生实现创业梦想。

我国大学生创业比例持续增长，《中国大学生就业创业发展报告 · 2017—2018》显示：2018 届毕业生有较高的创业热情；从学历分析，本科毕业生创业率高于研究生和专科生；从学校类型分析，普通本科高校毕业生创业率高于“双一流”建设高校毕业生；从学校区域分析，创业率排名前三的区域依次是北部沿海地区、东部沿海地区和西南地区。

大学生进行融资的渠道逐渐多样，除自筹资金外，小额担保贷款和创业基金也被逐步引入，加上民间资本、天使投资、风险投资的大量涌入，创业融资这一创业瓶颈被不断攻破。但大学生在自主创业的同时，面临着更为复杂的社会环境，对于融资问题难以从根本上把握。同时，大学生易将融资渠道局限于亲友借款等，在融资渠道的选择上存在盲目性，很少关注融资企业、银行或者担保公司等社会机构，缺少对创业的全方位思考；另外，还有可能出现对融资所获资产责任心不足、准备不足、缺乏财务管理等状况。

## 7.3　创业融资的机理及模式

### 7.3.1　创业融资机理

创业融资体系涵盖创业主体、创业融资出资方、政府及创业中介组织三方，是一个相互影响、相互配合的综合性金融体系。

1. 创业主体

创业主体是创业企业和创业者。大学生创业是一种以在校大学生和大学毕业生等特殊群体为创业主体的创业过程。随着我国不断走向转型化进程，以及社会就业压力不断加剧，创业逐渐成为在校大学生和大学毕业生的职业选择。在创业过程中，他们往往需要一笔足够维持企业初期发展的资金。

2. 创业融资出资方

创业融资出资方包括银行、风险投资人、天使投资人、融资租赁企业等。由于创业企业的成长和发展伴随着很大的风险和不确定性，大部分银行为规避风险，一般不会向刚刚起步的创业企业提供经营性贷款，部分银行会为创业者提供政策性创业型贷款服务。风险投资人提供的创业管理附加服务可以促使创业企业快速成长，但风险投资在创业初期所占的比例很低。与风险投资人不同，天使投资人是创业者的“天使”，天使投资常常是创业的启动资金。

3. 政府及创业中介组织

政府是促进创业融资政策的制定者。政府的政策既是风向标又是润滑剂，在维系整个创业金融体系常规运转的同时推动其不断发展。

除此之外，政府也建立了完善的创业信用保障机制。创业企业在运营初期由于还没有树立起良好的企业形象，没有品牌知名度，与创业融资出资人之间存在严重的信息不对称，不易获得风险投资和天使投资。政府对创业企业进行信用调查存档，对创业项目进行客观准确的评估，可让投资方在短时间内了解创业企业的详细状况和信用水平。同时，政府的责任还有设立金融市场，包括在股市中设立创业板、出资为创业者提供贷款担保等。

中介组织除了是创业融资政策的实施者，还可以对创业者进行评估，为创业者联系合适的投资者，从而促成融资。中介组织还可以为创业企业的融资提供法律咨询，为创业融资企业进行会计核算，保证企业资金链的稳定。中介组织也可以是媒体，媒体为创业者提供寻找创业融资的平台，且具有较大影响力，是可靠的创业融资中介组织。

创业金融体系包含对创业者和投资者负责、解决信息不对称等瓶颈的信用体系，促进民间资本流入的动力机制，推动创业金融产品创新、创业行为创新的创新体制。只有这三者良好运转并协同配合，创业金融体系才能充分地服务于创业者，推动创业企业的发展。

### 7.3.2 大学生创业融资模式

大学生创业融资模式是大学生在特定区域、特定环境中形成的，在创业动机、创业方式、产业进入、资金筹集、组织形式、创新力度和政府支持等方面具有相似性，是对各种创业因素的配置方式，是典型性的创业行为。创业融资模式可以按照创业发展方式、创业核心元素、创业目的进行分类。

1. 按照创业发展方式划分

（1）积累演进模式。

这种创业模式初始资金需求小、创业风险低、管理方式灵活，主要集中于商品零售、餐饮、化妆品和服装销售、教育培训等行业。在经营取得成功时，再将所得资本投入发展潜力更高、利润风险更高的行业，或者成立小型公司。

（2）连锁复制模式。

连锁复制模式是指大学生以加盟直营、区域代理或购买特许经营权的方式来销售某种商品或服务，主要出现在商业零售、饮食、服务等行业。前期可以自筹一定资金以获取连锁加盟资格，融资资金量小。组织管理采用总店或中心统一培训管理与创业者自我雇佣、自我管理相结合的方式，总店和中心负责技术培训、经验分享和资源支持。这种创业模式充分利用特许企业的品牌效应及配套服务和跟踪指导，降低了经营风险，但利润也低，因为创业者无法获得全部销售利润。

（3）分化拓展模式。

分化拓展模式指大学生先就业再创业，在企业中不断熟悉行业的业务情况，在积累了一定的资金、经验、技术和人脉资源后，利用企业或者行业内部出现的机会和资金进行创业。此时的创业融资还可以借鉴原公司的经验，这样的创业企业发展往往速度较快。

（4）技术风险模式。

大学生可以利用自己专业的优势，将先进的技术或产品通过“技术转化成产品”的方式发展成企业。而将技术转化成产品需要大量资金投入，这时创业企业往往通过主动吸引天使投资人或通过中介机构对技术、专利、智力成果进行资产评估，联系融资出资方促成融资。这种创业模式主要集中于技术含量高的知识密集型行业。

（5）模拟孵化模式。

模拟孵化模式即大学生参加各大高校举行的创业比赛或者受高校创业园区的熏陶、资助、催化而进行创业。在模拟创业的环境下，大学生可以了解创业程序，学习创业基本知识，积累创业融资经验。在创业园区中，创业者可以得到创业融资的培训指导、项目评估等帮助。

（6）概念创新模式。

概念创新模式是指大学生根据自己的新颖构思、新奇创意进行创业。概念创新模式主要集中于新兴行业。创业者的优秀创意和构想可以通过创业实践转化为实际利润，还能够为企业迅速抢占商机，占领市场。该种创业模式所需融资资金不大，创新性是企业赖以生存的核心内容。

★阅读材料

**连锁复制创业的成功**

杨先生是职场新人，他想创业，可是没有任何经验，也不知道该做什么。一天，杨先生看到路边新开的一家现磨豆浆店生意很好，忍不住上去了解情况。经过深思熟虑，他决定加盟该豆浆店。成为加盟客户后，该店免费为杨先生提供现磨豆浆核心技术、全套开店加盟指导等服务。之后，杨先生原本的豆浆早餐车发展成了一个小吃店，生意越做越大。随着总部不断壮大，杨先生也不断地体验到总部新技术的升级服务，经营的品种从刚开始只有豆浆到现在还有奶茶甜品、红豆饼、手打豆花、章鱼小丸子、酱香饼等全面早餐及小吃。

2. 按照创业核心元素划分

（1）技术型创业。

大学生创业的核心要素是自己拥有的技术，包括现代科学技术知识、具有发展潜力的创业项目和新颖创意。具体的创业方式有多种，不仅可以独立创业，也可以用自身掌握的技术进行技术入股，或利用技术吸引资金进行合作创业。

（2）管理型创业。

管理型创业是指利用管理模式和管理技巧进行创业，包括承包经营、连锁加盟、租赁服务、项目管理和咨询服务等多种方式。管理型创业依靠自己的管理机制、出色的管理能力和管理智慧来吸引创业融资出资方。

（3）服务型创业。

服务业作为第三产业具有广阔的发展空间。在服务型创业中，独特的创业内容是十分重要的。及时发现客户的需求、发现市场空白和提升服务质量是服务型创业者努力的方向。服务型创业融资所需资金较少，风险也较小。

(4) 资金型创业

资金型创业是指创业者利用自己雄厚的资金基础谋求利益，以资金为创业支撑点开展创业活动，资金是核心要素。此时，如果可以获取创业融资可谓锦上添花。资金型创业所选择的行业以投资和金融业为主。

3. 按照创业目的划分

(1) 生存型创业。

生存型创业以解决资金和就业问题为目的，启动资金少，规模小，但运营灵活。由于没有创新性，企业可能发展后期潜力不足。

(2) 科技型创业。

依赖创新性技术和创意的支撑，意在将技术和创意转化为生产力的创业称为科技型创业。科技型创业前期资金投入要求高，风险大，但后期发展前景好，收益也会增加。

## 7.4 创业融资渠道及其探索

创业融资有两类：负债融资和股权融资。负债融资是指企业通过向个人或机构投资者出售债券、票据筹集运营资金或资本。个人或机构投资者借出资金，成为公司的债权人。负债融资具有利率高、额度小、时间短的特点，具体包括银行贷款、民间贷款、租赁融资、企业债券等。股权融资是指企业为获取其他企业的权益或净资产所进行的投资，即创业企业获利时，其融资企业会从中获益。股权融资具有风险高、利润大、还款期限不固定的特点，具体包括风险投资、天使投资等。下文简单介绍10种常见的创业融资渠道。

### 7.4.1 政府基金

基于我国人口众多、就业形势严峻的国情，近年来，政府不断采取各种方式鼓励大学生创业。为此，各级政府设立了一些政府基金用于支持大学生创业，如创业基金。一般创业基金分为创业贷款、财政贴息和财政低息。创业基金是吸收政府投资最理想的方式，也是大学生创业最值得采取的融资方式。政府基金的优势是投资方的信用可靠、利息低、融资成本低，缺陷是年资助项目有限、竞争激烈。

### 7.4.2 自筹资金

自筹资金包括两种：自身存款和亲情融资。自身存款无债务负担，但资金有限。亲情融资即通过亲友筹集创业资金，是个人筹集创业启动资金最常见的渠道，属于负债融资的一种，一般不需要承担利息。亲情融资的优势是融资速度快、成本低，缺陷是若创业失败会存在资金损失的风险。亲情融资时，亲友应在投资前知晓创业项目的风险和可行性，创业者须主动写下书面借据或书面借款协议，及时沟通。一般来说，亲情融资不能作为长期的融资方式。

### 7.4.3 天使投资

随着我国政府对民间投资的鼓励与引导，以及国民经济市场化程度的提高，民间资本获得了很大的发展空间。天使投资是自由投资者或者非正式风险投资机构对处于构思状态的原创项目或小型初创企业进行的一次性的前期投资。天使投资出现在各个行业中，是一种非组织化的创业投资形式，其资金来源大多是民间资本。投资者一方面看重创业企业和创业项目的发展潜力，另一方面也看重对社会的贡献。天使投资门槛往往较低，有时仅凭一个创业构思，只要有发展潜力，就能获得资金。

天使资金的优点是投资程序简单，缺点是民间投资者与创业者的关系具有不确定性。创业者应提前对民间资本进行调研，把以后合作可能遇到的问题与民间投资者开诚布公地谈一谈，必要的时候通过书面形式表述出来。

退出是天使投资资金流通的关键所在，只有完成了有效的退出，才能将初创企业成长所带来的账面增值转换为天使投资人的实际收益。天使投资主要的退出方式包括向后轮投资方进行股权转让、并购退出、管理层回购、IPO（首次公开募股）、破产清算等。

★阅读材料

**天使投资成就企业辉煌**

2014年，徐小平投资的国内首家B2C化妆品垂直电商平台聚美优品、戈壁创投蒋涛投资的在线旅游企业途牛、联想之星王明耀投资的乐逗游戏纷纷登陆美国资本市场，为其天使投资人带来超高回报的背后，也为天使投资行业带来了极大的正能量。

（资料来源：《2014年中国天使投资年度报告》）

### 7.4.4　合伙融资

合伙融资是指合伙人按照共同投资、共同经营、共担风险、共享利润的原则，直接吸收单位或者个人投资合作创业的一种融资途径和方法。合伙融资的优势包括充分发挥人才作用，对各种资源进行整合和利用，尽快形成生产能力，降低创业风险；不足是可能因为权利与义务的不对等而使合伙人之间产生矛盾，合伙人应首先明确投资份额，确立章程，加强信息沟通，减少误解和分歧。

### 7.4.5　银行贷款

由于银行财力雄厚，银行贷款往往是创业者想到的第一种融资方式。银行贷款的好处在于对方的信用可靠，但手续复杂，往往需要经过工商管理部门、税务部门、中介机构等道道门槛。银行贷款一般分为四种：一是抵押贷款，指借款人向银行提供一定的财产作为信贷抵押的贷款方式；二是信用贷款，指银行仅凭对借款人资信的信任而发放贷款的贷款方式，借款人无须向银行提供抵押物；三是担保贷款，指以担保人的信用为担保而发放贷款的贷款方式；四是贴现贷款，指借款人在急需资金时，以未到期的票据向银行申请贴现而融通资金的贷款方式。在这四种贷款方式中，担保贷款是一匹“黑马”。随着国家政策的大力扶持及担保贷款数量的增加，面向中小企业的担保贷款成为创业者另一条有效的融资之路。

★阅读材料

**担保贷款助力超市开张**

周先生大学毕业回到老家上海后，一直没找到称心的工作，看到自己居住的小区内有一家小型超市生意非常红火，他想，不如自己开个超市。但是一打听，办个小超市投资起码得六七万元，只好作罢。后来，上海浦东发展银行与联华便利店合作，推出了面向创业者的“投资七万元，做个小老板”的特许免担保贷款业务。由于联华便利作为合作方为创业者提供了集体担保，创业者自己不必再提供担保，上海浦东发展银行可向每位通过资格审查的申请者提供七万元的创业贷款。周先生获悉后立即递交了申请，两个月后，他顺利地从上海浦东发展银行领到了贷款，如愿开起了自己的小超市。

### 7.4.6 风险融资

通过获取风险投资的方式进行融资叫风险融资。风险投资家会仔细挑选具有巨大潜力的中小企业，并随着企业的成长分批分期地注入资金，增加创业企业的价值，并从中盈利。风险投资是一种持续的流动性差的权益资本而非借贷资本，风险投资家投入权益资本并非想控制企业，而是为了盈利。风险资本偏向于创新创业活动最活跃的地区，偏向于高增长性、高附加值、高回报预期的新兴领域和行业的创业活动，偏向于综合素质好、有企业家潜质的创业者和团队。

风险资本投资规模大，一次风险投资的金额少则 50 万元，最高甚至上亿元。因为风险投资规模大，所以其筛选审查过程也极其严格。在所有申请项目中，有 90% 因不符合风险投资公司的标准、喜好而不被考虑，符合标准的 10% 中又只有 0.5% 的项目可以通过审查和全面复审，最终获得风险投资。

为获得风险融资，创业者必须放弃一部分企业的所有权，大多数风险投资者通过购买小企业的普通股或可转换优先股获得部分所有权，购买份额可大可小，创业者会在获取资金与放弃部分或全部企业控制权之间做出选择。除此之外，风险投资者会加入投资企业董事会，甚至任命新的经理或团队来保护自己的投资。所以，在达成融资协议前，创业者应与风险投资者在控制权多少和承担多少日常经营管理上达成一致意见。

风险投资者的兴趣大多在一些处于上升期、发展稳定的大企业，能够吸引风险投资的中小企业只占 9%，且多是高科技公司。大多数风险投资公司并非一次性投资，而是选择风险相对小的多次持续投资方式。

风险投资的方式主要包括提供相互接触、获得信息、接近机构和人员的机会，吸引专业人士和管理者及其他融资出资者。获得丰厚利润后，风险投资将会从风险企业中退出。比起前面所提及的种种投资渠道，选择风险融资的创业者更需要看到风险投资中的高回报和高风险，要预测风险、驾驭风险、规避风险，不断提高团队的管理水平。

我国风险投资机构有四种类型：政府建立的风险投资公司、有限责任公司、中外合资的风险投资公司、政府设立的科技创新基金。我国风险投资处在初级阶段，大部分风险投资机构由政府组建或政府控股，投资十分谨慎。风险投资的投入领域较窄，服务对象是已经具有一定规模、产生了一定效益的企业。

### 7.4.7 网络借贷平台

网络借贷指的是借贷过程中，资料与资金、合同、手续等全部通过网络实现，是随着互联网的发展和民间借贷的兴起而发展起来的一种新的金融模式。

互联网时代的大学生网贷，为家境贫寒的学生、创业资金缺乏的学生提供了方便，为他们实现梦想奠定了基础。校园网贷存在之初为大学生的生活、学习、创业发挥了积极作用，但随着其规模发展和扩大，越来越多的网络借贷平台如雨后春笋般涌现，其中不乏为了追求利益而放低借贷条件的网络借贷平台，给大学生校园网贷带来风险与信息安全问题，必须采取有效措施，防范风险。

(1) 法律风险。

由于校园网贷平台众多，行业竞争激烈，网络借贷平台的总体信用风险大大超过传统银行平台。现有法律体系中，对大学生校园网贷的借贷规则、签约、金额等没有进行详细规定。与此同时，大学生没有稳定收入来源，还贷能力低，可能产生重复借款。并且，在实际网贷操作中不要求提供担保，易受到欺瞒、诈骗，违约风险自然加大，最终引发恶劣社会现象。因此，大学生要提高金融防范意识，面对各种诱骗能辨别真伪，防止网贷恶果的产生，让自身合法权益得到保障。

(2) 地位与信息不对称风险。

随着互联网金融的迅速发展，P2P 网贷在高校迅速发展。网络借贷平台通过“在线办理、零门槛、无担保、无抵押、零利息、低利率”等虚假宣传，要求提供大量个人信息，一旦不能还贷就进行骚扰、暴力、恐吓等，甚至有不少学生被迫进行“裸贷”，严重危害了大学生的人身、财产安全和校园秩序，给学生、家庭、学校带来极大的经济压力、心理压力和社会压力，可能造成悲剧。在网络借贷过程中，大学生属于弱势群体，无法核实事件的真实性，产生了严重的信息不对称现象，自身权益可能受到严重损害。

### 7.4.8 典当融资

典当融资是以实物为抵押，以实物所有权转移的形式取得临时性贷款的一种融资方式。只要顾客在约定时间内还本并支付一定的综合服务费用，就可赎回典当物。创业者无须提供财务报表和贷款用途等说明，典当行也不审核借款人的信用度，不过问借款用途。典当行或银行评估抵押物现值，乘以折当率为典当金额。与作为主流融资渠道的银行贷款相比，典当融资起着拾遗补阙、调余济需的作用，可在短时间内为融资者争取到更多资金。

### 7.4.9 融资租赁

融资租赁是目前国际上最为普遍、最基本的非银行金融形式。它是指出租人根据承租人（用户）的请求，与第三方（供货商）订立供货合同，根据此合同，出租人出资向供货商购买承租人选定的设备；同时，出租人与承租人订立一项租赁合同，将设备出租给承租人，并向承租人收取一定的租金。融资租赁和传统租赁有一个本质的区别：传统租赁以承租人租赁使用物件的时间计算租金，而融资租赁以承租人占用融资成本的时间计算租金。

### 7.4.10 众筹融资

众筹融资是指由创业者或者创意人把自己的产品原型或创意提交到平台，发起募集资金的活动，感兴趣的人可以捐献指定数目的资金，然后在项目完成后得到一定的回馈，如由这个项目制造出来的产品的融资方式。有了这种平台的帮助，任何有想法的人都可以启动一个新产品的设计生产。

★阅读材料

**众筹 3W 咖啡**

互联网分析师许单单从分析师转型为知名创投平台3W 咖啡的创始人。3W 咖啡采用的就是众筹模式，向社会公众进行资金募集，每个人10股，每股6 000元，相当于一个人6万元。3W 的众筹在微博上引起了广泛关注，很快汇集了一大帮知名投资人、创业者、企业高级管理人员，使中国众筹式创业在2012年流行起来，几乎每个城市都出现了众筹式的3W 咖啡。

（资料来源：虎嗅网，《中国创业界众筹融资的三个案例》，2013 年8 月30 日。）

## 7.5 创业融资风险及其管理

### 7.5.1 创业融资风险

创业融资风险指企业因创业融资而带来的种种不可预测的风险。大学生在创业初期往往一腔热血，热情满满，但是对融资风险的认识和评估不够。创业融资风险的主要类型如表7.1 所示。

**表 7.1 创业融资风险的主要类型**

| 创业融资风险 | 含义 |
| --- | --- |
| 创业项目信用风险 | 融资方未能履行相关的责任和协议而产生的风险 |
| 创业完工风险 | 创业项目未能及时完工、完工时间延期、完工之后未达到预期的标准等风险 |
| 创业市场风险 | 市场价格波动，因在一定的成本水平上不能确保维持原计划中产品的产量、质量、市场需求带来的风险，主要是价格风险、竞争风险、需求风险 |
| 创业生产风险 | 创业项目在试生产阶段、生产经营阶段，由于资源的储量、原材料供应、生产经营状况、劳动力状况、技术等因素引发的一系列风险 |
| 创业环境保护风险 | 为了满足环保相关法律法规的要求而增加新资产的投入，甚至是迫使项目停产等风险 |
| 创业金融风险 | 项目融资中的汇率风险和利率风险等 |

1. 负债融资和股权融资可能引起的创业融资风险

负债融资引起的风险是指创业企业可能丧失偿债付息能力的财务风险；股权融资引起的风险是指创业企业由于融入权益资本造成股东失去控制权、利益受到损失的风险。一般负债融资的风险比股权融资的风险大。

企业在融资过程中，会受到融资结构、利率等方面政策变动的影响。一般来说，企业的负债规模越大，利息支出越多，收益会降低，最终导致企业失去偿付能力，甚至有破产的可能。企业的财务风险与负债的规模成正比。在相同的负债规模下，负债率越高，创业企业的利息支出越多，企业面临破产的危机也就越大。负债的期限结构，即创业企业长、短期借款的相对比例，也会给创业融资带来风险。如果需要进行长期的资金筹集却采用短期的借款，就会增加筹资风险。

经营策略或融资环境的变化，会使股东的收益发生变化，从而为股权融资带来风险。经营风险主要是企业税前利润的不确定，它存在于企业生产经营的过程中。虽然经营风险与筹资风险不同，但是却影响融资风险。企业预期资金流入量的大小和资金流动性的高低，决定了企业是否能够按期偿还本息。如果做出投资决策而未及时实现预期的资金流入量，企业就会出现财务危机。企业负债经营会受到金融市场的影响，而金融市场的波动会直接产生融资的风险。

2. 创业团队人员自身可能引起的创业融资风险

大学生自身创业能力的缺乏是限制大学生创业融资的主要原因。创业者急于得到用于企业自身或周转的资金，往往会低价售卖股权和兜售技术创意，这样会对企业信誉产生负面影响，难以树立品牌，加大创业融资风险。因而，大学生在选择融资对象上缺乏风险意识和理智判断。

种子期的创业团队里大部分是技术人员，缺乏专业的财务管理人员。企业的财务工作集中在日常的记账、算账等方面，而没有人手来研究资源配置、缓解债务负担、加速资金周转、优化资本结构、提高资金使用效益等问题，也可能会导致企业的资金分配不合理、资本结构混乱、资金周转停滞等。

3. 创业企业内部治理不当所引起的创业融资风险

创业企业内部治理不当所引起的融资风险在企业初期十分明显。企业创立之初，往往会忽视财务内控制度的建设。比如，创业企业缺少资金流动手续的章程，从而使企业中的资金进出业务无章可循，员工办事效率低下，分工不明确；预计资金的收支程序不能按照一定的章法实施，预计资金回收情况与业务的进展情况无法同步；资金不依照项目进程拨付，造成资金超支、浪费等；资金回收意识淡薄，账目上存在多笔滞账，不良资产成为公司发展的隐患。

★阅读材料

**博客网的融资风险**

2002年，方兴东创建博客网的前身（博客中国），之后3年内网站始终保持每月超过30%的增长，全球排名一度飙升到60多位，并于2004年获得了盛大创始人陈天桥和软银赛富合伙人羊东50万美元的天使投资。2005年9月，方兴东又从著名风险投资公司Granite Global Venture、Mobius Venture Capital、软银赛富和Bessemer Venture Partner那里融资1 000万美元，并引发了中国Web 2.0的投资热潮。

随后，“博客中国”更名为“博客网”，并宣称要做博客式门户，号称“全球最大中文博客网站”。于是，在短短半年的时间内，博客网的员工就从40多人扩张至400多人。据称，60% ~70%的资金都用在人员工资上；同时还在视频、游戏、购物、社交等众多项目上大量投入，千万美元很快就被挥霍殆尽。博客网至此拉开了持续3年的人事剧烈动荡，高层几乎整体流失，而方兴东本人的CEO职务也被一个决策小组取代。到2006年年底，博客网的员工已经缩减恢复到融资当初的40多人。

早在博客网融资后不久，新浪就高调推出其博客公测版。到2006年年末，以新浪为代表的门户网站的博客力量已完全超越了博客网等新兴垂直网站。随后，博客几乎成了一个门户网站标准的配置，门户网站轻而易举地复制了方兴东们辛辛苦苦摸索和开辟出来的道路。再后来，Facebook、校内等社交网站开始大出风头，对博客形成了不可低估的冲击。

（资料来源：搜狐网，《中国风险投资七大失败案例》，2019年6月9日。）

4. 创业企业信用建设缺失所引起的创业融资风险

企业创立初期融资风险大的其中一个原因就是不注重信用建设，如会计信息不透明，做假账、空账，偷税漏税，甚至逃避债权人债务，侵害投资者权益。企业在政府所构建的创业信用保障机制中的评级评分低，导致银行等金融机构提高对创业企业贷款的条件，使其融资难度加大，导致种子期、创立期的企业获得权益性投资的难度增大，产生权益融资风险，在成长期会失信于债权人，使企业从一开始就很难正常运转。

★阅读材料

**ITAT的融资风险**

2004年9月，ITAT的第一家会员店在深圳开业，之后以“零货款、零租金、零库存”的模式组成合作“铁三角”——手握一系列服装品牌的ITAT、生产过剩又付不起商场“进场费”的中小型服装代工厂、拥有大量闲置物业的地产商，3年多的时间，“爆炸式”地在全国300余个城市开了近800家店。从2007年年初到2008年5月，ITAT门店从240多家扩张到780多家。ITAT号称“开店速度世界第一”，是“中国服装百货最大连锁机构”。

与其独特模式和发展速度相对应的，是投资人的疯狂追捧。

曾任IDGVC深圳首席代表的刘中青对ITAT非常推崇，甚至以天使投资人的身份进入ITAT。2006年11月，由艺龙网创始人——唐越设立的蓝山中国资本向ITAT投资5 000万美元，首期2 500万美元。蓝山资本和ITAT一时成为私募股权投资市场中的明星。随后，更多的投资方抛来绣球。2007年3月，ITAT完成第二轮融资，除蓝山中国资本外，投资方还有摩根士丹利和城堡投资集团有限公司（Citadel Investment Group Ltd.），三方分别出资3 000万美元、3 000万美元和1 000万美元。后来，美林（亚太）有限公司也进入ITAT。ITAT成立仅四年，估值就达千亿元以上。

与投资人追捧不同，顾客并不买ITAT的账。ITAT的众多由拼音构成的所谓“国外品牌”很难让顾客认同，服装供货商积压的库存质量顾客根本看不上，而偏远地段的闲置物业更是鲜有人光顾。

另外一个不买ITAT账的是香港交易所。ITAT由四家全球最知名的投行——高盛、美林、德意志银行和摩根士丹利担任香港上市的承销商，但2008年3月，ITAT在香港交易所的上市聆讯并未通过，交易所对ITAT的担忧在于其业务模式的可持续性。随后，香港交易所收到一封关于ITAT的匿名信，举报其存在虚增销售数据等不当会计行为。高盛、美林随后宣布终止与ITAT的合作，由此引发了ITAT大规模的地震：裁员、关店、拖欠工资、拖欠货款等一系列问题被挖出。2009年8月，山东如意科技集团也放弃与ITAT的并购洽谈。

（资料来源：期权论坛，《中国风险投资十大失败案例》，2019年5月3日。）

5. 创业环境引起的创业融资风险

创业环境的改变也会影响创业融资，成为创业融资的潜在风险。当政府运用宏观调控手段，例如财政政策、货币政策、产业政策等来进行宏观调控时，一些政策会对部分企业的经营活动形成限制，对自身实力薄弱、销售产品单一的种子期企业影响巨大，有些甚至是毁灭性的，可能会导致融资链条中断。由此可见，宏观政策的变动无疑会加大创业企业融资的系统风险。

### 7.5.2　创业融资风险管理与规避

比起外因，内因是事物发展的决定性因素。大学生在创业时应提前根据资金的需求进行合理的测算，规划和把握融资的节奏，节约资金，在提高企业市场竞争力的同时，提高融资能力，降低融资成本和风险。

创业团队的素质和团队核心成员的领导力是创业企业融资成功的关键。创业初期，管理人员相对较少，创业者需要有较全面的经营管理知识。创业者自身能力固然十分重要，但创业更需要整个团队的努力。种子期企业的创业者要用人格魅力来凝聚团队的力量，同心齐力，抵御创业融资风险。另外，中小股东、债权人等融资资金提供者十分看重创业者的道德感和责任心，守信用的创业团队会吸引更多的创业融资。

很多创业企业内部的风险，都来自其财务管理制度的不足或缺失。因此，创业者应积极完善企业内部治理结构，健全企业管理制度，包括完善股权治理结构，保证企业第一与第二大股东的绝对控股地位和较小控股比例，通过长期投资形成大量专用资产，维护企业信用；健全企业资金流动管理办法，确保资金流动透明、手续简便、分工明确；健全企业管理制度，保证内控机制的科学性和有效性，确保融资策略合理、高效。

在企业不同成长阶段，根据实际情况选择适合自身的融资方法也可有效规避融资风险。创业初期的企业，资金来源有限、风险承担能力较弱，应考虑利用亲情融资、合伙融资或政府基金来降低风险；成长阶段的企业，需要扩大生产规模，不断创新增收，这就需要大量的外部资金注入，此时不妨选择银行贷款或天使投资；企业壮大后，收益渐入稳步发展的阶段，企业有一定的能力来承担风险，可以选择风险融资等来进一步促进企业的发展。

创业团队应该把创业融资风险防范意识牢记于心，提前招聘有经验的财务人员，以强化融资决策的科学性。同时，也应该主动接受相应服务机构的财务培训，提高自身的创业融资风险防范、规避、处理能力。

另外，创业团队也应充分认识和利用地区政策的融资支持降低风险，熟悉创业地区的融资政策及相应的法律法规，充分利用政策支持，扩大融资渠道，关注新出台的相关政策。如有相关新政策出台，创业团队应对创业融资进行全面分析，及时果断地调整融资策略，保证企业稳健成长。

拥有了好的创业团队、完善的内部结构和健全的规章管理制度，可以创造良好的信用记录，使金融机构对创业企业有更大的信心，使二次融资难度下降。同时，创业团队应强化信用意识，不恶意拖欠债务，积极履行各项合同协议，树立良好的企业形象。

### 7.5.3　创业融资决策

融资决策，其实就是创业者在面对多种融资方式和资金来源时如何选择的问题。不同的投资渠道和资金来源具有不同的特点，创业者选择时需要考虑这些特点，并结合企业自身的发展状况来选择合适的融资方式。在满足基本融资需求的情况下，在选择融资方式时需要考虑的因素主要包括4个方面：融资成本、融资风险、融资机动性、融资方便程度。

1. 融资成本

任何资金的使用和获取都是有成本的，企业在考虑融资方式的时候，首先应该考虑融资成本。融资成本是指企业使用资金的代价，也就是企业向提供资金的机构或他人（也包括自己）所支付的报酬。例如债务融资的成本就是使用债务资金所需支付的利息，一般需要考虑支付周期、支付金额及偿还的便利性。因此，在使用债务融资时，需要在各种融资渠道之间取长补短，将具体的债务融资搭配使用，最大限度地控制资金使用成本。在股权融资中，股权的出让成本是很难估算的。

融资成本关系到实际融得资金的数额、企业经营成本和利润，最终会影响到企业的经济效益。过高的融资成本对创业企业来说是沉重的负担，会抵消创业企业的成长效益。即使初创期的资金很难获得，创业企业仍要选择一种比较低的融资成本组合，在投资收益率和成本之间做出恰当的选择。影响融资成本的因素主要有利率、使用的期限、企业的盈利水平和稳定性、证券发行的价格等。

2. 融资风险

企业在选择融资方式的时候还要考虑融资风险。企业对外融资都会面临风险，特别是借款，当出现收益不足以偿还债务的时候，企业会陷入巨大的危机当中。在其他情况相同的时候，企业负债比率越高，面临的风险也就越大。

3. 融资机动性

融资的机动性也是企业在融资时候应该考虑的因素。融资的机动性是指企业能否及时获得和提前偿还成本。创业者在创业时需要考虑，企业在需要融资的时候是否能够及时获得，不需要的时候能否及时偿还，以及提前偿还资金是否会给企业带来损失。

4. 融资方便程度

企业在考虑融资方式的时候还要考虑融资的方便程度，主要考虑两个方面的内容：一是企业有没有自主权通过某种融资方式获得资金，以及自主权的大小；二是借款人愿不愿意提供资金，以及提供资金的条件是不是苛刻，手续是不是烦琐。

除了上述4种因素之外，融资渠道的选择还需要考虑资金供给方和初创企业自身的特点。在资金供给方上，需要了解、搜集各种潜在资金提供方的基本情况，对其融资的可能性进行分类并排序，排出谁最可能提供资金，筛选出可能提供资金的企业和不可能提供资金的企业。这样，企业才可以有的放矢地进行融资的准备。

## 7.6 创业融资瓶颈及其原因

很多大学生认为，创业融资是创业最大的障碍。的确，创业融资不成功，会使初期的企业步履维艰。这是因为创业融资的过程充满了若干小瓶颈，创业者与团队需要逐一击破，要做好充分的心理准备，不能奢望一蹴而就。

### 7.6.1　不知创业成本规模

认识创业成本、评估融资规模，是创业融资道路上的第一个瓶颈。大学生创业者往往无法准确评估融资的规模，抱着“走一步、看一步”的心态来对待创业融资。这是因为进行具有高准确度的预测会耗费大量的时间，而这些时间原可以用来销售。但是，不知创业成本规模会让企业的创立变得十分被动，加大创业企业运行的风险，而且很少会有投资者投资。其实，评估创业成本并不难，所付出的时间和精力也是物超所值的。创业团队应做到心中有数、掌控自如，更重要的是，要有合理的财务预测，帮助创业团队制订和运行各种计划。

创业成本包括硬成本和软成本。硬成本包括土地要素成本（租用、购买、建筑办公室或厂房）、资产购置成本（机器、工具、工作设施、车辆、办公家具等）、产品成本（原材料、运输、包装、保管）、劳动力要素成本、交通通信成本、宣传费用（广告、门牌、传单）等。软成本是生产经营中因需要公共环境而支付的交易费用，也称间接成本，包括交易成本与运输成本。

注册一家公司，需进行核名、办理工商营业执照、在银行开户等，一般需要的资金较少。创始人还要将办公场所经费考虑在内，不论合租、直租还是联合办公，除场地租金外，都需要缴纳水电费、物业费等。另外，还需考虑购买电脑、办公桌椅、打印机等基本办公用品的经费。如果是服务型的办公场所，还需要进行装修，专业设计师的设计费用、施工队的装修费用也不能忽略。企业还需提前预算亏损或应急准备资金，当营业收入为负数时启动这笔资金，不要因资金链很快出现断裂而影响正常的营业。创业企业不能很快盈利的状况十分普遍，让收入尽快进入良性循环是每一个创业团队需要考虑的问题。

人力成本，即劳动力要素成本无疑是“最硬”的成本之一。《2015年中国企业家发展信心指数调查报告》指出，人力成本已经取代融资成本成为企业最大的压力来源。一般来说，人力成本除了员工到手工资，还包括企业为员工缴纳的“五险一金”和所得税，这使得人力成本大约为员工到手工资的两倍。以北京为例，养老保险总费率为28%，单位缴费20%，个人缴费8%；医疗保险费率为12%，单位缴费10%，个人缴费2%；失业保险费率为1.2%，单位缴费1%，个人缴费0.2%；工伤保险和生育保险由单位缴费，个人不缴，工伤保险平均费率为0.2%～2%，生育保险的平均费率不超过0.8%；住房公积金费率为24%，单位缴费12%，个人缴费12%。而且，“五险一金”比例可能会下调，养老保险或成着力点。创业者也要多多关注“五险一金”政策的变化，除此之外，还要考虑年终奖、加班费等其他方面资金的支出。

每家公司的情况不同，成本构成没有统一的模板。为了更准确地估算创业成本，需要集思广益，列个详细的清单，从有形的商品到无形的服务，根据各类支出项目的必要性来排序，看看哪些费用是必需的，哪些暂时不用列入预算。创业初期，应尽量压缩不必要的成本，在预算过程中，仍应在主要开支的基础上考虑部分预备费用，以弥补项目进展中因不可预见的风险等增加的费用。

### 7.6.2　找不到融资出资方

要获得较大规模的融资，创业者不得不主动吸引天使投资者或者风险投资者进行融资。

而大学生毕业时人脉积累不足，吸引投资难度大而且涉世不深，存在被骗风险。这时，创业者可以通过第三方创业中介平台寻找合适的融资出资方，来打破这种信息的不对称性。通过第三方中介平台融资无疑会更加容易，和通过自己的努力找寻投资者也有一定的相通性。

有人说，“天使投资人，基本是富有的个人和成功创业者，是一个广为分散的群体，喜欢匿名”，要找到他们，最好向其他融资成功的创业企业负责人、股票经纪人、律师、会计师、商业伙伴、大学教师等打探。天使投资人往往不希望控股，喜欢联合投资。所以，联系到的天使投资人对企业不感兴趣也没有关系，一个天使投资人会给创业者介绍相关方面的投资人，可使创业者逐渐接触到更多的天使投资人。这一个过程需要耐心和毅力，需要创业者提前做好准备，如准备好创业融资计划书，摸清行业，保持创业企业项目资料的完整性等。另外，天使投资人尽量在当地寻找，因为大多数天使投资人乐意将钱投资到本地。

## 习　题

1. 名词解释

创业融资　天使投资　风险融资　典当融资　债务性融资　权益性融资

2. 简答题

(1) 大学生创业融资模式有哪些?

(2) 创业融资渠道有哪些?

(3) 创业融资风险有哪些?

(4) 如何规避创业融资风险?

3. 思考题

(1) 分析目前大学生创业融资的现状。

(2) 你所了解的大学生创业融资遇到最大的问题是什么?

# 实践篇

第8章

# 电子商务创业案例之一："原创派"

## 8.1 前　言

"原创派"项目是迎合消费升级的趋势，抓住年轻人关注心理、情感和审美这一消费观的变化，针对文创产品，用软文营销、情怀营销、网红营销等推广手段，将互联网与文创产业结合，探索实践了涵盖市场分析、品牌建设、设计改良、包装设计、营销推广、渠道建设等的文创领域的全商业链条有效支撑的"重"型营销策略。

项目主打基于跨境电商的中国文创产品海外营销推广，产品主要来自文创设计团队和企业的合作，最终主要经营的是ZATA、FREESONG等原创品牌，包括带有中国文化创意的口罩、钱包、眼罩等。团队分别建立国内渠道和海外渠道。在国内渠道方面，主要和文创产品厂商共同建设运营淘宝旗舰店、京东旗舰店等，取得了较好的销售效果。在海外销售方面，团队在速卖通、亚马逊和海外最大的手工艺品销售平台Etsy都开设了商城，虽然销售额不甚理想，但对"文创+跨境电商"进行了比较深入的探索。

## 8.2　项目概述

### 8.2.1　项目背景

"原创派"——原于手绘，创意至上，个性流派。

平台创始灵感来自台湾九岁的新锐插画家迷路，他是个患有多动症（ADD）、注意力涣散主导型的孩子。这类小孩被贴上了标签，常常是老师眼中的问题孩童。但迷路的母亲并没有把多动症视为某种疾病来医治，而是用画画的方式培养孩子的耐心。在迷路的画笔下充满了惊奇与纯真，许多创意的想法让生活无时无刻不弥漫着欢笑。

"原创派"以手绘作为原创产品的主题，聚集了多个原创团队及300多名原创手绘设计者，分享众多原创设计，共同传播原创手绘艺术，把对生活和生命的奇思妙想、热爱、感悟用手绘的形式表达出来，打造与众不同的产品，将故事娓娓道来，让大家在具有故事性的手绘图中找到共鸣，获得快节奏生活中的“精神调味”。

随着原创手绘产品日益受到市场的青睐，近几年我国原创产品行业产值日益增长，2015年就已增长到5 560亿元。在产值逐年增长的同时，消费端和原创产品商家端的一些典型问题也逐渐暴露出来，例如，原创团队苦于渠道建设，无法大规模推广品牌，产品分布太分散，消费者的选择性低且品质难以保证等。

### 8.2.2 项目简介

针对以上问题，本项目以“互联网+文创”为核心模式，力图打造一个具有影响力的原创品牌营销平台，为原创产品的设计改良、产品生产、品牌建设、营销推广、销售渠道建设等全链条提供支持服务。

在产品设计环节，团队活跃于各大原创社区，同原创爱好者和原创团队进行广泛合作，引入大量优质的原创产品。在产品生产环节，团队与服饰生产加工等企业合作，对根据市场数据分析改良后的原创作品进行量产。在品牌建设环节，团队充分发挥高校智力资源，通过品牌VI（视觉识别系统）设计、包装设计等成功建立或完善了ZATA、FREESONG等原创品牌。在营销推广环节，团队广泛运用社群营销、网红营销、活动营销等扩大品牌知名度。在销售渠道方面，团队分别建立了国内渠道和海外渠道。在国内渠道方面，2017年建立运营了ZATA淘宝旗舰店、FREESONG原创淘宝店、京东ZATA体系旗舰店等。通过有效的社群引流，已实现淘宝旗舰店的五蓝冠、4.2万粉丝量、月下单量3 000多、月下单金额150 000元以上的成果，上万的粉丝和用户是项目的核心竞争力所在。在海外渠道方面，2018年在速卖通平台、亚马逊平台，以及海外最大的手工艺品销售平台Etsy开展试运营。

未来，我们将一方面加大与各大高校原创团队的合作，扩充原创产品品类，不断挖掘打造优质的原创产品品牌；另一方面，充分挖掘已有的热爱原创的精准用户的价值，广泛开展社群营销、口碑营销及多平台交叉引流，不断提升各原创品牌知名度，增加各平台活跃用户量。

### 8.2.3 项目创新点

“互联网+”不再仅仅是互联网思维的概念，文化创意产业面临着从技术基础形态到文化内容产业、数字传播、体验营销的新阶段。“原创派”平台将互联网思维落实到实践领域，使“互联网+”由观念创新、理论创新进入实践创新，成为一种经济行动的纲领与文创行动的动力，并展示了未来发展的方向和路径。“原创派”平台将原创产品品牌的创新、创意与创业作为项目发展战略的一个引擎，项目创新点可归结为以下三点。

#### 1. 创新原创产品生态链模式

由于用户自创产品的兴起，原来由生产商、制作人、创意企业主导的文化产业、创意制作甚至是技术创新的发展正在悄然发生变化，消费者不再是产品和服务的被动接受者，而是创意生产的主导力量。为此，团队构建了产品生态链以适应文化创意市场的未来发展，我们概括为四个角色端——创意端、生产端、渠道端、销售端。

通过集聚对原创产品有浓烈兴趣的目标群体，在社群中鼓励原创爱好者贡献极具创意的想法，并借此挖掘潜在顾客，同时汇聚众多原创设计师及原创团队，邀请其加盟"原创派"平台，共同分享设计理念，并公开征集设计稿。然而再好的想法与创意最终都必须落地市场，因此团队依据调研结果与数据分析，协助改良设计，将最终的设计图送至协议工厂加工成品，并进行品牌建设，产品出厂后，利用构建的营销体系及销售渠道完成产品落地市场的最后一环。

原创产品生态链为文创产品提供了更加广阔的发展空间，创意端不用再苦恼于自己的创意难以实现，可以让自己的理念跟着产品走出去，生产端也可以跟上时代，生产有竞争力的产品，渠道端的进货成本降低了，效益也提高了，消费端也可以购买到物美价廉、称心如意的文创产品，这正是当下大多文创团队亟须解决的问题。

从创意端到消费端，整条生态链环环相扣，实现了从社会化、人性化、情感、符号等因素入手的设计、营销、消费和体验，最终实现创意价值。

2. 社群运营，精准引流

社群因共同的兴趣爱好或者共同的审美偏好而聚集起来，其低门槛加入特性，非常适合用于本项目初步启动阶段获取用户。

平台着力于品牌营销，突出原创质优的核心产品理念，倾力打造 FREESONG、ZATA 等原创品牌，并吸引更多的文创团队入驻，一同为消费者提供优质、时尚的原创产品。

3. 多渠道销售

互联网出现后，多渠道购物开始盛行。为迎合互联网时代的市场特点，项目采用多渠道零售方式，主要通过入驻高流量的第三方电商平台进行销售。同时，品牌官方网站也划分出品牌故事、产品展示、产品定制等板块。通过品牌官网、营销平台、微信社群等多渠道全网覆盖的方式，与原创爱好者无缝对接，实现商品、促销、资讯同步管理，从而建立全网集控体系。

### 8.2.4 发展规划

1. 项目规划

项目前期以学校为试卖点，收集反馈意见，然后正式运营，走向大众市场。项目主要进行原创品牌设计及原创手绘产品运营，面向的群体主要为年轻人及学生。截至2019年，已联系到300多名创客及设计系在校大学生，后续将扩大原创作者团队，创作更加具有时尚特色的产品，吸引消费者。在未来五年内，项目将不遗余力提高品牌知名度，扩充产品品类。

2. 五年发展规划

"原创派"五年发展规划如表8.1所示。

表 8.1 “原创派”五年发展规划

| 经营阶段 | 时长 | 重点任务 | 经营目标 |
|---|---|---|---|
| 项目培育期 | 1 年 | 依托本校校园市场进行试运营，并启动淘宝店铺运营 | 与创客一起进行产品改进，淘宝销售额突破 20 万元 |
| 项目预热期 | 1 年 | 加强淘宝店运营，启动京东店铺营销，联系邀请更多创客 | 淘宝店铺销售额突破 50 万元，京东店铺销售额突破 20 万元，专业创客数量突破 500 人 |
| 项目发展期 | 1 年 | 运营淘宝店铺、京东店铺，并启动速卖通和亚马逊店铺，创建专属创客团队，补充业余创客 | 淘宝店铺销售额突破 70 万元，京东店铺销售额突破 50 万元，速卖通、亚马逊销售额突破 20 万元，建立专属创客团队 |
|  | 1 年 | 进行实体店运营 | 保持网上店铺运营情况，实现实体店运营 |
|  | 1 年 | 进行全国推广 | 保持网上店铺运营情况，将实体店品牌推广至全国 |

# 8.3 市场分析

## 8.3.1 市场现状

1. 个性化消费时代

在物质日益丰富的时代背景下，消费者已经从传统的需求式消费转向个性化消费。尤其是“80 后”“90 后”，更是如此。他们愿意花几十分钟听一个时尚品牌的创作故事，然后为故事和设计理念买单；愿意花一个月的时间等待一件品质与工艺俱佳的定制衬衫，然后为匠心买单。网络上将个性化消费群体大致分为“90 后”潮流人群、亲子消费人群及老年旅游人群等。本项目针对的是“90 后”群体，他们热爱原创，追求生活品质。在“90 后”逐渐成为消费主力的过程中，催生了“消费升级”的概念。

2. 原创产品市场分析

近年来，小众原创品牌方兴未艾。这些品牌正好赶上了互联网飞速发展的时代，顺应了时代的发展，借助互联网将自己的原创风格理念推向市场。原创产品与传统产品间的竞争日益激烈，消费者对原创产品的风格、品类、质量等方面的需求也各有不同。为此，团队通过调查问卷的方式统计分析了消费者的消费倾向。

此次线上问卷调查有效样本数为 503，其中男性占 39.96%，女性占 60.04%，年龄集中分布在 19~30 岁。我们利用交叉分析法研究不同性别在原创产品风格、品类等方面存在的需求差异，以便更有针对性地找到目标群体的特性。

问卷调查结果显示，大部分年轻人接触过原创产品并且类别多样，男性购买过的原创产品主要是服装，其他品类的占比无太大差异，说明男性并没有特意关注某种品类的原创产品。而女性在小饰品品类的百分比高于排名第二的服装品类 12 个百分点，说明原创小饰品在女性市场中具有很大发展空间。

在偏好风格中，调查结果与预测结果相似，不论男性还是女性，都偏爱有个性的原创产品，而女性喜欢的风格更多样化，这也正是我们所强调的在消费升级时代，产品摒弃同质化追求个性化的必要性的证明。

随着电商经营模式的发展及移动互联网工具的灵活应用，B2C、C2C、O2O 等多模式上线，其具备传播速度快、范围广的特点，能够迅速催生一个概念。软文营销、情怀营销等多种方法成为目前不错的市场营销推广手段，给了原创产品拓展市场份额强而有力的可能性。

团队经实际考察与调研发现，目前原创市场潜力巨大，但原创产品、原创团队与消费者依旧存在以下问题。

（1）消费者遇到的问题。

1）原创产品分散，实体原创商城稀少。

相比于许多传统产品，原创产品销售方较少。在许多网上购物商城中，原创产品十分分散，种类不全面，而实体原创商场更是十分稀少，原创爱好者难以通过简便的方式购买到多品类的原创产品。

2）原创设计样式少，品质难保障。

网购商品品质参差不齐，单凭商品图片无法辨识其品质，更多的原创产品没有商标保证。由于设计需耗用较多时间，大多数商家的商品设计图案款式较单一，选择性低，很难吸引消费者。

（2）原创团队存在的问题。

1）品牌规模小，生产成本高。

品牌规模小、知名度低，生产批量小且需求难预测，必然导致较高的产品成本。因此，由团队选择加工价格较低的工厂进行生产，容易造成产品质量不达标的问题，对品牌形象的建立产生负面影响。

2）价格标准缺失。

原创产品价格由团队自定，很难形成统一的标准，容易存在消费陷阱。目前的确存在着标榜"原创""手工"而故意把价格抬高的品牌，导致消费者不信任原创品牌。

3）营销经验不足，销售渠道少。

目前，大多数原创团队难以生存并非因为没有好产品，而是因为没有好渠道。原创团队注重原创产品的外观设计，在营销推广方面经验不足，也没有及时根据市场动态进行调整。在"渠道为王"的市场中，没有渠道就无法将好产品推向市场，也就无法找到愿意为其买单的人。

### 8.3.2　目标市场

项目目标是建立一个原创品牌营销平台，将原创设计品牌打造成质感凸显及产品差异化的小众化时尚品牌，塑造优质原创、个性手绘的品牌形象。由调研数据看出，年轻群体消费力量正在崛起，他们越来越注重个性化消费，注重品牌的内在情感和价值，并在形成品牌认知后对品牌的忠诚度极高。另外，他们的消费能力强，有超前消费的习惯。这些特质让我们把目标市场定位于年轻群体，尤其是喜爱原创产品的一类人，他们是原创产品消费市场的主力军。

近年来，随着大众收入水平的提高，越来越多的消费者愿意花钱买优质的、彰显个性的产品以提高生活品质，价格不再是影响年轻一代消费者消费的唯一决定因素，更多的是心理、情感和审美诉求。原创产品市场正在形成且逐渐壮大，具有品牌个性的产品更受欢迎，优质产品的市场潜力正在释放。如今，不少电商平台专门建立原创产品导引板块，通过对产品进行流量引进，形成了一种“创意值得传播”的理念。正是基于这方面的市场潜力和项目产品本身的特点，我们才致力于打造小众化的垂直类平台。

### 8.3.3 市场前景

目前，电商领域大众化产品市场竞争越来越激烈，本项目产品策略突出“小众”原则，即基于前期目标主体对原创类产品各方面要求的调研，结合品牌的自身特色，着重面向小众化长尾市场，强调产品的创新和特色设计，专注于满足特定主体的产品需求。

平台主要针对“80后”“90后”人群，他们的成长时代有经济社会的快速发展，有文化娱乐的繁荣，有通信网络的“爆炸”，有思想观念的跳跃。时代决定了这个群体的普世价值。他们的消费已经不仅仅限于使用功能的需求，在产品使用功能日趋完善与同质化的今天，他们更倾向于自己的个性化选择，购买的是外形差异、色彩差异、诉求差异或其他独特的理由，不再像以前那样以产品的使用功能为主、以个人的喜好为辅，再加上品牌的导向性而促成消费。“80后”“90后”正逐渐走上社会各行各业的重要舞台，作为改革开放后出生的新一代，他们思想开放、个性鲜明，将在市场消费大潮中占据越来越重要的位置。

### 8.3.4 竞争分析

现在国内有部分原创品牌已经拥有一定的知名度及忠实顾客，要帮助原创新品牌抢占市场份额，首先要找到其竞争优势，甚至为其制造竞争优势。以手机壳原创品牌“慢客生活家”为例，品牌的淘宝店粉丝数已超过50万人，老顾客互动群的活跃度也非常高。

## 8.4 商业模式

### 8.4.1 商务模式

项目采用B2C电子商务模式，如图8.1所示，力图在产品同质化严重的市场背景下，为具有独特风格的小众化原创品牌探索出一条切实有效的整合营销道路，将其优质的原创设计产品销往国内外市场。

目前，平台已经与原创企业嘉兴某商贸有限公司达成合作，为其搭建销售网络。首先从下游为品牌进行推广营销，建立销售渠道。在国内市场，主要依托亚太最大的网络零售商圈——淘宝，以及中国最大的网上购物商城——京东商城。当品牌在国内市场的知名度得到提升后，考虑进军海外市场，进行新一轮营销策略的制定。首先申请入驻速卖通、亚马逊等大型跨境电商平台，以及联合海外留学生进行社群营销，针对不同国家的政策及市场情况选择适宜的商业模式，进一步提高品牌的知名度。

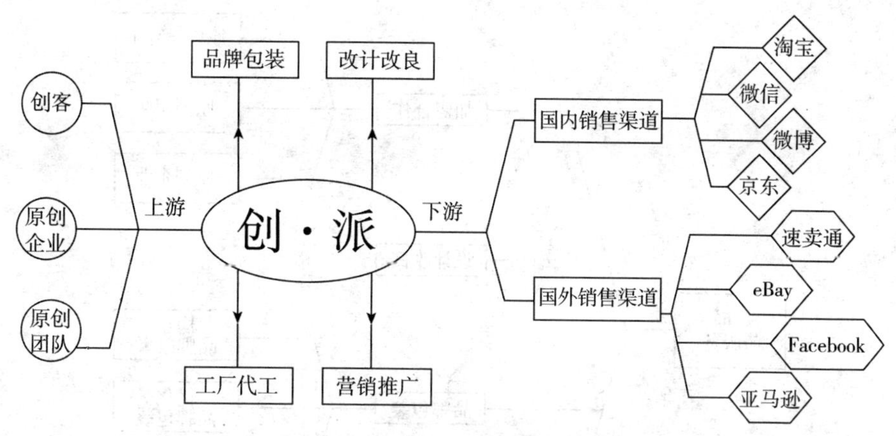


**图 8.1 "原创派"商务模式**

### 8.4.2 盈利模式

项目基于高流量的第三方平台，如电商平台淘宝、京东、速卖通、亚马逊、eBay，社交平台微信、Facebook 等进行产品的宣传及销售，通过产品直接交易获取利润提成。主要盈利来源如下。

1. 销售利润

销售利润是项目的主要利润来源。与原创设计师合作，购买设计版权投入生产，产品的所有销售利润归本项目所有。通过品牌推广、营销策略等提高店铺的销售量，增加销售额。

2. 交易提成

原创企业提供产品，平台负责销售，从中获取利润分成。

3. 基础服务费

与原创品牌企业合作，并为其提供销售模式服务，向每个品牌收取一定数额的基础服务费。

4. 代理费用

支持海外留学生成为品牌代理，交付一定代理费后，他们有权获得约定比例的利润分成。

5. 品牌推广费

待团队发展到一定阶段，具备了比较高的品牌认可度，并有相当量的原创品牌入驻后，平台会吸引其他具有优质原创产品但知名度不高的企业，届时，我们会收取一定的品牌推广费。

## 8.5 产品与服务

项目的产品与服务结构如图 8.2 所示。

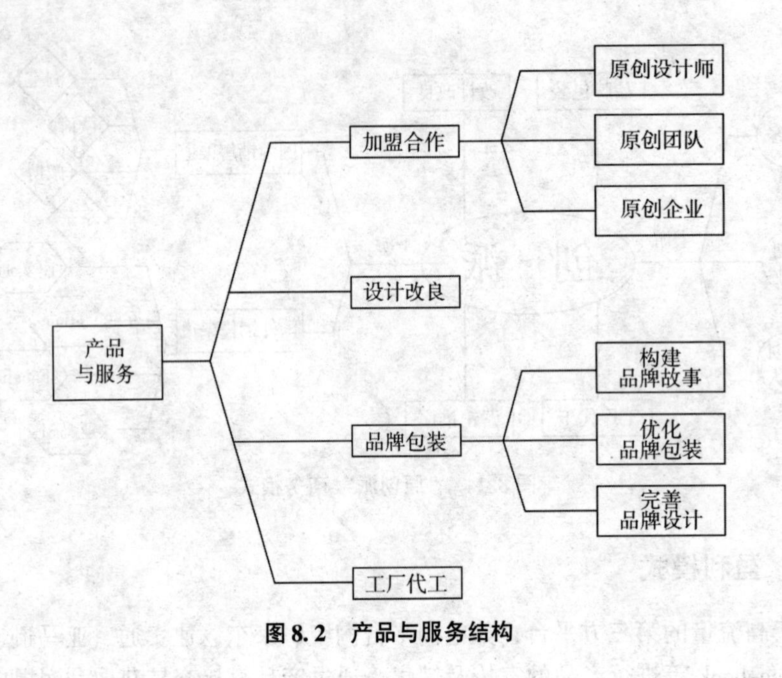


**图 8.2 产品与服务结构**

## 8.5.1 加盟合作

1. 原创设计师、创客

平台的建立旨在吸引优秀原创设计师、企业及创客团队加盟合作，共同引领原创的新潮流。团队成员会收集设计者的原创作品，采纳或者改进新鲜且富有创意的想法，为后续产品的设计加工提供稳定的创意来源。与此同时，创意被采纳的设计者会获得相应的报酬。

2. 原创企业

在保证创意来源稳定的基础上，项目将会与设计、生产、经营原创服饰产品的企业进行合作。一方面可以将优秀的创意落实到产品上，保证产品质量，为后续的销售打下坚实的基础；另一方面，我们也会为项目注入新鲜的血液，在增加产品需求量的同时，创业团队与企业的盈利也会相应提高，达到互利共赢的效果。

## 8.5.2 品牌建设

当下，原创团队面临的问题大多是规模小、成本高，并且缺乏品牌建设的经验，甚至找不准自身定位，导致团队难以生存。

本项目根据各加盟团队的品牌风格等特质进行市场调查分析，确定品牌定位，为品牌构思品牌故事以加深大众对品牌的印象。与此同时，还会帮助原创团队优化包装设计，协助产品的设计改良。

1. 构建品牌故事

一个品牌，首先要有自己的品牌故事，才能彰显品牌个性。品牌个性是市场的核心竞争力。在感性消费的时代，原创品牌是否有鲜明的品牌个性，是营销成败的关键，也是原创品牌能否立足市场的重要因素。本项目已成功为 FREESONG 品牌及 ZATA 品牌构建了品牌故事，将品牌文化与品牌个性展现给消费者，使消费者对品牌的系列产品有了更深层次的认识和了解，成功树立了品牌形象。

2. 优化品牌包装

俗话说，"人靠衣装马靠鞍"，精心设计的品牌包装能够给消费者好的第一印象。团队为ZATA品牌重新设计了品牌包装，同时提供个性化产品组合，并根据消费者的需求为其定制个性化包装。

3. 完善品牌设计

团队为合作品牌完善品牌设计，使品牌风格更加符合大众审美，已与原创设计师、企业及创客团队达成合作，采纳其优秀的设计，有稳定的创意来源。

### 8.5.3 工厂代工

团队目前已和嘉兴市桂珍服装厂签订了合作协议，制造绿色环保、品质卓越的产品，从产品源头入手，保证产品质量。

## 8.6 营销推广

### 8.6.1 营销策略

平台的品牌营销方案主要采用市场导向定价策略，即根据原创产品市场需求信息、需求结构及需求价格弹性等进行产品定价。同时，配合采用心理定价策略和组合定价策略，以提高销售额和销售利润。

而对项目入驻的产品，我们所采取的营销策略如下。

1. 精准市场定位

根据对消费者消费观念的调查及市场分析，本项目定位于将原创设计品牌打造成质感凸显及产品差异化的小众化时尚品牌。通过市场调研、市场细分以及目标市场的选择，了解目标顾客对同类产品的类型偏好及看法建议，帮助品牌找到符合消费者个性化追求的产品，整合品牌资源，进行精准营销。

2. 开展品牌推广

本项目致力于为原创品牌服务，为其探索出具有发展潜力的商业模式。通过原创产品设计、品牌官网建设、社交营销平台建设、品牌整合营销等方法，突出品牌追求个性、热爱原创的理念。社交营销主要是基于微信、微博、SNS（社交网络服务，包括社交软件和社交网站）等建立品牌社交营销平台，最后综合运用微信营销、微博营销、视频营销、活动事件营销等方式进行品牌的线上线下整合推广。

3. 多渠道销售

为迎合互联网时代市场的特点，采用B2C电商模式，主要通过入驻高流量的第三方电商平台进行销售。同时，品牌官方网站也划分出品牌故事、产品展示、产品定制等板块。另外，海外发展留学生代理模式，利用微信公共平台建立分销和返利机制，促进商品在海外的知名度和销量的提升。通过多种销售渠道，突破了群体对平台忠诚度的界限，不管是习惯用淘宝还是京东的人，都能在常用的平台上购买到我们的产品，而不需要移步到另一个不常用的软件，这在更大程度上满足了消费者对于购物“方便性”的要求。同时，根据不同消费者对产品的要求，提供给消费者更多的选择，以最大限度体现原创产品个性化的特征。

### 8.6.2 营销模式

1. 社群营销

社群营销是基于相同或相似的兴趣爱好，通过某种载体聚集人气，通过产品或服务满足群体需求而产生的商业形态，适合目前的品牌推广阶段。项目通过集聚对原创产品有浓厚兴趣的目标群体，挖掘追求个性化、热爱原创的潜在顾客，进而实现营销人群的精准定位。

2. 微信营销

项目运用微信公众号打造自己的平台。采用此方式进行营销有利于原创品牌营销平台的建设，也方便推送信息、发布最新的原创设计，并通过转发量和阅读量直接了解大众喜爱的产品风格和类型，根据数据对设计进行完善和修改，吸引更多喜爱原创的人。

我们通过此平台发布最新的消息与活动，如团购、集赞得折扣等，定期推出一系列活动套餐，并且定期在朋友圈中发布新品及折扣产品的细节图，为接下来的销售预热，带动了新一波消费者。在进行微信营销的同时，紧抓个性化定制服务，在校园各大论坛进行宣传和营销。

## 8.7 销售渠道建设

### 8.7.1 国内销售渠道建设

1. 销售渠道构建

鉴于本项目在商业模式、营销模式等方面均有所创新，为了降低项目风险和试错成本，为后续项目大规模运营提供宝贵经验，前期以天津市高校，重点是本校来尝试开展校园原创系列产品电商推广。对本校周边高档写字楼、小区开展社区原创系列产品推广，力图通过试点运营来正确把握本项目的发展方向，熟悉运作整个项目的操作流程，搭建流畅、公平的品牌产品销售平台。从原创系列产品的整个销售配送流程到利用公众号进行有效的品牌推广，综合利用线上线下系统服务，在微商城中实现最大化效益营销。项目在不断产生的挑战中寻求新的发展营销战略，尝试在实践中成长，在实践中进步。

2. 线下销售

项目在校内运营的过程中，主要借助微信公众号，每周以原创设计及原创系列产品为主题定期推送文章。同时，在线下进一步开展宣传活动，比如举办“双创项目展会”、对接一些地推活动等来增加用户量。对关注公众号的用户进行分类，有针对性地发送原创系列产品的信息。微店链接设在项目公众号内，方便消费者实现线上下单购买产品，并在校园中进行产品的配送。微店中设有不同类别产品的搭配套餐，为消费者提供更多样的选择。将线上营销与线下活动结合，将线上的活动延伸至线下活动中，形成线上线下系统服务，进一步打造品牌营销平台。

在配送方面，采用低价雇用校内学生人员的方式，利用校内人员熟悉学校的优势，可以在最短的时间内进行配送，且送货到楼，解决了"最后一公里"的配送难题，大大降低了配送成本。

3. 淘宝店铺运营

本项目主打原创手绘类产品，用淘宝进行实验，根据实验后的结果改造设计，实现产品的优化。

4. 京东旗舰店运营

为了实现多渠道销售，项目帮助 ZATA 品牌在京东开设品牌旗舰店，已上架部分产品作为主打产品，在短时间内获得了 2 000 多人的关注。

### 8.7.2　海外销售渠道建设

近几年，我国跨境电子商务保持快速增长势头，年均增速超过 30%。借此势头，并在中国电子商务协会跨境电子商务研究中心的支持、指导下，在拓展海外渠道的同时，将在产品设计中加入具有中国特色元素的设计，将中国传统文化带出国门，让世界了解中国文化之美。

中国风原创产品的海外目标市场主要是英国、俄罗斯，主要通过速卖通、亚马逊平台进行销售，通过平台内限时限量折扣、全店铺打折、店铺满立减、店铺优惠、节假日站内促销活动等促销方式吸引消费者，提升交易额。

为了更好地了解不同国家的商业环境，制定合适的营销策略以开拓市场，2018 年，指导老师参加了中国—东盟博览会。在博览会上了解到，中国的出口以小产品、日用产品居多，优质的轻工产品，特别是具有中国色彩的中国风产品，会成为我国出口的重要竞品。

## 8.8　风险防范及措施

项目风险主要包括竞争风险、财务风险、管理风险、技术风险、破产风险五大类。

1. 竞争风险与防范

目前，项目主要的竞争压力来自阿里巴巴、速卖通、亚马逊、Wish 等平台的优势商家。这些商家在市场占有率、销售额和盈利能力等方面具有一定优势。同时，在本项目市场推广形成一定规模后，这些同类企业可能会改变自身营销策略，展开同质化竞争。因此，本项目一方面以"小而美"为市场战略，重点关注面向特定社群的利基市场，避免大众市场的激烈竞争；另一方面，逐步与海外留学中介、留学教育机构达成合作，建立留学生代理网络。

2. 财务风险与防范

由于企业规模较小，经济实力有限，当财务结构不合理时，可能会丧失一定的风险承担能力，导致预期收益下降，届时，我们将面临较大的财务压力。而资金不足的问题可能导致项目实施周期过长，造成资金与人员的严重浪费，一旦后续资金枯竭，将会影响项目的进程，导致项目停顿。因此，我们要加强企业管理，节俭办事，向管理要效益；争取国家优惠政策和资金上的支持；加强对资金运行情况的监控，最大限度提高资金使用效率，实施财务预算制度，规避资金不足的风险。

3. 管理风险与防范

跨境电商运营中，商品品质、物流服务等都对项目发展运营起着至关重要的作用，但由于进出口流程、规则、物流等问题，管理难度高，风险大。企业拟吸收具有丰富投资管理、运营管理方面经验的专业人才进入公司管理层；精简机构，制定完善的现代企业制度；加强对管理人员进行组织结构、管理制度、管理方法等方面的内部培训、外部培训，提高其整体素质和经营管理水平；倡导组织创新、思想创新，以适应不断变化的外部环境。通过这些方式来规避管理风险，提高经营效益。

4. 技术风险与防范

本项目依托高校资源，具有一定的技术优势。但是国内众多电商企业也在平台开发、运营、推广等方面不断进行技术改善和优化，并投入了大量资金和人力。为保证本项目的技术优势，须密切关注行业技术发展，保持在研发技术和营销手段等方面的研发投入，不断创新。

5. 破产风险与防范

在平台开发和推广过程中，需要大量的资金，如果负债达到或超过公司所占有的全部资产，不能清偿到期债务，公司将面临破产的风险。对于此风险，公司将采取适度举债经营、加强应收账款和存货管理、提高公司资信水平等策略来进行规避。

## 8.9 教师点评

“原创派”项目主打跨界电商方向，将跨境电商与文化产业相结合，迎合了我国“一带一路”倡议。项目将中国文化产品的输出与文化本身的传播结合在一起，在立意上比较有新意，同时也将创客、文创团队、文创企业与高校的相关专业、制造加工等相关企业进行了紧密的结合。

该项目主要定位于海外对文创产品感兴趣的青年群体，也延伸到部分现代家居装饰领域。但是海外市场是否接受具有中国风的文创产品，以及有多大市场容量，还需要进一步的调研和探索，这也是这个项目需要承担的主要风险。

在产品规划方面，鉴于海外市场对中国风文创产品接受程度的不确定性，建议增加文创产品除装饰以外的更多功能，比如把这些文创元素融入服饰、文具等具有实用性的东西。

在营销推广方面，基于Facebook、短视频等海外社交平台进行站外引流还是比较有特色的，建议在这方面深入下去。

第9章

# 电子商务创业案例之二："果姿态"

## 9.1 前　言

"果姿态"是一个典型的农业电商项目，采用"互联网+农业"的模式，建立了一个品牌鲜果整合营销平台——鲜果屋，主要基于微信商城建立。平台B端吸引广大原产地果农、种植大户加盟，帮助他们打造产品品牌、拓展销售渠道；平台C端主要针对中高端消费人群，为用户提供绿色、健康的产地直供果品。

在实际运营过程中，项目所销售的苹果、樱桃、葡萄、蓝莓等水果都由国内著名水果产地直供，例如苹果和樱桃主要来自山东烟台生产基地。另外，为了提高用户的信任度，项目还引入了一套食品安全追溯系统，利用二维码和云视频监控等技术来溯源。鉴于团队资源有限，项目产品主要投放到高校市场，主要采用活动营销、社群营销、网红推广等方式。

## 9.2 项目简介

### 9.2.1 项目背景

近几年，随着消费者收入水平的提高，消费者对食品安全的重视程度也越来越高，特别是对绿色、健康的鲜果产品有很大需求。目前，众多水果产品销售渠道不畅，水果市场的竞争十分激烈，鲜果电商平台同质化严重。而且，水果质量参差不齐，添加了各种化学成分催熟增重的水果泛滥，对消费者的健康构成很大的威胁。因此，市场上需要一个鲜果整合的营销平台。

### 9.2.2 平台简介

面对鲜果市场上竞争激烈、产品滞销、低价伤农等问题，本项目将互联网思维、现代农业、文化产业有机结合，以"互联网+农业"为核心模式，打造一个品牌鲜果整合营销平台——鲜果屋。平台B端吸引广大原产地果农、种植大户加盟，帮助他们打造产品品牌、拓展销售渠道；平台C端主要针对中高端消费人群，为用户提供绿色、健康的产地直供果品，并通过定制化组合包装等形式实现便捷消费。

### 9.2.3 项目创新点

1. 健康绿色理念，鲜果产地直供

平台定位于中高端消费群体，突出健康、绿色的产品理念，所销售的苹果、樱桃、葡萄、蓝莓等水果均为国内著名水果产地直供。为了充分保障产品的质量与安全，项目团队与种植企业正在共同探索开发一套完整的品牌果品安全追溯系统。通过基于二维码和云视频监控的物联网安全追溯技术，实现果品种植、加工、仓储、物流、销售等环节的全程安全追溯，提高品牌可信度，为消费者提供产品质量和安全的保障。

2. 便捷组合销售

现代人生活节奏快，方便快捷的组合销售可以为消费者省去许多时间。项目根据各类产品的营养特点，咨询相关营养学专家，为消费者打造出营养丰富、功效卓著的养生水果套餐。

3. 个性化包装

根据各类产品的不同特点，设计出极具创意的个性化包装，如图9.1所示。目前，在充分调研市场的基础上，已研发出第二代果酒产品包装，如图9.2所示。

**图9.1 个性包装**

**图9.2 第二代果酒产品包装**

4. 创新营销模式

面对鲜果电商日益激烈的市场竞争，项目团队与关键意见领袖（KOL）合作，尝试采用“网红”代言、参与营销、社群营销等创新营销方式进行品牌推广，力图提高营销效率、降低营销成本。

### 9.2.4 公司业务简介

项目所在的公司成立于2015年12月，目前主要从事互联网营销，重点业务是帮助优秀果农打通销售渠道，综合运用了官网建设、淘宝客、微信公众号等多种方式来塑造属于他们的品牌形象。同时，项目也立志打造一个鲜果品牌整合营销平台——鲜果屋，借此平台汇集各类优秀水果品牌，切实保障消费者的食品安全。此平台目前运营良好。

### 9.2.5　发展规划

1. 项目规划

项日前期重点以大津某高校校园市场为试点开展项目试运营，进而逐步覆盖天津高校校园鲜果市场，并扩展到其他省市高校，同时向天津市中高档写字楼、社区推广，走向大众市场。后续从京津冀范围若干重点城市鲜果市场出发，逐步进行"果姿态"平台全国推广。在未来五年内，项目将不遗余力扩大销售范围，扩充产品品类。

2. 五年发展规划

"果姿态"平台五年发展规划如表9.1所示。

**表9.1　"果姿态"平台五年发展规划**

| 经营阶段 | 时长 | 重点任务 | 经营目标 |
| --- | --- | --- | --- |
| 项目培育期 | 1年 | 依托天津某高校校园市场进行试运营，并逐步向其他高校市场扩展 | 至少进入3所高校市场，销售额突破50万元 |
| 项目预热期 | 1年 | 向天津市其他高校校园鲜果市场扩展，并选择部分中高档社区作为项目试点 | 至少进入10所高校市场，销售额突破100万元；建立1~2个社区试点 |
| 项目发展期 | 1年 | 扩展到其他省市高校，同时向天津市中高档写字楼、社区推广，走向大众市场 | 至少进入20所高校市场和多个写字楼及社区，销售额突破200万元 |
| | 1年 | 主打京津冀范围若干重点城市鲜果市场 | 至少进入30所高校市场和多个写字楼及社区，销售额突破300万元 |
| | 1年 | 进行"果姿态"平台全国推广 | 至少进入50所高校市场和多个写字楼及社区，销售额突破500万元 |

3. 技术资源和合作计划

（1）水果种植。

在种苗培育、精细种植、科学施肥、病虫防治等领域，与烟台珂普生生物科技有限公司、烟台农业科学研究院等展开密切合作，以确保各类水果绿色、健康、高品质。

（2）产品组合包装设计。

项目与天津美术学院和本校设计学院合作，在进行充分的市场调研的基础上，设计出更为消费者所喜爱的便捷、时尚的包装。

（3）互联网平台建设和运营。

目前，团队与烟台珂普生生物科技有限公司深入合作，持续开展品牌官网、微信平台、第三方交易平台等系统的建设、推广和运营工作。

## 9.3 市场与竞争分析

### 9.3.1 市场现状

1. 鲜果电商行业市场分析

国内鲜果电商市场发展迅猛，电商经营模式也在转变。互联网营销具有传播速度快、范围广、能够迅速催生一个概念的特点，它包含的软文营销、情怀营销等多种方法是目前不错的市场营销推广手段。虽然鲜果电商市场潜力巨大，但仍存在很多问题。

(1) 产业链长，投入巨大。

鲜果电商的供应链很长，尤其对于自营平台而言，从上游的水果种植基地筛选、采购到中游的快递物流和下游的消费者，各环节间的衔接比一般产品更为紧密，需要不少投入，供应链上需要严格的质量监管。

(2) 仓储物流费用高，冷链物流程度低。

水果产品对储藏和运输的要求极高，而我国现有全程冷链物流系统薄弱。水果在采摘、储藏、运输、包装、配送等过程的非标准化，造成了产品的较大损耗。

(3) 竞争激烈导致产品质量问题较多，价格标准缺失。

随着生鲜电商竞争日益激烈，部分电商为抢占市场，在促销活动时将价格降低，甚至低于实体超市，吸引了一些对价格敏感的消费者。线上电商推出的生鲜产品一般定位于中高端，而质量却大多不如线下实体超市，导致了人们对鲜果电商平台的不信任。同时，没有明确的价格标准，只会一味扰乱生鲜市场秩序，造成市场混乱。

2. 校园水果市场分析

调查显示，超半数的大学生平均每月在购买水果上的花费在50元左右。由此可见，学生的水果消费潜力还是很巨大的。而目前大多数高校位于郊区，学生能够选择的水果购买渠道有限，大部分为学校超市、农贸市场、游商小贩，以及线上水果平台。

### 9.3.2 市场前景

从2004年开始，国家就陆续发布关于促进我国现代物流业发展的意见。2015年2月，中央“一号文件”——《关于加大改革创新力度加快农业现代化建设的若干意见》出炉，文件明确提及，在创新农产品流通方式中，支持电商、物流、商贸、金融等企业参与涉农电子商务平台建设。政府对农产品电商的高度关注及生鲜产品高购买频率、高利润空间的特点，吸引了众多企业纷纷投入生鲜电商。京东商城、顺丰优选、亚马逊也相继推出生鲜频道，涉足果品电商，天猫也推出了“喵生鲜”。在这些电商平台上，农产品电商卖家成倍增长，人群总数已达到百万级，市场潜力巨大，市场前景大好。其主要的发展趋势如下。

1. 品牌水果消费攀升

消费水平的不断提高，必然带来消费需求（结构）的升级。人们的消费观念在发生巨大变化，消费正在向品质化、品牌化、个性化、多样化转变。消费者的健康意识增强，越来越关注食品安全，并注重营养等附加价值。消费者对水果的诉求，不再是简单地满足于吃到、吃饱，而是要吃好、好吃。

同时，消费者开始对水果的新鲜程度、外观、口感、内在品质等提出更高的要求。从在意水果的基本属性到开始在意水果的附加属性，消费者在购买水果时开始注重心理满足、品牌等附加价值，其中，以中高端水果受市场追捧的表现可见一斑，消费者从过去关心低价水果逐步向关注高价值水果转变。

2. 专业化竞争

水果本来是个高损耗的行业，但这几年发展十分迅速。随着市场竞争加剧，单靠价格、地段取得优势的时代即将结束，未来靠的是精细化运营管理。采购、仓储、陈列、产品结构、定价、包装、配送、营销设计、人员管理都需要一整套运营体系来支撑，尤其是在营销方面，社群营销、会员营销、数据分析、异业联盟将会得到越来越广泛的应用。鲜切果盘、鲜榨果汁、企业冷餐等产品线都是未来重点规划的产品，这些既是高利润产品，也是未来做团购的敲门砖。

3. 社区化趋势加剧

由于生鲜水果属于高频消费、高损耗产品，顾客更喜欢在离家近的地方购买，既能现场挑选新鲜货品，又有逛街的感觉，这就使水果的销售更偏向于社区化。

## 9.3.3　目标市场

项目目标为建立一个品牌水果营销平台，塑造健康、绿色、高品质的水果品牌形象，平台所销售的所有水果均来自各地优秀水果种植地，目标消费者主要集中于大学生群体和白领人群，尤其是女性群体，她们是果品消费市场的主力军。定位于中高端市场也将更有利于开展品牌建设活动。

## 9.3.4　商业模式阐述

1. 商务模式

项目采用 B2C 电子商务模式，借助互联网来搭建一个优质品牌鲜果营销平台。平台自身定位于第三方平台，是一个连接电子商务（Business，B）端和消费者（Customer，C）端的中间介质。B 端是各地优秀果品种植大户，我们通过与他们建立长期合作，向 C 端持续输出优质产品。在此过程中，帮助 B 端塑造产品品牌形象，同时提升平台的形象，共同服务消费者，向他们提供优质水果，进而实现共赢。平台商务模式如图 9.3 所示。

图 9.3　平台商务模式

2. 盈利模式

项目采用“传统农业+精深加工+物联网+互联网”的创新模式。在赢得一定品牌知名度后，主要基于高流量的第三方电商平台进行水果、果酒及其他延伸产品的销售，通过产品直接交易获取利润。项目主要盈利来源如下。

（1）销售提成。

苹果、樱桃、蓝莓等生鲜水果的销售，按照平均每千克毛利 2 元计算，前三年预计平均每年销售 500 吨（1 吨 = 1 000 千克），年销售收益 100 万元。

果产品组合销售每盒净利润 2 ~ 3 元，预计每天销售 50 份，年收益预计 36 万元。

（2）基础服务费。

与公司合作并为其提供销售模式服务，向每个公司收取基础服务费 5 万元。

（3）股权收益。

参与合作公司股权分配，公司让出 10% 股份，团队通过入股每年获取公司收益。

（4）品牌推广费。

待公司发展到一定阶段，具备了比较高的品牌认可度，并有相当多的客户群时，平台会吸引其他具有高品质水果但知名度不高的企业加入，帮助他们进行品牌推广，届时，平台会收取一定的品牌推广费。

### 9.3.5 竞争分析

1. 优质货源

项目平台所有果品均为国内著名水果产地直供。

2. 依托高校智力资源

项目团队的成员均来自不同学院，涵盖制冷、物流管理、电子商务、工业设计、信息管理与信息系统、食品科学与工程等多个专业。同时，项目团队得到了计算机、商务、食品安全、包装设计等学院和专业的大力支持，集高校智力资源服务社会。

3. 安全追溯系统

为了充分保障产品质量安全，项目团队与种植企业正在共同探索开发一套完整的品牌果品安全追溯系统。通过基于二维码和云视频监控的物联网安全追溯技术，实现果产品加工、物流、销售等环节的全程安全追溯，提高品牌可信度，为消费者提供产品质量和安全的保障。

### 9.3.6 市场营销推广

1. 营销模式

项目平台水果销售主要采用市场导向定价方式，即通过市场上水果及其他电商运营平台的大数据分析，制定合理的价格体系。凭借塑造绿色、健康、时尚、情怀的品牌形象，将“果姿态”平台水果定位于高品质水果，以便提高整体利润水平。同时，项目也开展一系列水果深加工产品，如果酒、水果沙拉等。在包装方面，针对礼盒定制的服务，可采用差异化定价策略，获取个性化定制的额外收益。为保障品牌价值，针对果酒产品，通常不进行促销打折活动，仅对网站会员用户开展积分换购、会员折扣的价格激励。

而对项目入驻产品，我们所采取的营销策略如下。

（1）精准市场定位。

根据行业及市场分析，将项目水果定位为优质水果，以适中的价格、优质的服务、放心的品质占领大学生中高档水果消费市场，以全新的销售理念将“果姿态”平台迅速做大、做强。

（2）开展品牌推广。

本项目引入农村电子商务创新模式，力图解决长期存在的水果滞销、价低伤农等问题，提升产品价值和果农收入，寻求基于农村电子商务的由产品经营向品牌经营的农业转型途径。项目紧跟国家政策导向，具有极强的现实意义，因此，在品牌推广方面将得到政府和媒体的大力支持。

（3）多渠道销售。

为迎合互联网时代的市场特点，产品采用厂家直销模式。前期主要通过项目自身建立的微信营销平台和入驻高流量的第三方电商平台进行销售，同时官方网站通过CPS模式（将电商平台，如淘宝、京东、苏宁易购等上的产品过渡到自己平台上的一种商务形式）引入淘宝商城进行交易，中后期将逐步在品牌官网实施多种类型的站内交易模式。

（4）销售人群差异化服务。

项目以微店为根本进行在线销售，突破了时间、空间的局限，在更大程度上满足了各类消费者的需求。基于团队成员皆为在校大学生的优势，利用互联网时代市场营销的特点，首先在校园里进行销售，最大限度降低人工物流成本。同时，在校同学和老师们可以享受足不出户就有水果吃的服务，极大地提高了客户满意度。对于老师和同学，推出差异化服务，提供针对不同群体的套餐活动，使优质的水果让更多的人享受到。

2. 营销推广

（1）社群营销。

社群营销是基于相同或相似的兴趣爱好，通过某种载体聚集人气，通过产品或服务满足群体需求而产生的商业形态，更适合本项目的目前推广。项目通过对美食、水果有浓烈兴趣的特定社群来组织、挖掘热爱天然、健康食品的有价值用户，进而实现消费人群的精准定位。同时，以微信、微博、自媒体等移动载体为工具，将挖掘来的客户进行社群化改造。目前，项目已与“吃主义公社”等网络社群展开合作，进行产品推广，营销效果良好。同时，利用它们的微信公众号，在底部的菜单栏友情链接了项目的微店，进一步增强了推广效果。

（2）微信营销。

项目平台前期以校园微信公众号为主要搭载平台，在公众号底部菜单栏链接微店并定期发布关于水果咨询的推送文章。

项目运用微信公众平台打造自己的品牌和CRM（客户关系管理）系统，采用此方式进行营销更有利于水果电商品牌的建设，也方便推送信息和解答顾客的疑问。在进行微信营销的同时，项目团队紧抓水果健康、绿色、安全特点，在校园各大论坛进行宣传和营销。

（3）活动营销（线上线下整合营销）。

除了社群、微信公众号等营销方式，为了进一步推广项目平台，项目还采用了一系列有吸引力的实体活动来进行宣传，如线上推广方式、参与营销、线上宣传与线下推广相结合等。

## 9.4 运营分析

### 9.4.1 生产组织

公司主要负责帮助项目合作企业塑造品牌形象，同时打造一个鲜果品牌整合营销平台，包括产品的采购、营销和推广等核心业务，对产品进行定制升级。公司所提供的服务包括以下几种。

1. 产品定制升级

销售新鲜优质的水果是本项目的核心竞争力，本项目更多以组合个性化包装、水果二次加工、精深加工等方式，如果品组合小包装（如图9.4所示）、水果二次加工为沙拉（如图9.5所示）、果酒（如图9.6所示）等，进行品牌营销。通过对产品进行定制升级，来挖掘和提高产品的附加价值。

图9.4 果品组合小包装

图9.5 水果二次加工为沙拉

图9.6 果酒

2. 品牌整合营销

除果品二次加工、精深加工外，团队还向合作的果品生产企业提供网络品牌推广外包服务，力图通过品牌设计、互联网整合营销、社交营销等途径，塑造绿色、健康、爱农情怀的品牌果品形象，提升产品价值。

整合营销平台主要包括品牌官网、企业微信平台、企业淘宝平台等。品牌官网现阶段以品牌推广和活动营销为主，通过淘宝客与产品淘宝商城整合，完成最终交易。

珂普生果酒微信公众号每周以绿色水果和健康果酒为主题定期推送文章，接下来将进一步在线下进行宣传，增加用户量，对关注公众号的用户进行分类，有针对性地发送信息。

另外，项目团队针对产品质量安全追溯，在种植基地建立了视频监控平台，采用云技术支持互联网和移动互联网直播。基于无线传感网络、智能监控等技术的物联网精细农业管理平台和基于二维码的物联网安全追溯的设计方案已经完成评审，计划分步实施。

系统采用基于二维码的食品安全追溯方案，避免了 RFID（射频标签识别）方案中用户需要专门的读取终端的问题。同时，现有的二维码方案基本采用专用的 App，用户需要提前在手机安装，这给该系统的推广普及带来很大困难。因此，项目拟采用微信扫码、进入公众号进而导入网站方式，避免用户安装专门的扫码软件。产品追溯系统主要是为了方便用户查看产品的物流信息，保证产品绿色健康。

物流阶段包括运输配送和储存两个环节。水果属于容易变质腐烂的产品，在运输过程中容易发生变质腐烂。因此，在仓储、运输环节就要对承运商的基本信息、所运载农产品的相关信息、运载方式、运载工具及运输卫生条件等信息进行标识记录。储存环节信息则包括储存地点和储存方式等。

3. 销售渠道构建

项目前期以天津市高校（重点是本校）来尝试开展校园鲜果电商推广；对本校周边高档写字楼小区开展社区鲜果推广，力图通过试点运营来正确把握本项目的发展方向，熟悉整个项目的操作流程，搭建流畅、公平的品牌水果销售平台。从水果的整个销售配送流程到利用公众号进行有效的品牌推广，综合利用线上线下系统服务，在微商城中实现最大化效益营销。

（1）校园鲜果销售。

项目在校内的运营主要借助微信公众号进行，每周以绿色水果和健康果类产品搭配为主题定期推送文章，同时在线下进一步宣传，增加用户量。对关注公众号的用户进行分类，有针对性地发送信息。微店链接设在项目公众号内，方便消费者实现线上下单购买水果。微店中设有不同种类的水果搭配套餐供消费者选择。将线上营销与线下活动结合，将线上的活动延伸至线下，形成线上线下系统服务，进一步打造品牌营销平台。

对于水果企业来说，仓储是一个必须考虑和解决的问题。可以说，谁能更好地解决仓储问题，谁就能更好地占领市场。我们的项目为解决水果仓储问题，与大胡同电商平台达成合作，租用其冷库对水果进行长时间的存储。同时，与本校机械工程学院制冷专业进行合作，租用其冰温库对水果进行短期保鲜存储，以满足校园内的水果供应。在配送方面，采用低价雇用校内学生的方式，利用校内人员熟悉学校的优势，在最短的时间内进行配送，且送货到楼，解决了"最后一公里"的配送难题，大大降低了配送成本。

（2）社区鲜果销售。

在构建社区鲜果销售渠道的过程中，项目平台主要采用的方法是与社区超市合作，借助超市自备的冷藏条件，在超市内设置产品自提点，平台定点向超市配送当天所需产品，用户在购买其他物品的同时取走订单。如果用户不喜欢自提，则由超市进行线下配送。从试点运营业绩看，此种方式不仅极大缩减了项目成本，同时也广受用户喜爱。

根据以上市场分析，本项目将定位于打造一个品牌鲜果整合营销平台，帮助入驻在平台的优质货源进行产品定制升级，结合果品安全追溯系统，提供包括果品品牌设计、二次加工、网络整合营销、校园电商推广在内的一体化品牌鲜果营销解决方案。该解决方案自2015年开始与烟台珂普生生物科技有限公司及陕西眉县猕猴桃基地进行了试点合作，取得了较好效果。

### 9.4.2 质量控制

为了充分保障产品质量与安全，项目团队与种植企业正在共同探索开发一套完整的品牌果品安全追溯系统，详细追溯信息如表9.2所示。主要通过基于二维码和云视频监控的物联网安全追溯技术，实现果产品全程安全追溯，以提高品牌可信度。

**表9.2 各个环节的追溯信息**

| 阶段 | 追溯信息 |
| --- | --- |
| 加工阶段 | 根据果品质量、尺寸等进行分级，包装成特定的单元，并把加工环节信息、质量信息、加工过程记录等加入二维码标签 |
| 物流阶段 | 物流阶段包括运输配送和储存两个环节。水果蔬菜属于容易腐烂变质的产品，因此在仓储、运输环节对承运商的基本信息、所运载农产品的相关信息、运载方式、运载工具及运输卫生条件等进行标识记录。储存环节则包括农产品信息、客户信息、工组人员信息、储存地点信息及储存方式信息等 |
| 销售阶段 | 该阶段主要包括三类信息：销售商信息，如销售商名称等；销售过程信息，如包装的具体信息、销售环境信息等；接口信息，分为物流环节货物交接时的相关信息和向消费者提供的信息 |

### 9.4.3 组织管理

团队现分为市场部、采购物流部、视觉部、产品部等，各部长分别由团队核心成员担任，确保项目正常有序运行。团队成员擅长各自负责的领域，分工明确，合作良好。公司对各部门员工实行年度目标责任制。公司具有较强的消化、吸收、开发、创新能力，形成了一整套管理体系。

### 9.4.4 项目成果

（1）项目获天津市“大学生创新创业训练”国家级立项。

（2）项目产品曾参展2016（第二届）天津互联网大会。

（3）项目微店自运营以来，每日订单量在稳步上升，关注人数直线增长，品牌知名度有了很大提升。

(4) 项目获第二届“互联网+”大学生创新创业大赛天津市奖项。

(5) 2016年6月，项目团队与烟台珂普生生物科技有限公司签订品牌营销平台建设合同，为其提供品牌产品营销模式，开发建设品牌营销平台。

## 9.5　风险及对策

### 9.5.1　研发风险

1. 二维码追溯系统

和主流的专用App或手持机扫码方式不同，本项目利用微信进行扫码，进而调用H5追溯平台。这种创新方式需要研发团队基于微信API（微信平台应用程序开发接口）进行深入研发。针对该问题，公司与高校互联网、软件工程、计算机技术等领域的专家合作，凭借他们已有的经验技术和研发能力，确保该功能的实现。

2. 技术更新

随着市场日益扩大，国内众多的相关企业将陆续投入大量资金和人员进行新领域、新产品的研发。这可能对本项目的产品造成影响，降低核心技术和产品的市场竞争力。为保持公司在技术上的优势，公司有专人负责密切关注国内外先进技术和理论上的动向，定期搜索行业信息，并反馈到产品的研发中，不断保持在产品开发上的投入，加强与相关大学、科研院所的合作，提高产品的市场竞争力。

### 9.5.2　市场风险

和海外市场相比，中国目前还没有一个高品质的水果集中销售平台，发展速度存在一定的不确定性。通过对产品绿色、健康理念的宣传，增加广大消费者对绿色天然产品的认可度，将是本项目品牌推广过程中的一项重要工作。

绿色、健康食品理念已经提出多年，但由于部分企业的不诚信行为，使消费者对该类产品持谨慎、怀疑态度。有鉴于此，本项目引入物联网防伪追溯系统，将整个产品生产销售过程向用户公开，增强产品公信力。

在市场具有一定规模后，一定会有更多的竞争对手涌入该市场，因此须充分利用企业已有资源，广泛扩充市场渠道；加快产品研发和产业化速度，尽快抢占市场，树立品牌形象；加大项目研发投入，保持产品长期的先进性和竞争优势。

## 9.6　团队介绍

公司成立于2015年12月，其核心团队于2016年进入电商行业，半年时间成功帮助其他公司打通了网络营销渠道，实现多渠道相互并存相互促进的营销模式，积累了丰富的鲜果品牌文化建设经验，拥有一定的中高端消费群体，并在后期与陕西眉县猕猴桃基地、天津某种植基地建立了良好的合作关系，旨在成功打造一个优质的鲜果品牌整合平台。

公司拥有一支由高学历、高素质人才组成的高校创业团队，在成长期间，得到了校方的肯定与全力支持，同时也受到了天津市副市长的肯定。作为新型创业团队，公司在经营的过程中积累了丰富的鲜果电商运营经验，形成了线上线下推广一体化及销售科学的管理体系。团队成员年轻而充满朝气，具有创新意识并勇于迎接挑战，具备良好的社会责任感，愿为打造优质鲜果品牌整合平台贡献一己之力。

公司团队现有成员 32 人，分别负责市场推广、网络运营管理、财务风险管理、物流配送、人力资源与对外洽谈合作，分工明确，合作良好。团队聘请了经验丰富的在校指导老师作为团队创业顾问，与珂普生生物科技有限公司、陕西眉县猕猴桃基地和某科技有限公司成了良好的战略合作伙伴。团队利用电子商务创新优势，整合鲜果产业链信息资源，拓宽水果销售渠道，帮助果农将优质果品销售出去，同时也力图打造一个优质的鲜果品牌整合营销平台。

## 9.7 教师点评

在选题立意方面，“果姿态”项目是一个典型的农业电商项目，而农业电商属于近几年非常热门的一个领域。这个项目突出“三农电商”和“绿色健康”两个主题，将政府、种植户、高校的不同学科专业及一些行业的企业进行了整合，这是它比较有创新的地方。

在商业模式上，它突出了鲜果产业链的延伸，对果产品开展了精深加工，包括沙拉甚至是果酒的加工等。农业电商项目非常重视对全产业链的支持，不仅仅是让电商去营销，往往更需要对它的整个产业链进行提升和改造。在这一点上，这个项目的思路是非常正确的。另外，项目强调重新打造烟台苹果这样一个区域性的品牌。因为当时烟台苹果这个传统品牌受到了很多冲击，所以需要重新塑造一个品牌形象。因此，它不仅仅通过社群电商、微商城进行销售，更加重要的是建立完整的品牌官网和塑造一个整体的品牌形象。

这个项目在产品规划方面设计了一套比较完整的系统，包括品牌的商标、品牌的口号、品牌的故事等，突出原产地直供的优势。这一点是很多农业电商所缺乏的，他们往往将区域性的标志与产品品牌混淆，没有建立起受法律保护的商标体系。

项目在市场方面主要面对的是高校市场，所以在试运行中采用了小包装和多种水果组合装来满足市场需求。产品的卖点主要是原产地直供、绿色健康和爱农情怀，价格定位于中高价位并保障质量。但是这个价位并不是很适合高校市场，因此容易在实际的运营中出现问题。

此项目作为一个典型的三农电商项目多次被媒体报道，但在实际运营过程当中，因它所面向的市场和产品品质及价格没有办法很好匹配，即它的产品和卖点，包括价格都不是很适合校园市场，所以市场需要重新定位。

第10章

# 电子商务创业案例之三："牦小白"

## 10.1 前 言

"牦小白"项目的产品来源于甘肃省天祝藏族自治县，当地自然条件良好，但因地理位置相对偏远，物流发展滞后，缺乏品牌理念，没有产品溢价和销售渠道，主要以廉价批发的方式销售产品，生鲜产品被收购后冠以其他地区特产销售。天祝藏族自治县无论自然风光还是人文建筑，都有丰厚的旅游资源，但更多地依赖传统方式宣传，没有得到较好的开发与利用。

该项目抓住了甘肃省天祝藏族自治县特色产品白牦牛及其周边产品，通过品牌官网、微信等公众平台进行电商品牌包装和营销推广，再基于京东、天猫、中粮"我买网"等第三方平台，逐步建设线上多级销售渠道并开展商务运营。

该项目的创新点是培养品牌地域基因，打造产品链特色深加工，多渠道建设策略，综合采用了 B2B、B2C、O2O 等多模式。

## 10.2 项目简介

### 10.2.1 项目背景

2016 年，《关于促进电商精准扶贫的指导意见》和《"十三五"脱贫攻坚规划》出台，要求将农村电子商务作为精准扶贫的重要载体，把电子商务纳入扶贫开发工作体系，提升贫困户运用电子商务创业增收的能力。随着互联网的普及和农村基础设施的逐步完善，我国农村电子商务发展迅猛，交易量持续保持高速增长。但从总体上看，由于贫困地区电子商务发展仍处于起步阶段，电子商务基础设施建设滞后，缺乏统筹的引导，电商人才稀缺，市场化程度低，缺少标准化产品，贫困群众网上交易能力较弱等，农村贫困人口通过电子商务就业创业和增收脱贫的步伐减慢甚至受到阻碍。

生鲜产品一直是全球消费品市场中最重要的品类之一。以前，我国的生鲜产品消费市场一直以线下为主，但近年来，随着消费者线上购物习惯的养成和冷链物流基础设施的逐渐完善，中国消费者更加乐于在网上购买生鲜产品，使生鲜产品消费市场由线下逐步转移到线上，同时满足了多选择及快捷便利的双重需要。未来，线上生鲜发展的势头不可小觑。

在生鲜电商领域，线上肉类市场增速较快。肉类消费中，牛肉消费占比的上升趋势明显。由于国产生牛肉缺乏知名品牌，消费者对产品的信心不足，进口生牛肉开始涌入并迅速侵占国内市场。无论在线上还是在线下，营养价值比较丰富的牦牛肉产品都非常少见，目前市场上流通较多的也仅有少量牦牛肉干之类的产品，生鲜牦牛肉的市场几乎处于空白状态。

### 10.2.2　项目概述

针对甘肃省天祝藏族自治县特色产品白牦牛及其周边产品，通过品牌官网、微信等公众平台进行电商品牌包装和营销推广，再基于第三方平台，逐步建设线上多级销售渠道并开展商务运营。

“牦小白”项目主要开展产品调研、品牌包装、平台建设、供应链整合、营销推广、线上渠道建设运营等工作。项目将以天祝藏族自治县为试点，寻找具有较强可复制性和良好推广价值的方法，探索出一条县域电商创新发展之路。

### 10.2.3　项目创新点

1. 培养品牌地域基因

与一般农产品品牌简单使用地域名称与产品捆绑不同，项目贯彻培养品牌地域基因的策略，从众筹发声的故事营销和“原生态+公益”的品牌文化塑造，到官网与自媒体的内容运营，深挖甘肃省天祝藏族自治县区域化优势，整合天祝藏族自治县特有的自然与人文资源，反哺“牦小白”品牌，使产品在消费者心中具体化、生动化，从而提高品牌影响力。项目针对天祝藏族自治县特色产品白牦牛及其周边产品，以“牦小白”为媒介，打响地域名片，并逐步带动哈溪人参果、红提、葡萄等其他特色产品的推广销售，建立天祝藏族自治县公共品牌素材库，包括产品写真库、品牌包装库、视频库、VI库等，逐步实现天祝藏族自治县公共品牌群。

由于产品品牌与地域的深度结合，可以将消费者目光从产品引到当地的自然风光和人文背景，激发当地的旅游资源潜力，刺激线下的消费市场，使人“走进来”，真正意义上做到线上与线下的双向开发，实现有效电商扶贫。

2. 打造产品链特色深加工

项目对产品进行细分和整合，打造牦牛系列产品链。基于前期调研数据的结果，精细化分割牦牛产品，多品类，多尝试。首先以鲜牛肉作为切入点，打开线上生鲜市场，加工特色食品牦牛肉干拓展休闲食品市场，然后推出文化创意系列牦牛衍生品，如牛毛工艺品、雕塑等。

牦牛系列产品极大地丰富了品牌内容。面对不同的市场，目标客户同样定位为中高端消费者。因为中高端消费者有可观的收入支持，对生活品质的要求较高，优质食材已逐渐成为其刚需。未来，随着收入的提高和生活节奏的加快，拥有一定消费能力的中高端消费者对该类线上产品的需求会更加强烈。"牦小白"围绕该类群体打造系列产品，多个市场的产品影响力相互渗透，更加赢得消费者信任，提高客户黏度。

通过产品链的打造，第一、第二、第三产业相互结合联系，最大限度地利用了当地的产品资源优势，分散了外部市场风险，提高了整个产业的抗压能力，给天祝藏族自治县增加扶贫创收点。

3. 多渠道建设策略

"牦小白"以众筹为渠道实现进行产品首发，在天猫和京东开设品牌旗舰店作为日常品牌展示平台，并利用品牌旗舰店做品牌线上发声通道，然后入驻京东自营和天猫超市，在消费者常规零售渠道内铺货，占领市场。品牌公共知名度大幅提升后，开始入驻中粮"我买网"、易果生鲜等垂直生鲜电商平台。此外，综合利用品牌官网搜索引擎营销、微信平台社群营销、众筹活动营销等途径，提高与消费者端的互动性，掌握消费者端的动态和需求，打造品牌知名度。

该项目与天津伍创电子商务有限公司合作，在当地政府的支持和帮助下，建立农业生态中心与电商孵化基地，完善三级物流仓配体系与农村电子商务供应链管理体系建设。通过分级分阶段多渠道建设的外部营销核心，基于多渠道的营销策略，从推广到营销相互联系，可以利用平台获得更多的流量支持，多方位多层次地进行品牌整合营销，同时避免由平台竞争带来的渠道风险。

### 10.2.4　发展规划

1. 项目规划

通过对天祝藏族自治县内产业、产品全面摸底，制定合理的农产品品牌方案；以牦牛产品为重点，打造核心县域公共品牌；以核心品牌为基础，进一步打造2~3个县域特色品牌，建立天祝县藏族自治公共品牌素材库，逐步实现天祝品牌群；完善县域电商品牌打造模式后，引进内蒙古羊肉等产品，开始进行不同的品牌建设。

2. 五年发展规划

（1）项目培育期。

历时1年，主要完成产品调研及产品规划、品牌设计与供应链构建。

（2）项目预热期

历时1年，主要是建设品牌官网和微信公众平台；开展京东众筹或淘宝众筹，进行产品首发等活动；建设京东旗舰店、天猫旗舰店，推出核心产品打造畅销款，打响品牌。

（3）项目发展期

历时3年，主要是持续进行品牌官网、微信公众平台、京东、天猫的线上运营；尝试将"牦小白"品牌入驻京东自营或天猫超市，开展B2B运营；尝试通过入驻生鲜垂直平台等进行品牌推广和销售运营；打造"牦小白"县域电商特色品牌，并逐步实现天祝藏族自治县"县域公众品牌群"；依托成熟的品牌塑造体系，引入内蒙古羊肉等产品，开展不同的品牌建设。

## 10.3 市场与竞争分析

### 10.3.1 市场现状

1. 产品行业

(1) 进口牛肉量大增，而牛肉出口比例减少，我国的牛肉贸易顺差明显减少。

虽然牛肉消费在近年呈上升趋势，但国内牛肉供应增长乏力。

(2) 牦牛肉作为地区特色产品，有着标准的产业链和严格的监管机制。

牦牛肉产业链发展不完整，科技支撑力量不足，草业、规模饲养、产品加工、市场销售不协调，没有形成一条从种质资源保护、扩繁、品种改良、科学饲养到产品加工、组合包装、市场销售的完整科学的产业链，现有的科技力量没有同牦牛生产紧密结合，由政府推动的科研机构也同市场脱节，未能充分发挥作用。

(3) 我国牦牛肉行业总体上处于“小生产、大市场”的现状。

牦牛肉生产规模小，难以满足市场需求；同时，市场品牌集中度不高，品牌化程度低。要解决行业长期发展的问题，品牌化是牦牛肉产业必须经历的一个过程。

(4) 牦牛肉质量参差不齐，优质产品少。

随着经济的快速发展，国民收入有了很大提高，消费者消费理念也发生了巨大改变，对于肉类的消费不再仅仅看数量，对优质、安全的肉类产品的需求越来越大。但目前我国牦牛肉质量受产地、养殖管理、加工生产技术等因素的制约，产出的牦牛肉质量参差不齐，市场上还有鱼目混珠、以假乱真等问题发生，极大地打击了消费者的消费积极性。

2. 生鲜电商行业市场分析

国内生鲜电商市场发展迅猛，电商经营模式发展转变，B2B、B2C、O2O 等多模式上线，移动互联网工具与互联网营销相辅相成。虽然市场潜力巨大，但生鲜电商依旧存在很多问题。

(1) 产业链长，投入巨大。

我国生鲜农产品上游生产集中度和产品标准化程度低，而下游零售商则需要高标准化的生鲜产品以便售卖，二者之间的矛盾使我国需要庞大的生鲜流通环节。而中游流通环节众多、冷链仓储物流建设落后，导致生鲜流通环节损耗率高，这已成为我国生鲜行业的最大痛点。因此，通过技术、模式创新等手段缩短层级、降低损耗、减少投入，将成为流通渠道优化的关键，也有助于生鲜经营商业模式的进步。

(2) 冷链成本高，时间长，盈利难度大。

基于生鲜产品冷藏要求高、保质期短、易损耗的特征，冷链仓储与物流是生鲜电商的必要选择。由于我国第三方冷链物流企业较难完成地点分散、配送时间不稳定的生鲜配送业务，部分有实力的生鲜电商企业纷纷采取自建冷链物流模式，在采购、储存、配送等环节全程使用冷链，提高客户满意度，但成本始终居高不下。因此，生鲜电商必须提高其客单价，生鲜电商经营的品类往往以中高端为主。另外，生鲜作为一种消费计划性弱、即时消费性强的商品，过长的配送时间也在很大程度上降低了消费者选择生鲜电商的意愿。

（3）竞争激烈导致的产品质量问题较多，价格标准缺失。

随着生鲜电商竞争日益激烈，有的商家甚至采取恶意竞争的方式，以次充好，以此将价格拉低，部分生鲜价格甚至低于实体超市，吸引了部分对价格敏感的消费者。但线上电商推出的生鲜产品多定位中高端，消费者由于对商品缺乏了解，无法正确辨识，因而未买到满意的商品，导致人们对生鲜电商平台的不信任。同时，没有明确的价格标准，只会一味扰乱生鲜市场秩序，造成市场混乱。

3. 生鲜消费渠道市场分析

调查显示，我国消费者购买生鲜牦牛肉的渠道大致分为以下几种。

（1）大型超市。

大型超市一般是大型百货商场。这类商场的生鲜区会有丰富的肉禽售卖，但肉类的质量和新鲜度都难以保证。牦牛肉由于产地的特殊性，会在繁杂的冷链运输与搬运过程中降低其品质，同时还会抬高成本，导致价格偏高。

（2）高原产地。

由于牦牛产于高原，所以对品质有严格要求且有良好经济条件的消费者，多会选择亲自去产地，亲自挑选优质牦牛肉。这样虽然牦牛肉的品质得到了保障，但成本非常高，并不适用于普通大众。

（3）线上生鲜平台。

随着电商行业的飞速发展，线上生鲜平台也成为消费者购买产品的一个主要方式。但线上平台普遍存在一个问题，如牦牛肉品质参差不齐、品牌化程度低等。线上平台的口碑难以建立，消费者对平台缺乏信任，消费积极性不高。

### 10.3.2　市场前景

1. 线上生鲜消费成为潮流

生鲜市场的消费主力军正在慢慢改变。生鲜电商因其创新及仓储物流技术的进步，相比传统渠道相比优势更加明显，更多中等收入群体也开始在线上购买生鲜产品。消费水平的不断升级，必然带来消费需求（结构）的升级。人们的消费观念在发生巨大变化，消费正在向品质化、品牌化、个性化、多样化转变。消费者的健康意识逐渐增强，越来越关注食品安全，并注重营养等附加价值。同时，随着消费意识的觉醒，人们对优质产品的要求也越来越高。2016年的相关报告显示，我国年人均牛肉的消费量约为5.5千克，远低于全球年人均10千克的消费水平。但这一比例正随着人们消费水平的提高而不断增长。

2. 渠道问题成为瓶颈，市场空白需被填补

一方面，我国地方特色养殖业发展已十分成熟，几乎年年富产、年年优质。尽管如此，仍常常遇到市场瓶颈，滞销等问题时有发生。由于市场信息不对称，农村产业的优质产品缺乏销售渠道，很难走出县城，造成区域性的供大于求。另一方面，随着线上生鲜牛肉消费水平的快速增长，线上生鲜市场优质牛肉因货源缺乏渐渐出现供不应求的问题。与此同时，随着人们对优质产品需求的不断增长，线上生鲜牛肉市场出现空白，生鲜牦牛肉的情况尤为明显。

3. 生鲜平台竞争激烈

就目前形势来看，生鲜电商企业各有难处，即便份额领先，也很难确立市场优势。因此，生鲜电商也开始抱团，未抱团的企业在规模成本和供应链上将受到冲击，迟早也会加入某一团队。

未来，垂直生鲜电商将继续洗牌，很多中小企业的市场占比将被急剧压缩，甚至淘汰出局。线上生鲜这一大块市场正在被争抢撕咬，潜在发展空间无限。

### 10.3.3 目标市场

项目目标市场主要放在如天猫、京东等拥有生鲜售卖渠道的大型电商平台。这类平台拥有庞大的客户群，能够积极推动项目的发展。项目消费者主要集中于中高端消费者，定位于中高端市场也更有利于开展品牌建设活动。

首先，在目标市场方面。近几年，随着消费者收入水平的提高，越来越多的消费者愿意花钱买健康绿色的产品来满足日常生活的需要，肉类中高端市场正在形成且逐渐壮大。2016年，国内生鲜电商市场份额较高的是天猫“喵鲜生”和京东到家，分别占比26.81%、24.83%，两者一起占据了生鲜电商市场的半壁江山。这一类电商平台由于积累了庞大的消费群体，具备消费者对品牌的满意度和忠诚度，有雄厚的资金实力和完善的物流、支付系统，在进入生鲜电商市场时具有较大的优势。其次，在目标客户方面，因为中高端消费者有可观的收入基础，对生活品质的要求越来越高，优质生鲜食材已逐渐成为其刚需。未来，随着收入的提高和生活节奏的加快，拥有一定消费能力的中高端消费者对生鲜上门的需求会变得更加强烈。另外，我们将品牌定位于中高端消费者，也更易进行品牌建设，塑造品牌形象。

### 10.3.4 竞争分析

1. 优质货源

为确保高品质货源，项目的主打产品白牦牛肉直接来自甘肃省天祝藏族自治县。同时，团队已与天津伍创电子商务有限公司合作，围绕“大美天祝·品质生活”的核心理念，共同创建并推广天祝藏族自治县县域公共品牌。

天祝藏族自治县地处青藏高原、黄土高原、内蒙古高原的交汇地带，矿藏、森林、草原、水利资源十分丰富，物产资源及农畜土特产也很丰富，有农作物400多种、林木100多种、家禽家畜20多种，还有世界珍稀畜种天祝白牦牛、驰名中外的岔口驿马和享有盛誉的甘肃高山细毛羊。天祝藏族自治县白牦牛的主要饲养方式为放牧，出栏时间长，肉质纤维粗糙、健康，并且营养成分比其他牛肉高。

2. 依托高校智力资源

项目团队的成员均为学校十佳甲级社团电子商务协会的骨干，有着丰富的创新创业实践经验，且专业知识技能配备合理。现在正值大众创业、万众创新时期，国家政策有意向大学生创业倾斜，各高校对学生创业群体也有特别支持。依托创新创业政策和本校的众创空间，项目运营成本更低，运营阻碍相对较小。

# 10.4　商业模式

## 10.4.1　商务模式

项目主要采用 B2B、B2C 电子商务模式，将在天猫和京东开设品牌旗舰店，作为日常品牌展示平台，利用品牌旗舰店做品牌线上发声通道。品牌发声后入驻京东自营和天猫超市，在消费者常规零售渠道内铺货，占领市场。第二年开始拓展线上渠道，开始入驻中粮"我买网"等垂直生鲜电商平台。

## 10.4.2　盈利模式

1. 零售

项目的主打品包括白牦牛精牛肉、牛排骨等。白牦牛出栏量相对较低，产出单价相对较高，出栏时间长，包邮单价约合每 500 千克 90 元左右。同时，辅推品包括羊腩块、羊蝎子等，丰富品包括蜂蜜、鹿茸等。主打品和辅助品丰富品的零售价格如表 10.1、10.2、10.3 所示。

（注：以下产品价格数据非真实数据，仅用于教学示范使用。）

**表 10.1　主打品的零售价格**

| 品类 | 重量/千克 | 价格/元 |
| --- | --- | --- |
| 白牦牛精牛肉 | 0.5 | 98 |
| | 1.0 | 179 |
| | 2.5 | 438 |
| 白牦牛牛排骨 | 0.5 | 96 |
| | 1.0 | 169 |
| | 2.5 | 428 |
| 白牦牛牛腩 | 0.5 | 98 |
| | 1.0 | 176 |
| | 2.5 | 456 |
| 白牦牛腱子肉 | 0.5 | 106 |
| | 1.0 | 196 |
| | 2.5 | 478 |
| 牛棒骨 | 1.5 | 178 |

表 10.2 辅推品的零售价格

| 品类 | 重量/千克 | 价格/元 | 品类 | 重量/千克 | 价格/元 |
|---|---|---|---|---|---|
| 羊腩块 | 0.5 | 72 | 羊蝎子 | 0.5 | 72 |
| | 1.0 | 128 | | 1.0 | 128 |
| | 2.5 | 298 | | 2.5 | 296 |
| 腿切小排 | 0.5 | 76 | 方切羊排 | 0.5 | 72 |
| | 1.0 | 129 | | 1.0 | 128 |
| | 2.5 | 298 | | 2.5 | 296 |
| 蝴蝶排 | 0.5 | 86 | 羊肉臊子 | 0.5 | 76 |
| | 1.0 | 136 | | 1.0 | 129 |
| | 2.5 | 318 | | 2.5 | 298 |
| 羊腿 | 1.0 | 129 | 羊脖片 | 0.5 | 76 |
| | 2.0 | 238 | | 1.0 | 129 |

表 10.3 丰富品的零售价格

| 品类 | 重量/千克 | 价格/元 | 品类 | 重量/千克 | 价格/元 |
|---|---|---|---|---|---|
| 野蘑菇 | 0.200 | 96 | 蜂蜜 | 0.500 | 48 |
| 鹿角菜 | 0.060 | 42 | 野葱花 | 0.025 | 36 |
| 柳花菜 | 0.060 | 42 | 鹿茸 | 0.075 | 96 |
| 藏红花 | 0.005 | 118 | 雪菊 | 0.025 | 48 |
| 黑枸杞 | 0.075 | 86 | 锁阳 | 0.075 | 58 |
| 雪牡丹 | 0.020 | 38 | 当归 | 0.075 | 36 |

2. B2B 批发

通过京东自营和天猫超市 B2B 代理批发，以及入驻中粮“我买网”等生鲜垂直平台的多渠道批发，来获取收益。

## 10.5 产品与运营

### 10.5.1 产品服务

天津伍创电子商务有限公司主要负责帮助本项目整合天祝藏族自治县当地资源，建设农村电商生态基地，提供供应链和仓储的相应支持。

本项目所提供的服务包括以下 5 个方面。

1. 产品规划

基于前期调研的结果，精细化分割牦牛产品，从生鲜牛肉到牛肉干、牦牛衍生品，并逐步融入天祝藏族自治县其他特产，提供更多藏区产品，满足消费者的各项需求。同时，建立产品认证体系，争取获得无公害牛肉、绿色牛肉、有机牛肉等认证，增加产品溢价，获得消费者信任。

2. 品牌包装

以牦牛产品为重点，打造核心县域公共品牌"牦小白"。并以核心品牌为基础，进一步打造2~3个县域特色品牌，建立天祝藏族自治县公共品牌素材库，逐步实现天祝品牌群。

3. 供应链和仓储建设

协助当地政府实现天祝藏族自治县农产品从原产地到消费者手中的各个环节可查询、可追溯。实现"一品一码"，将产品身份数字化，让消费者足不出户就可查询，购买安全放心的商品。同时，合作建设县级物流仓配中心、乡镇物流中转仓、村级物流服务网点，协助组建专业的物流运营团队，完善县、乡、村三级物流体系。

4. 营销推广

自建品牌官方网站，利用搜索引擎营销等开展品牌线上公共推广；建设微信公众平台，利用社群营销等进行产品精准推广；利用京东众筹、淘宝众筹进行产品首发活动，大幅提高产品的知名度和影响力。此前，"牦小白"还曾被《兰州晚报》、搜狐网等多家媒体报道。

5. 渠道建设运营

渠道建设运营包括开设京东旗舰店和天猫旗舰店，开展B2C运营；尝试让"牦小白"品牌入驻京东自营或天猫超市，开展B2B运营；尝试入驻生鲜垂直平台。

通过以上服务，推进天祝藏族自治县县域电商规模化、标准化、市场化、品牌化建设，打造一个农业电商知名品牌和地域名片建设的创新模式和典型案例，其成果将具有较强的可复制性和较高的推广价值。

### 10.5.2　质量控制

为了充分保障产品质量安全，项目团队与养殖企业正在共同探索开发一套完整的品牌牦牛肉安全追溯系统。各环节的追溯信息如表10.4所示。

表10.4　各环节的追溯信息

| 环节 | 追溯信息 |
| --- | --- |
| 屠宰 | 屠宰是牛肉供应链中的首个环节，要从牛肉制品追溯到牛，有赖于信息的准确性，需要牛肉标签规则和屠宰场的支持。当到达屠宰场时，需要牛的健康证明，以及含有标识代码的耳标 |
| 分割 | 屠宰场将所有与牛及其胴体的相关信息传递给第一个分割厂。牛体的分割包含牛肉加工的全过程，包括从切割牛胴体到进一步分割直至零售包装。每个分割厂将所有牛及其胴体的相关信息以人工可识读的方式传递给供应链中的下一个分割厂。在牛体分割加工处理过程中满足牛肉标签规则的要求，记录有关信息。牛肉分割车间切割后的任何一批牛肉制品，只有同一屠宰场屠宰且同一天加工的牛肉产品。每个单独的牛肉块或肉末包装都有一个标签 |

续表

| 环节 | 追溯信息 |
|---|---|
| 加工 | 根据牦牛肉质量、尺寸等进行分级，包装成特定的单元，并把加工环节信息、质量信息、加工过程记录等加入二维码标签 |
| 物流 | 物流阶段包括运输配送和储存两个环节。生鲜牦牛肉属于易变质的产品，因此在仓储、运输环节就要对承运商的基本信息、所运载产品的相关信息、运载方式信息、运载工具信息及运输卫生条件信息等进行标识记录。储存环节信息则包括农产品信息、客户信息、工组人员信息、储存地点信息及储存方式信息等 |
| 销售 | 牛肉的最后一个分割厂按照规则的要求和商业需求，将所有与牛、牛胴体及牛肉加工相关的信息传递给供应链中的下一个操作环节，批发、冷藏或直接零售。零售采用 POS 系统，区分 POS 销售的“预包装”牛肉制品和“非预包装”牛肉制品。该阶段主要包括三类信息：销售商信息，如销售商名称等；销售过程信息，如包装的具体信息、销售环境信息等；接口信息，分为物流环节货物交接时的相关信息和向消费者提供的信息 |

## 10.6 营销推广

### 10.6.1 营销模式

1. 产品策略

鉴于目前生鲜市场竞争愈发激烈，本项目产品策略精细化分割牦牛产品，从生牛肉到牛肉干、牦牛衍生品，实现多品类、多尝试。首先推出主打产品，打造畅销产品，打响品牌；进而以品牌推出产品带动产品群，带动天祝藏族自治县其他特产的推广。

2. 定价策略

项目主要采用市场导向定价策略，即通过对市场需求者信息、需求结构及商品的需求价格弹性等进行产品定价。产品将分为高、中、低多个档次，广泛采用组合定价、诱导定价等策略。同时，配合采用折扣补贴定价策略和分层定价策略，以扩大销售额，提高销售利润。个别优质产品将采用成本价进行销售，实现畅销款引流。

3. 渠道策略

项目产品主要来自甘肃省天祝藏族自治县。销售渠道为京东众筹或淘宝众筹、天猫和京东品牌旗舰店、京东自营和天猫超市 B2B 加盟合作，以及入驻中粮“我买网”等生鲜垂直平台等。同时，项目重点优化产品包装和物流配送，合作建设天祝藏族自治县乡村电子商务服务站和物流配送点，充分利用线下已有的农村邮政网点进行物流升级，实现完善的产品溯源管理系统。合作建设县级物流仓配中心、乡镇物流中转仓、村级物流服务网点，协助组建专业的物流运营团队，完善县、乡、村三级物流体系。

4. 促销策略

（1）京东、淘宝、中粮我买网：通过限时限量折扣、全店铺打折、店铺满立减、店铺优惠、节假日站内促销活动等方式吸引消费者，提升交易额。

（2）自建官网：主要采用搜索引擎营销和少量精准广告投放营销的方式。

（3）微信平台：建立品牌微信公众号，主要开展品牌软文推广和社群营销等，适量进行部分产品的微信销售以进行新品市场摸底。

### 10.6.2 推广模式

1. 旅游营销

团队通过旅游营销对产品进行推广。充分利用游客的心理和对产品的需求，对品牌产品进行改造；建立网络营销平台，突破传统旅游产品的不可移动性；推出礼品包装、味觉包装、意觉包装等个性化包装，解决旅游特产挑选难等一系列问题。以产品作为媒介，进行地域名片的宣传。

2. 微信营销

项目运用微信公众平台打造自己的品牌和CRM进行营销，更有利于生鲜电商品牌的建设，也方便推送信息和解答顾客的疑问。通过此平台发布最新的消息与活动，如团购、集赞得折扣等，带动之前顾客周围的新一波消费者加入。在进行微信营销的同时，紧抓产品健康、绿色、安全的特点，在各大论坛进行宣传和营销。

3. 新闻稿推广

根据网站的特点整理一些有深度、可传播性强的资讯，例如牛肉打假、牛肉生产体系等话题，然后通过媒介资源平台向各媒体进行新闻式推广，更容易在消费者中树立起正面形象。

4. 故事营销

有海尔、可口可乐等一系列故事营销的先例，我们可以采用天祝白牦牛、牦牛姑娘的爱情等故事，与图片结合放在网站封面，突出天祝藏族自治县地方特色和产品的历史韵味；整理帮扶雪山孩子、大山里的牦牛等爱心公益故事，将产品公益化，吸引更多热衷于公益事业的人。

5. 搜索引擎营销

搜索引擎的出现，极大地方便了信息的查找，同时也为推广产品和服务创造了绝佳的机会。

6. 精准广告投放

可以根据用户的习惯、喜好和需求，有针对性地投放用户感兴趣或有用的广告。可以通过广告监测代码，对投放的广告进行检测，而且广告付费方式先进、经济实惠。

## 10.7 教师点评

"牦小白"是一个典型的农业电商项目，且属于农业电商里面的一个分支"县域电商"，打造一个县域的特产品牌。同时，它也是一个电商扶贫项目。电子商务和农业扶贫相结合也是近几年的一个趋势。

市场方面，该项目主要是定位于追求高品质的中高端人群，这也是很多电商农业初创项目的市场定位。之所以选择中高端市场，是因为盈利能力和价格水平的考虑。同时，项目为了满足市场人群对营养健康的需求，同时基于产品的整个特点和定价，也做了很多的礼品包装，突出了“礼品”这一概念。

该项目的营销方式比较具有特色，采用了众筹等活动营销方式，取得了较好效果。另外，也使用了淘宝直播等新媒体营销方式。

在销售渠道方面，该项目首先采用了 B2C 的渠道，在天猫和京东开设自己的旗舰店，一方面是为了销售，另一方面也是品牌展示的一个很好的方式。另外，采用 B2B 的渠道，入驻了京东自营和天猫超市，为京东自营和天猫超市进行供货。未来它计划入驻包括中粮“我买网”等垂直电商平台，基本实现了多渠道的推广和销售。“牦小白”的策划比较详细、完善，而且体现了比较好的专业性，但是也存在几个问题。第一，这几年县域特产电商的项目非常多，竞争也非常激烈，想在这种激烈的竞争中脱颖而出，获得更好的成绩，需要有更多的创新，太中规中矩是不行的。第二，生产流通标准和许可问题。这个项目把牦牛的不同部位进行分割包装，已经不处于初级农产品的阶段，所以它的产品流需要生产许可证等一系列认证。正是这一系列认证的获取，可能会使项目延误很长一段时间。第三，它主打中高端市场，突出的是营养健康的特色卖点。但是对于绿色健康，目前大众消费还停留在初级阶段，更关注产品的口感。通过部分用户反馈，“牦小白”的白牦牛肉在口感方面没有很好地满足客户的心理预期，这是该项目未来的改进方向。

第11章

# 电子商务创业案例之四："新维校园"

## 11.1 前 言

"新维校园"是以校园经济为背景，从校园市场需求端入手建立的一个完整的校园化平台。此项目整合校内个人、团体及校内外店铺的优质资源，综合微商、营销、信息、生活、兼职等多种元素，打造高校校园生活服务类O2O综合平台。

该项目基本涵盖了校园生活的各个方面，最终达到学校、商家、师生共赢的局面，实现信息共享、供需互补、优惠便利的完整体系。它的主功能模块分为商家和学生创业团队入驻、校园信息整合、校园二手交易、兼职招聘、失物查询、电子商务大赛、物件代取、智力游戏等，具有信息综合、服务便利、线下线上双结合等核心特色。

本项目的盈利模式主要包括：根据商家营销额收取平台使用费，根据商家提供的商品挣得中间差价，自营商店通过自营销售快销品获利，通过公众号的内容推送获得推广费用等。这个项目在实际的运营中取得了很好的效果，获得了很多学生、社团的信赖。

## 11.2 项目简介

### 11.2.1 项目概述

"新维校园"是以校园经济为背景，从校园供给与需求端入手，综合微商、营销、信息、生活、兼职等多种元素，打造的一个高校校园生活服务类O2O综合平台。

项目综合C2C、B2C等思路，结合校园信息、电商比赛、失物查询、折扣攻略等功能模块，形成以"品录微店"为链接点，"优优同学惠"为网状交易平台的智慧校园O2O生活平台。以双App（商家端、客户端）、一个微信公众号、一个新浪微博为核心，打造一个真正服务校园的便民项目，为广大师生提供实质的商品优惠信息和优质的生活服务，最终达到学校、商家、师生共赢的局面，实现信息共享、供需互补、优惠便利的完整体系。

### 11.2.2 创新优势

本项目包括“同学惠”校园移动门户、“同学惠”微信公共平台、分布式社群移动商城系统、供应商资源池四大系统，如图11.1所示。分布式的社群移动商城系统支持多个创业团队针对校园美食、运动、旅游等圈子建立自己的移动社交电商平台（简称“社群微店”），并选择供应商资源池中的适合产品在相应社群中进行推广和零售。最后，所有社群微店通过虚拟合伙模式加盟到“同学惠”校园移动门户。“同学惠”校园移动门户和“同学惠”微信公共平台利用二手交易、一卡通服务、校园兼职、场馆预订等O2O服务向社群微店引流，最终形成一个完整的商务闭环。项目在以下几个方面进行了创新设计。

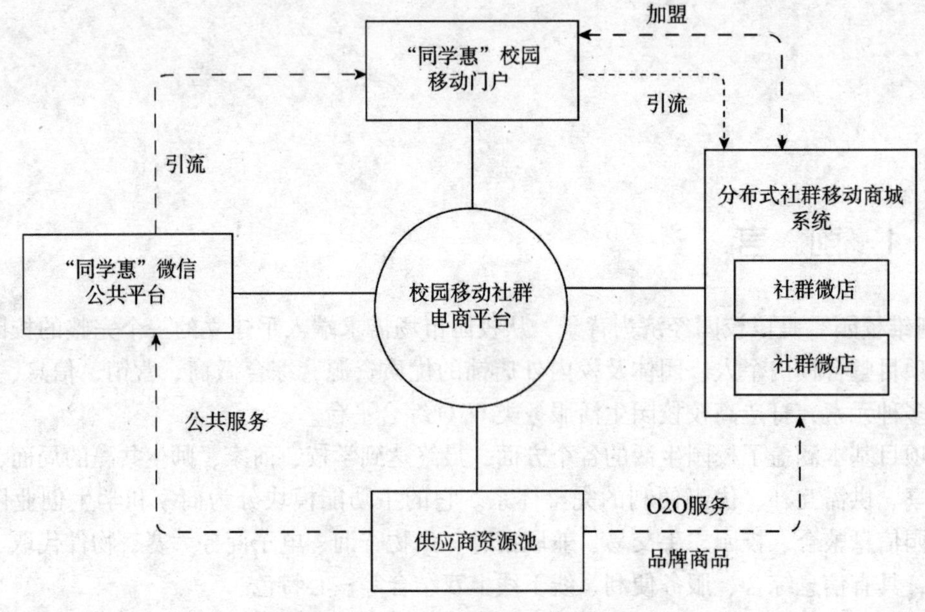


图11.1 “新维校园”平台四大系统

1. 分布式电子商务平台

依托去中心化的社交媒体，改变传统集中式电商的比价模式，通过“同学惠”流量入口，形成各种O2O、B2C、C2C的异业联盟和虚拟合伙，实现分布式的电商架构。

2. 基于社群经济的营销模式

项目基于圈子、人脉、六度空间理论建立校园社群营销模式，通过将有共同兴趣爱好的人聚集在一起，将一个兴趣圈打造成消费家园。社群成员因为共同兴趣、认同感、归属感聚在一起，黏度更高。

3. 多平台数据整合

移动校园门户、微信公共平台、社群微店可独立运营，同时，还实现了跨系统的实时数据交换和流程对接。

4. O2O服务引流

将校园O2O服务作为平台引流渠道，将O2O带来的精准流量引入电商零售交易。

### 11.2.3　特色功能

1. 基于云技术的一卡通查询系统

运用将微信公众号二次开发和云技术数据库结合的方式，直击市场需求，以大学生朋友圈转发率最高的一卡通丢失信息为切入点，建立一卡通数据库。学生将捡到的一卡通交至学校教学楼或食堂等任意存放点，并在公众号上进行信息填写，包括交还地点和交还一卡通的学号。丢卡的同学即可通过公众号的检索功能，查到自己丢失的一卡通及其被交还的地点。

2. 大学生创业团队入驻功能

大学生创业存在知名度低的问题，创业产品缺乏宣传。"新维校园"为学校所有大学生创业团队提供线上销售平台，利用平台的影响力进行线上推广销售，学校的大学生创业团队可以将自己的商品通过商家客户端上传到网络平台，并在客户端统一展示给广大师生，为学校众多创业团队打造了一个线上的销售和宣传接口。

3. 校内资源共享化技术

打造学校生活服务类 O2O 平台，使学校步入校区智能化、生活便捷化和资源共享化的阶段。使用"商家端"和"客户端"两款 App，综合整合学校内外及周边的商铺资源，把优惠给广大师生；同时为线下商铺提供一个便利的线上平台，将客流量引入商家店铺，最终实现学校、商家、学生共赢的局面。核实后的优秀师生也可以以个人身份入驻"商家端"，把自家的特产等商品在平台中出售，真正实现校区资源共享。

4. 校园信息综合呈现

大学社团众多、活动繁多，在这种情况下，大学生会没有耐心去挑选精华主题。"新维校园"和校内 200 多个优质社团合作，负责推广宣传优质活动，大学生可以从"新维校园"平台获知校园内大部分优质活动，避免冗杂的活动信息轰炸。另外，校园美食、超市折扣等惠民信息也会及时更新，做到校园优质信息综合化。

5. 校园物流新革命

在传统购物网站购物的物流只能送到指定地点，就连打着"懒人经济"旗号的外卖行业也只能送到宿舍门口。而本项目打造本地的学生物流团队，能送到宿舍，实现了校园物流的新突破，是校园物流的一个重大改革。

## 11.3　项目背景

随着人们生活水平的不断提高和移动互联网时代的到来，大街小巷随处可见拿着手机上网的人。移动互联网的飞速发展使中国民众的上网率迅速上升，使用网上支付的人群也在大幅度增加，支付方式向网上支付的趋势越来越明显。

资料显示，我国的学生网民最多，且大学生使用手机的比例远远超过中小学生。因此，在现代社会中，在移动互联网时代有关支付的相关比例中，大学生市场具有无可比拟的广阔前景。

随着人们生活水平的不断提高，恩格尔系数也在不断下降，本项目主要的目标市场放在恩格尔系数之外的消费品上，如生活服务类等。这一市场每年预计有 0.3 万亿元的消费金额，占据巨大的市场份额，而且随着人们生活水平的提高，还在以每年10%的速率增长，具有广阔的市场前景。

## 11.4 项目分析

目前，校园生活服务类平台行业内的竞争者主要可分为全国性综合大型电商公司和以校园为主的生活服务类App。前者拥有充足的资金和技术；而后者拥有本土化的校园市场人脉资源优势，熟悉本校园的市场。

1. 全国性综合大型电商公司分析

“1号店”是国内首家网上超市，数百种商品在线购买，家居百货商品类型非常齐全。商品有保证，送货上门。

“聚美优品”是化妆品特卖网站，海外正品低价特卖，支持急速送达，品牌具有防伪码，也是一个针对女性的生活服务网站。

“当当网”包括图书、服装、童书、百货、电子书等商品。

“美团”是社会人员及在校生使用较多的网站，服务类型涉及面非常广，每天优惠不间断，精选饮食、生活、电影、周边游、外卖、购物、温泉等超低价折扣商家，为学生在校外节省了很多开销。同时，美团也在力推消费者保障计划，让消费者放心团购。

“饿了么”是校内使用率很高的外卖App，拥有各类中餐、西餐、日餐、韩餐等美食，是专业的网上订餐平台。

“大众点评”是中国领先的本地生活信息及交易平台，也是最早建立的独立第三方消费点评网站，为用户提供商户信息、消费点评、消费优惠等信息服务，同时也提供团购、餐厅预订、外卖及电子会员卡等。2015年，与美团网合并。

根据以上调研，全国性综合大型电商公司存在以下问题。

（1）服务范围大，产品具有选择性。

（2）服务类型多的O2O平台，覆盖范围太大，对一个学校的针对性不强，校内优惠太少。

（3）商品需要通过较长时间和距离的物流，不能校内面对面交易。

2. 以校园为主的生活服务类App优劣势分析

（1）“微同校”。

这是一个将微信公众号打造成校园生活类的平台。通过该平台，学生可以实惠的价格购买到便宜而新鲜的水果，并支持线上和线下结算。送货上门是其最大的特色，快捷、便利、实惠，吸引了大批校内学生购买水果。

（2）“微校吧”高效服务平台。

这是一个面向学生永久免费的校园资源整合平台，也是一个覆盖多所校园的生活资讯活动平台。通过微信公众号进行校内服务，具体包括学生服务（兼职、二手市场、快递）、实习就业、驾校招募、作品投稿、教育培训等服务。

（3）“宅米”。

这是寝室里的便利店，是一个较有人气的校园生活平台，可5分钟送货到宿舍，也是一个综合性非常强的经营性商场。与前两个不同的是，“宅米”将微信公众号属性调成“服务号”的形式，为学生提供了自己开店与商家合作的平台，也在服务号中拥有自己的商城。

三个平台的比较如表 11.1 所示。

表 11.1　三个平台的比较

| 平台 | 优势 | 劣势 |
| --- | --- | --- |
| "微同校" | 利用公众号做营销，积攒大量人脉 | 人员消耗大，无法让校内创业团队加入 |
| "微校吧"高效服务平台 | 涉及范围广，通过微信公众号进行服务 | 服务精准度太低 |
| "宅米" | 速度快 | 做快销品 |

3. "新维校园"项目的 SWOT 分析

(1) 优势 (S)。

1) 入驻校内创业团队，也可与其他校内团队进行合作。

2) 与校园周边及校内商家进行合作。

3) 最大限度减少风险和成本。

4) "新维校园" App 与商家有合作关系，降低了投入。

5) "新维校园" App 与公众号第三方技术开发空间大。

(2) 劣势 (W)。

1) 资金支持不够，前期资金较少。

2) 缺少大企业支持。

3) 经验不足，人员没有经过系统的企业文化培训。

(3) 机遇 (O)。

1) 全校资源共享式校园 O2O 模式属于全国首创，在国内领先。

2) 在学校内有大量的人脉资源。

3) 学校支持该项目。

4) 与校内各大媒体平台达成了合作关系。

5) 跟学校众多创业团队和商家已经建立合作关系。

(4) 威胁 (T)。

1) 模式容易被复制，会受到大型电商公司的资金冲击。

2) 合作企业单一，缺乏大量合作对象。

3) 核心成员都为大三学生，存在人员更替风险。

4) 对 App 没有核心技术控制权。

## 11.5　盈利模式

### 11.5.1　盈利模块划分

互联网将人与人、商家与客户联系起来，O2O 时代的到来是必然的。本项目主要的盈利模式是 App 和微信公众号两个方面，依次根据商家营销额收取平台使用费、根据商家提供的商品挣取中间差价、自营商店通过销售快销品获利、公众平台通过公众号的内容推送获得推广费用、一卡通系统通过二次开发外包盈利。

### 11.5.2 盈利来源

1. 根据商家营销额收取平台使用费

校园O2O平台是以与校园内的商户加盟的模式运营的，也就是说校园内的任何商家都可加入平台，并在平台上进行出售其商品、优惠券、套餐等活动。在实践中也总结出针对不同的商家收取平台使用费的方式，大致分为两种：①通过月定额收取使用费；②通过提点收取使用费。

2. 根据商家提供的商品挣取中间差价

校园O2O平台的盈利模式大致分为两大类：一是挣商家的钱，二是挣学生的钱。收取平台使用费就是挣商家的钱。在不增加学生成本的前提下，还要挣学生的钱，如通过项目团队的自营商店，薄利多销，既让学生省钱，也能让项目团队挣钱。

3. 自营商店通过销售快销品获利

平台本着造福学生的目的，推出自营超市，在团队人员的努力下，拿最低价的商品，以线下超市给不了的薄利，配上最快的校园物流，完成自营商店的营销。

4. 公众平台通过公众号的内容推送获得推广费用

公众平台——“同学惠”，在做过多次校园推广后关注人数以爆炸式的方式增长，可以凭借其关注人数多的优势，把握市场动向，利用公众平台的推文模式推广一些商家及商品，也可接受外来商家的推广，既达到推广作用，也让有需要的用户关注到推广信息。

5. 一卡通系统通过二次开发外包盈利

通过微信二次开发功能免费解决学校学生一卡通丢失问题，使大多数学生成为平台的固定有效粉丝。本项目采取免费服务的方式，易获得学生的好感，再通过微信平台上的其他盈利业务吸引他们消费，获取盈利。

## 11.6 商业模式

### 11.6.1 项目核心

1. 经营模式

(1) 商家加盟平台，独立运营店铺，平台负责整体推广。

(2) 学生团队加盟平台，独立运营店铺，平台负责整体推广。

(3) 平台同企业合作，自营商品。

2. 盈利模式

(1) 加盟平台免费。

(2) 销售提成盈利（CPS）。

(3) 线上线下推广收取服务费。

3. 推广模式

(1) 学生用户推广。

校内、校间团队合作，以校园活动营销为主；和校团委、校招办、工会、学生会等合作，通过官方推广。

(2) 商家用户推广。

针对校园周边商家进行地推；利用学校社团、创业团队及后勤已有的商业资源，同其他电商平台合作。

### 11.6.2　合作方式

1. 服务式商家

服务式商家是在校园商家的基础上，主要在商家自身的基础条件上，大力促销让利，从而使学生从中受益的一种有偿或无偿活动，并不以实物形式而以提供活动的形式满足他人的某种特殊需要。让顾客来到店内消费，然后在消费的同时购买商家店内的其他消费品，以达到引流的目的。为商家提高知名度，同时和商家绑定消费。

2. 商品式商家

提供不定期商品促销活动，把商家经营的商品及所提供的有关服务信息向消费者进行宣传，以激发消费者的购买行为，扩大销售活动。通过平台订购商品，然后由合作物流或者商户自己的物流进行配送。

### 11.6.3　产品功能

1. 微信平台功能介绍

微信平台"同学惠"，致力于打造一个提供生活服务、学习工作、商品购物、休闲娱乐、信息公告、二手交易、兼职招聘的校园 O2O 平台，为广大师生提供更好的生活、学习服务，主营关于电商比赛、"同学惠"活动、一卡通找寻服务等项目。目前已和 200 多个社团组织达成合作，后续合作社团还会持续增加。

(1) 一卡通查询平台。

通过二次开发，将微信公众号与数据库结合，将公众号一部分转变为一卡通查询平台。学生只需要在查询平台输入学号、姓名、手机号和地点，就可以登记或查询一卡通。平台还提供一键挂失功能，可通过学号和姓名一键挂失一卡通。

(2) 社团推广。

通过和学校社团合作，免费帮他们发布活动信息。作为交换条件，需要社团 20% 的成员关注公众号。

(3) 线上商城。

1) 化妆品市场。

根据市场调查报告，女大学生的化妆品市场十分庞大。目前，学生购买化妆品的主要渠道有网购和微商两种。两者皆有缺点：网购途径物流慢；通过微商购买，假货十分多。有问题的市场，便有机会。

“新维校园”联手天津大胡同电子商务公司，货源确保安全可靠，提供质量问题包换包退的优质售后服务。物流方面，传统电商购物平台的商品只能送到指定快递点，外卖也只能送到宿舍楼下。本项目合作组建学生物流团队，能快速地把商品送到宿舍内，不但在校园物流板块上实现了跨越性发展，还将“懒人经济”发挥到极致，是普通购物平台所不能比拟的，整个流程如图 11.2 所示。

项目组携手更多优质合作伙伴，共同打造校园化妆品跨境电商市场，解决大学生买到劣质、冒牌的“海外化妆品”的问题。本项目在整个流程中，拥有一般微商所不具备的核心竞争力。

首先是质量有保证，提供假货包赔包退服务。所有海外化妆品均来自国外正规店铺，只要产品质量出现问题，就包退包换。

其次是商品送货到宿舍。和校园物流团队达成合作，所有商品均可送到宿舍，利用“懒人经济”，抢占市场。

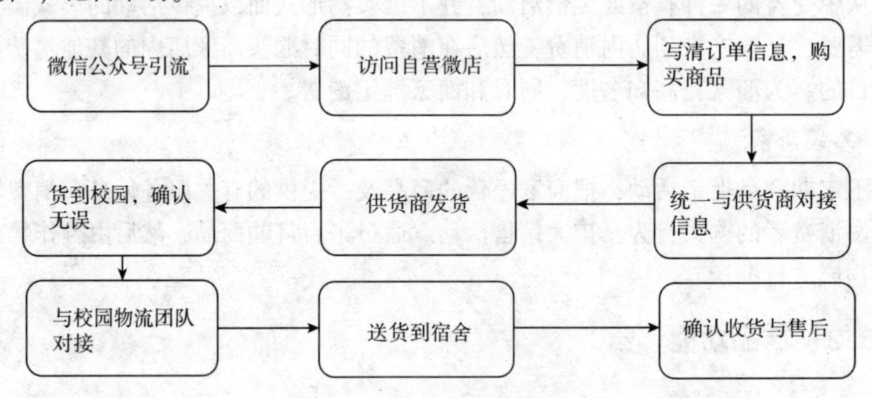


**图 11.2　线上商城运营流程**

2）水果及衍生物市场。

随着大学上消费水平的提高，水果在大学校园里也属于日常消费品，但是目前校园内大学生普遍面临两个问题：一是校园实体店铺的水果价格昂贵，一般是校外的 1.5 倍，并且水果种类不多；二是某些线上平台的水果价格虽然低，但是十分劣质，出现问题了售后处理也不好。

“新维校园”和烟台珂普生公司联手，珂普生公司提供优质的水果，水果质量有保证、价格优惠。因为从生产到销售，中间没有过多流程，所以售价比市场价格低。项目利用“新维校园”在校内的知名度，搭建水果线上平台，外加学生物流配送团队，送货到宿舍，形成完整的商业体系。既能保证水果的质量，也在价格上有绝对的优势。

随着大学生消费的多样化，个性化消费也越来越受到关注，项目以水果为核心，开发了一系列新品味果酒，在健康滋补的同时，也满足了大学生个性化消费的要求，比如果酒、起泡酒、果缤纷等，受到了学生的广泛关注。

2. App 平台功能介绍

（1）App 平台的特点。

1）以商品优选和校内购为标志。

2）以线下实体店作为配送支撑。

3）以协作的供应链管理作为成本控制的保证。

4）以打造校园化便民生活网络平台为团队目标。

（2）App平台的功能

App功能主要分为商品优选、校园二手市场交易、兼职招聘、校内购、"帮我跑腿"等模块。通过这几个模块，将日常生活有机结合起来。

1）商品优选。

商品优选主要介绍校园商家和一些校园创业团队的优质产品。在App平台单击"进入店铺"，即可查看每家的商品规格详情，然后购买。

2）校园二手市场交易。

建立一个校园二手市场交易平台，将二手用品进行交易。后期将会建立搜索功能，精确定位和查询所需物品，避免一般二手交易数据冗余的问题。

3）兼职招聘。

跟各大兼职平台建立合作关系，进行数据互通，针对不同人群的职业需求，提供不同的兼职岗位。

4）校内购。

建设团队自营商铺，跟合作商家购买物美价廉的优质商品，作为一种辅助的生活购物场所，所涉及的商品均在1天之内到达，保证商品传输速度。

5）"帮我跑腿"。

"帮我跑腿"是快递类服务和商品配送服务，可以帮忙取快递和帮忙送东西，为众多高校学子提供上门服务。此项目会收取一定费用，平均每单收取2~3元服务费。

本项目共建设三级配送站点物流体系，保证服务水平，能为客户提供短至10分钟的极致配送体验服务，为"帮我跑腿"和其他校园服务提供了强大的物流服务支持。

3. 专栏介绍

专栏介绍主要发布与"同学惠"有关的专题栏目，如最近时期主打的优惠活动，以及有关微信平台时事动态的内容简介。

## 11.7　项目拓展

### 11.7.1　推广策略

1. 口碑营销推广

项目注重服务质量、客户体验、需求开发，真正致力于为广大师生提供优质服务。以用户需求为主旨，从根本上吸引和增加用户量，能为用户真正解决实际问题。以良好的用户体验传播项目优势，起到了有效的口碑营销效果。

2. 网络营销推广

（1）以一所院校为基点，向其他院校进行延伸，形成一点辐射、多点对应模式。

（2）做好校内推广宣传，打好校内基础。在校内抓住课余、校休、节假日等机会与校内媒体平台进行合作推广，再结合官方微博、官方微信、软文推广、校内贴吧、新媒体合作及其他校内创业团体广告合作互换等模式进行不定期宣传。

(3) 开发微信第三方技术，吸引校内大量学生的关注。

(4) 及时反馈 App 与公众平台的不足，并加以弥补改进，及时维护软件升级功能，增强用户体验。

(5) 参考其他院校的生活平台，借鉴成功 App 的内容框架，结合学生需求调查，创新符合本校实情的方法，进行 App、微信公众号的合理改善。

3. 合作营销推广

与校内其他创业团队、学校社团合作，通过团队互推，达到宣传方式多样化、宣传效率高的目的。同创业团队、学校社团建立良好的合作关系，并且利用其他团队、社团的影响力，增加“新维校园”的附加价值。

与学校周边商家及校内商家合作，通过在商家门店张贴广告、商家向学生提及“新维校园”信息，与商家建立互利、低成本的合作关系，为今后合作奠定基础。该方法能有效提高品牌的可信度及品牌的普及性。另外，消费者在消费的时候，将“新维校园”植入其意识，能在以后消费指引上起重要的牵引作用。

4. 关系营销

通过学校的大力支持，利用现有合作方的人力资源与校方提供的物质资源，以及商家和合作企业提供的物料资源，在校内举办推广活动。

在竞争对手中，有货源者，缺少校方支持；一般校级社团，则缺少货源。“新维校园”在两方面都有强而有力的保证，既能得到校方的大力支持，又可以得到正品资源。

### 11.7.2 内部调整

团队内部调整可以提高工作效率，提高团队的合作默契。

对团队内部进行合理的时间、内容、进度调整，鼓励队员及时完成工作。

主要的内部调整有以下几个方面。

(1) 加强内部团结协作，联系紧密，运营流畅，队员之间相互督促。

(2) 让每个队员熟悉其他队员的基本工作，以防止队员缺席或请假时耽误工作进度。

(3) 定期上交任务报告与工作总结。

(4) 根据队员的时间，统一例会时间。

(5) 针对队员的工作进度与工作质量，对队员提供相应的福利，使其增加工作积极性。

### 11.7.3 延伸拓展

1. 院校间延伸

以我校作为校园生活服务类平台的试点，与其他院校并行发展。

国家创业政策支持，以及校方的认可，为其他院校的实施提供经验上的支持与分享。加强校与校之间的沟通，巩固校园生活圈的连通性，并且合作创出更好的发展模式，为大学生提供更加贴近生活圈、更加全方位的服务平台。

与各大院校进行资源共享、信息交流，为学生学习、实习、考研、出国等提供更多的共享资源。提升、优化学校风气，激励学生多元化发展。

2. 外部延伸

通过与部分企业对接，进行外部宣传，以得到更多企业的支持与合作。同时，巩固校内发展，节省学校及学生的资源，使App在校内普及，且从更多合作公司中得到更多技术支持；发挥本地O2O的资源优势，减少商业可复制性。

## 11.8　风险分析与对策

一个项目从策划到投入运营再到消费者购买使用，存在着不同的风险，主要包括政策风险、市场风险、财务风险、管理风险、技术风险、融资风险、竞争风险、金融风险和经营风险等。对于这些风险，我们必须防患于未然，提前制定一套完整的企业风险评估报告及相关的对策，争取将企业的损失降到最低。

### 11.8.1　技术风险与控制

线上电子商务与线下实体有天然的冲突，主要是价格冲突。线上渠道成本相对较低，如果线下与线上同价将会对传统渠道造成冲击，并且压低企业的利润空间，还会带来窜货等管理问题。所以目前大多进入电商的传统企业，往往是线上线下分而治之，采用不同库存。线下实体通过POS与后端ERP或WMS系统连接，销售商品，后台自动扣减。线上也可以做到这一点，但是两套系统独立运行，没有有效融合。所以，要实现O2O的目标，须实现实时查看所有库存，包括门店和线上，并且不同位置的线上或线下门店可以相互调货，消费者也可以自行按库存选择前往就近的门店购物。如果库存同步问题得不到解决，O2O的便利性将大打折扣。如何解决这样的冲突，O2O也给出了答案，那就是线上线下同价，通过线上线下相互带动结合物流的便利，增加销售量及增值服务，以抵消线上线下同价给线下带来的损失，从而从源头上打消商家的顾虑。

平台需要构建泛会员体制，即可以跨渠道、跨终端统一的会员体制。O2O模式中，消费者可能来自不同的渠道、不同的终端，有可能来自线下专卖店，也有可能来自手机终端和平板终端，如何确定线下实体购买商品的消费者与不同终端的消费者为同一个人，是亟须解决的问题。只有用户统一，才能做到真正的精准营销，才能提供统一的积分体系。在目前的环境下，线下难以获取用户的准确信息，例如住址、姓名、手机号、E-mail或其他社交网络账号，而这些信息通过移动终端获取相对容易。如何打通消费者认证体系，是摆在商家和本项目面前的一个难题。通过积分、促销可以让一部分用户主动使用电子会员卡，但是不可能对所有账号生效。

### 11.8.2　市场风险与控制

很多传统企业将移动O2O作为一个新的蓝海市场，但是理论和实践是有很大差距的。一方面，目前进入移动O2O的企业，能够提供从预购、在途、购买到售后分享闭环服务的寥寥无几，大多数企业无法实现真正的移动O2O购物体验，所以移动互联的用户体验并不乐观。并且目前第三方支付竞争异常激烈，由于垄断竞争，在移动端能够使用大家熟知的支付宝支付的也寥寥无几，大大降低了移动 O2O 的在线购买体验。另一方面，有些商家对移动 O2O 并不买账，这个从目前火爆的团购市场就可以看出。前期团购市场快速且无章法的发展，也给商家带来了疑虑。O2O 模式的关键点在于，平台通过在线的方式吸引消费者，然后引导其去线下体验、线下消费，这对线下服务提出了很高要求。可以说，线下体验直接影响了线上的效果。如果线下体验不好，基于朋友圈传播的特点，会带来很大的负面影响。所以移动 O2O 的发展，不但对线上运营、技术提出了要求，还要求线下商家同步提升服务，迎合 O2O 的发展。可以说线下服务周到与否，直接影响移动 O2O 的成败。如何提高线下的服务体验，也是 O2O 亟须解决的问题。

### 11.8.3 管理风险与控制

传统的网购还有支付宝等“中间人”作为过渡，当收到的商品不好时，可以申请退款、退货等，对销售者有一定的制约。对于 B2B、B2C 模式来讲，一般有第三方企业在中间进行监管。但是对于 O2O 来讲，由于充斥着大量小而散的卖家，大大增加了维权的难度，也加大了监管难度。如何监管，如何确保资金安全，提高自己的信誉度、诚信度，得到顾客信任，是 O2O 企业面临的另一难题。目前，国内移动 O2O 商业模式不清晰，盈利模式不明，产品同质化严重，用户投入性不高，投资回报不乐观。“最容易赚钱的时代已经过去了，现在到了靠质量、靠规模的阶段。”乐搏资本创始人杨宁说。在这样的市场环境下，移动 O2O 存在投入巨大但收效甚微的风险。一旦没有补贴，用户流失严重。

可信的用户评价对消费者在本地生活方面做选择往往是非常有价值的，这些内容不是来自商家或企业，也不是来自权威，而是来自真实的消费者。所以这些内容最好来自一个用户社区，而国内外互联网做 UGC（User Generated Content，用户原创内容）社区做得很成功的屈指可数。UGC 社区要做起来是非常非常困难的，因为让客户完全出于“人人为我、我为人人”的思想长期给这个平台给出评价是非常难的事情。O2O 的难度在于，产品、技术、商务、运营、管理每个环节几乎都需要跨行业、跨领域、跨线上线下的沟通和协作能力，甚至是创新能力。

## 11.9 教师点评

“新维校园”这个项目在选题方面具有一定的特色。它把电商的实际运营与学生的教学实训结合在一起，这是它的一个特色。同时，它使用了典型的校园周边商家加盟模式，就是所谓的 B2B2C 模式。在这个项目创立的时候，它选择的是比较先进的移动电商方向，具有一定的前瞻性。

在市场方面，该项目定位于高校市场。一般情况下，大学生电商创业的很多人会选择高校市场，因为这个市场学生最熟悉，具有先天优势。它针对的市场“痛点”主要有几方面：一是公共信息服务分散，因此“新维校园”整合了很多的社团公共服务；二是大学生最关心价格，价格低具有一定的优势；三是配送问题，该项目提出了一个送货上门的服务，很好地解决了校园内的“最后一公里”配送问题。

但是所有的项目都有一个容量问题。如果仅做一所高校，就算项目做得很完善、很成功，它的市场容量也是有限的，所以很多相同的项目采用了校园联盟模式，将平台、服务、产品通过代理或者加盟合作的形式向多个校园扩展，这种模式也称为"校园矩阵"。

在商业模式方面，"新维校园"使用了分布式移动社群商城系统，其实就是以微信为主的一个店群，在平台上开设了大量的微信商城。这些微信商城又基于平台的供应商资源池选择合适的产品，然后整个店群进行销售，以量取胜。

在平台方面，该项目有一个统一的校园移动门户系统，主要提供一些公共服务和公众的信息。它建立的分布式移动社群商城系统，其实就是上百个微信社群商城，实现了一个门户加多社群商城门户的整合。

在盈利方式上，它既有自己的直营商品，也有 B2B2C 的加盟模式。

在营销方面，该项目主打校内市场，主要采用区域化或者本地化的营销策略，充分发挥了学生在校园内部的优势。营销一般采用线上的社区营销和线下的地推。在区域化的市场中，地推的效果比较理想，见效较快。另外，在整个平台里面，由于大量的社团加盟，各个社团也帮助它进行推广，使用了一种联盟推广的模式。

这个项目曾经取得电子商务"创新、创意、创业"挑战赛的全国二等奖及"互联网+"创新创业大赛天津市二等奖，有比较好的成绩。但是实际在运营过程当中，也碰到很多校园电商的相同问题，即怎样把这些产品和服务扩展到其他高校。对于这类项目，形成所谓的校园联盟或者校园矩阵是至关重要的。

第 12 章

# 电子商务创业案例之五：“EMI 智造实训平台”

## 12.1 前言

EMI 项目在工业 4.0 和“中国制造 2025”的时代大潮推动之下，主要解决新制造业迫切的人才需求，以及传统的工程实训体系的实训成本、安全保障、教学模式等方面的问题。将实训平台接入云端，实现了软硬件实训资源的跨地域共享，具备虚实结合、共享制造、无人工厂、柔性生产等创新优势。通过本项目，人才和装备、创意和产品、需求和方案之间实现了高效连接。

## 12.2 项目简介

本项目将虚拟仿真、柔性制造和云技术相融合，建立可跨地域共享的、虚实结合的可视化智能制造实训平台，为“中国制造 2025”新型人才培养提供创新解决方案。系统包括云管理平台、智造终端、智造工厂三部分。设计人员操作智能终端进行数控程序设计和三维仿真；仿真后，程序和加工指令通过云管理平台发布到共享工厂进行生产；工厂现场上下料、产品加工等生产环节全部自动进行，最终自动运输成品到库。所有生产过程均可实时监控。项目成果先后获得第三届中国“互联网+”大学生创新创业大赛全国铜奖、第七届全国大学生电子商务“创新、创意、创业”挑战赛全国二等奖。2018 年，项目团队成立的企业在天津 OTC（现场交易市场）高校板首批挂牌；同年，项目负责人获第十三届中国大学生年度人物提名。

### 12.2.1 项目背景

自 2015 年国家正式部署“中国制造 2025”战略以来，国内外各大厂商均提出了自己的智能制造系统方案。各方案的整体思路基本相似，即从制造业基础零部件的智能制造入手，对现有的制造装备进行智能化升级改造，从而形成智能化的制造细胞，在智能装备互联互通的基础上，构建智能制造生产线、智能制造车间、智能制造工厂和智慧制造社区，通过不同制造层面的数据采集，形成制造过程的大数据，进而形成一个智能制造云制造环境。可以看出，整个智能制造建设方案不单涉及制造装备、制造环境的升级改造，更是整个制造方法和制造模式的变革。这种新型的制造模式需要大量制造人才的知识、技能的相应升级，才能支撑整个制造体系。

根据调查，当前制造和设计人才普遍接受的仍然是传统的制造技术和制造模式的教育学习，这给"中国制造2025"战略开展带来了以下困难。

（1）制造业人才结构性过剩与短缺并存，传统产业人才素质提高和转岗转业任务艰巨，领军人才和大国工匠紧缺，先进制造技术领域人才不足，支撑制造业转型升级的能力不强。

（2）制造业人才培养与企业实际需求脱节，产教融合不够深入，工程教育实践环节薄弱，学校和培训机构基础能力建设滞后。

（3）面向新型制造人才培养的实验室和实训建设成本巨大，突出表现在实训设备和实训场地上，动辄几百万、上千万的数控设备使学生实训环节教学设备和工位严重不足。

（4）采用纯软件仿真方式教学，实践缺乏真实件，实训过程中的加工模式与现代工厂真实加工流程差异巨大。

（5）工业4.0时代的到来，各类智能技术和信息技术的应用，使传统的制造模式、制造场景和制造流程发生了巨大变化，对制造人才的知识、技能及学习和工作方式都提出了新的要求。传统的制造人才培养平台，尤其是工程教学体系目前还很难适应这种新的挑战。

基于以上背景，服务于工业4.0时代的新型制造人才培养的"EMI智造实训平台"应运而生。

### 12.2.2　项目概述

本项目的商务拓展工作，主要分三个阶段开展。

1. 共建共享实验室

主要通过与高校合作，制定完整的工程实训服务方案，实训设备可以由我方提供，以用设备打开市场的方法，逐步占领高校实训资源。

2. 研发配套课程

首先，基于平台和既有校园实训资源，逐步进行学生培养、技能培养。然后，随着高校实训市场对制造设备需求的逐步增加，开始和制造工厂合作，升级改造更多的制造设备并连接到云，逐步形成一个智能制造云平台，实现对制造工厂加工装备的实时分配和精准管控。

3. 合作宣传推广

主要计划与高校市场渠道代理合作，并利用他们既有的高校市场资源开展产品推广。目前，我们已经和北京俊盟科技有限公司和广州凌仁乐信息科技有限公司等教育行业企业建立了代理合作关系。本阶段，盈利主要依靠云终端等系列产品的销售，购买终端之后即可接入共享实训平台。同时，在和高校合作的过程中，逐步开发出一套完备的新型实训课程并且投入使用，通过课程体现共享实训服务的收益。

### 12.2.3 项目现状

“EMI 智造实训平台”为本项目 2.0 产品。从 2009 年项目 1.0 产品“仿真数控加工教学实训系统”产品化以来，先后在多所高校、职业技术学校、部队院校和省市级的工程实训中心推广使用，获得了良好的社会效益和经济效益，累计销售额突破千万元。而且这些 1.0 产品的高校用户已经成为本项目 2.0 产品的良好试点单位和种子用户。目前，针对 2.0 产品的虚实结合、虚实同步、云端制造等核心技术均已突破，核心功能业已实现。虚实结合的共享智造平台一方面实现了一套融合智能制造、共享制造、柔性生产等工业 4.0 时代创新生产模式的教育示范系统，另一方面也为真实智能工厂的改造和建设提供了原型，目前已向项目 2.0 产品进行探索。项目已在天津市北辰区创新产业基地建立了产品展厅，并获得了第三届中国“互联网+”大学生创新创业大赛天津市金奖、全国铜奖；全国大学生电子商务“创新、创意、创业”大赛国家级二等奖，天津市一等奖和最佳创业奖；并且在 2017 年 9 月，项目作为天津代表队，参加“盐商杯”第四届“创青春”中国青年创新创业大赛，获得团委领导及副省长的指导。2018 年 1 月 10 日，天津市高校众创空间联盟年度工作交流会暨天津 OTC 高校板首批企业挂牌仪式在天津科技金融大厦举行，项目所在的天津市某科技有限公司成为天津 OTC 高校板首批挂牌企业。2017 年 12 月，项目负责人获得天津市创新创业特等奖学金；2018 年 5 月，项目负责人被评为第十三届中国大学生年度人物提名候选人。

### 12.2.4 发展思路

本项目未来整体发展路线分三个步骤。

第一步，基于平台现有功能特色，深耕高校数控实训教学市场，力争几年内覆盖多所高校，实现较大规模的平台用户和高销售额的目标。在解决高校机械类实训现有“痛点”的同时，进行学生的重点培养。

第二步，基于前期积累的高校资源及实训和制造需求，与传统工厂企业合作，对其加工设备进行智能化改造，建立共享智造装备库，并逐步连接制造材料供应商和仓储库存服务企业等，建立共享智造资源库。在装备库和资源库的基础上，逐步为广大制造人才提供包括学习、实训、原型制造等在内的完整云端服务平台。

第三步，平台逐步聚集“百万人才”“百万装备”，同时将人才库、装备库与市场上大量离散的小批量定制化加工制造需求进行连接，形成“百万产品”，逐步打造校企融合的智能制造生态体系，并基于云端海量制造数据建立各类工业大数据应用。

## 12.3 产品与服务

### 12.3.1 系统架构

系统主要包括云管理平台、云智造终端、云智造工厂等，其结构如图 12.1 所示。

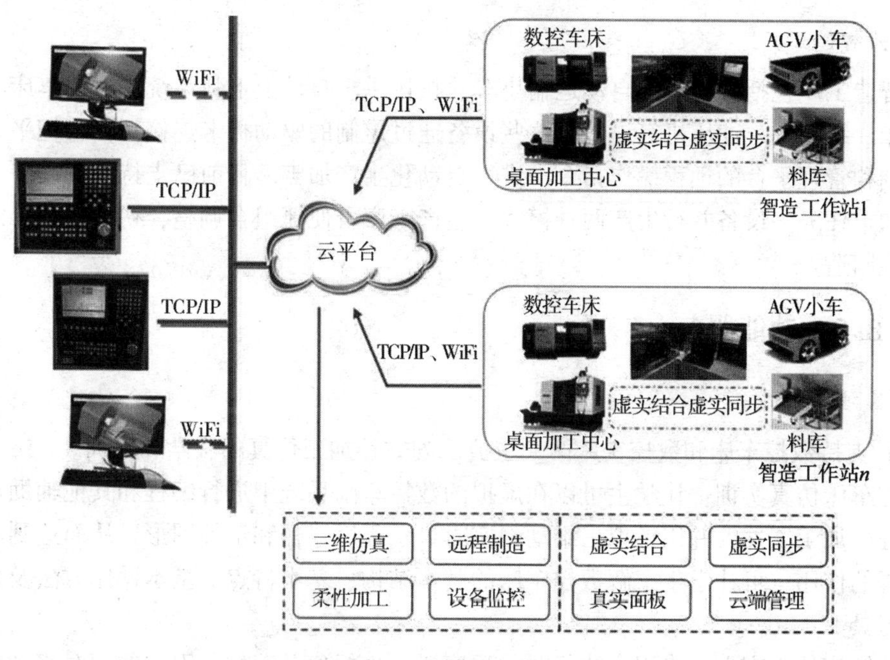


图 12.1　系统结构

1. 云管理平台

智造终端、智造工厂均通过网络连接到云管理平台，进行统一管理。云管理平台主要有智造终端管理、工厂设备监控、制造任务管理、加工程序管理、产品与生产资料管理等功能。

2. 云智造终端

云智造终端包括三维加工仿真程序和真实数控操作面板，而且可根据仿真控制的设备不同、型号不同更换面板和仿真程序。多种型号的云智造终端如图 12.2 所示。工程人员使用数控操作面板先进行数控程序设计和仿真，然后将加工任务和加工程序远程发布到智造工厂的相关设备进行制造。

图 12.2　多种型号云智造终端

3. 云智造工厂

云智造工厂包括物料库、自动运输小车、机械手、自动上下料系统、数控车床、数控铣床、钻床、线切割、冲压机等设备。这些设备通过定制的驱动板卡连接到云管理平台，接收智造终端和管理平台的远程操作指令，进行自动化生产加工。目前已支持单台设备多任务排队生产和单任务多设备并行生产两种模式，生产工序可便捷组合调整，初步实现了定制化生产和柔性制造。

## 12.3.2 功能服务

1. 基础功能服务

（1）支持数控车床和数控铣床两大主流系列数控加工仿真的教学和培训。

数控车床仿真实训：让学生可以在虚拟的数控车削系统中进行编程和其他辅助操作，而后执行程序加工工件，并用模拟三维动画实时显示程序路径和工件图形，从而达到演示零件加工过程的作用。可让学生了解数控车床的基本结构、基本特点、基本操作方法及数控车床的各种刀具。

数控铣床仿真实训：当程序执行时，程序段、坐标值及工件与刀具的相对移动的切削过程都可以同时显示在一个窗口内，使操作者一目了然；随时监控机床运行的状态，身临其境地感受零件加工的整个过程。可让学生了解数控铣削加工的主要对象、铣削刀具的种类、常用刀具的安装等。

（2）支持多种虚拟加工系统，包括虚拟数控车床、虚拟数控加工中心、虚拟四轴和五轴加工中心等，同时支持毛坯、刀具、夹具的客户化定制。

（3）多系统真实面板，支持 FANUC 0i、Simens 802、华中数控世纪星等主流数控系统的硬面更换和系统切换。真实面板可以驱动虚拟数控，也可以驱动真实的生产型或教学型机床。

（4）支持客户化的虚拟机床模型定制，可以定制虚拟数控机床并定义其运动关系。

（5）支持客户化的数控机床运动指令集定制功能，通过指令定制可以定义新的数控系统运动控制指令集。

（6）支持客户化的数控机床逻辑控制指令集定制功能，通过指令定制可以定义新的数控系统逻辑控制指令集。

2. 实训教学功能服务

在高校机械类实训教学方面，平台紧密结合高校工程实训过程的各个环节，分别提供如图 12.3 所示的功能服务。

除上述仿真设计、虚实结合、远程加工等功能之外，平台还提供如下教学管理配套功能。

（1）数控设备管理，包括数控设备在线管理、机床远程控制、数控设备实时监测等功能。

（2）数控程序管理，包括数控程序基本信息管理、数控程序审核管理、数控程序测试管理等功能。

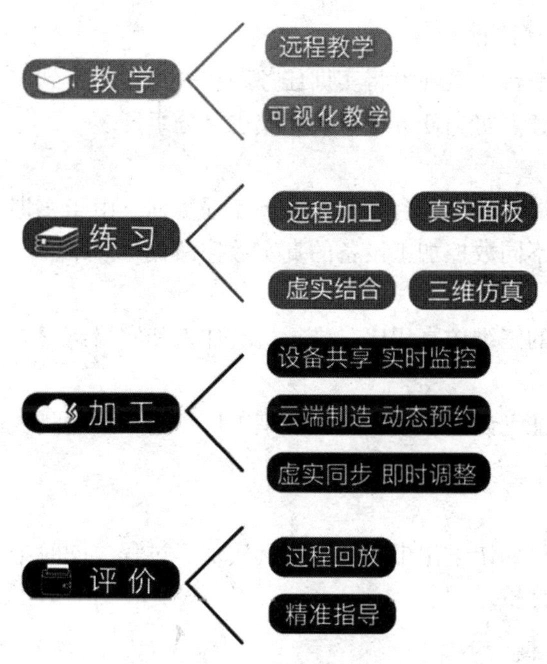


图 12.3　云实训功能结构

(3) 实训任务管理，包括任务制定、工序管理和生产规则管理等功能。

(4) 生产活动管理，包括生产查询、工艺编制、生产加工等功能。

(5) 产品与生产资料管理，包括对实训产品、实训中所使用的生产资料进行设置与管理。

(6) 实训评价管理，基于实时实训数据，对学生实训过程进行评价，实现过程化、精细化实训评分。

(7) 系统管理，包括基础数据管理、数据备份与恢复管理、班级信息管理、人员管理、角色管理、权限管理、系统日志管理、登录管理、统计报表等功能。

### 12.3.3　系统流程

EMI 共享连接平台系统流程如图 12.4 所示。

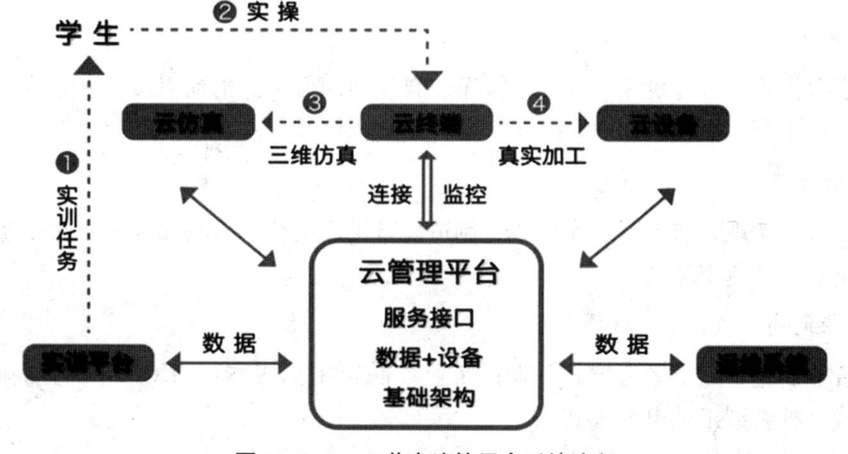


图 12.4　EMI 共享连接平台系统流程

(1) 实训任务发布与接收。

基于智蚁科技连接平台，教师可将实训任务和相关资料发布到实训平台，学生登录实训平台查看、接收实训任务。实训任务可个人完成也可分组开展。

(2) 学生实操。

学生操作云智造终端访问云平台，开始进行工程实训。由于实训任务和所需实训设备型号不同，可以选择针对不同数控加工设备的真实数控面板。

(3) 三维仿真。

学生调用云平台上的三维仿真程序，进行仿真加工和实操练习。

(4) 真实加工。

加工程序经仿真验证无误后，可以进行共享工厂预约，推送相关设备程序，进而开展远程加工。

(5) 教师评价。

教师登录实训平台可回访学生虚拟加工和真实加工过程，同时结合平台统计的实训数据及最后加工成品，做出评价。

### 12.3.4 技术优势

虚实结合的共享智造平台一方面实现了一套融合智能制造、共享制造、柔性生产等工业4.0时代创新生产模式的教育示范系统；另一方面也为真实智能工厂的改造和建设提供了原型。

具体优势如下。

1. 虚实结合

首先在本地的实训终端上进行加工程序的三维仿真，仿真验证后，程序可通过网络发送到远程真实加工环境上进行实际加工操作。

2. 共享制造

加工设备、加工流程、加工状态统一由云端实时管理监控。加工任务和程序可发布到和云端相连的任意工厂进行加工制造，实现工厂闲置资源的合理匹配和共享。

3. 无人工厂

通过虚拟仿真、数控机床、无人运输车、自动料库等产品的研发改造和集成，实现生产命令和原料从工厂一端输入、产品从工厂另一端输出的全自动化工厂系统。

4. 柔性生产

智造平台可实现制造流程动态修改，制造设备灵活组合，实现多品种、小批量生产，为低成本定制化生产奠定基础。

5. 工业电商

通过智能制造、共享制造模式，降低工业产品定制化成本，与C2B电商创新模式有效结合，形成一种新型工业电商模式。

## 12.4　生产运营管理

### 12.4.1　生产组织

本公司主要负责本项目产品的研发、推广和产品运营等核心业务，产品研发生产模式如图12.5所示。产品生产制造采用委托加工模式，现由天津一科技有限公司负责产品的生产加工、产品测试和安装维修等服务，整体产品质量管控由该公司负责。作为本产品战略合作伙伴，这家企业拥有经验丰富的结构工程师、制造工程师、工艺设计师和高素质的专业管理人员及员工队伍，具有高水平的设计和制造能力，同时配备有高精度数字检测仪表、在线检测仪、专业电路板测试针床等一体化电子检测设备。另配备有数字加工中心设备，用于机电一体化设备的研制和生产。通过对本项目1.0、2.0产品近10年的加工合作，该企业已和我司建立稳定、密切的合作关系，将继续为2.0产品提供有力的生产制造保障。

图12.5　产品研发生产模式

### 12.4.2　质量控制

为了对委托加工的产品进行有效的质量控制，确保委托加工商提供的产品符合质量要求，公司制定了专门的《委托加工产品质量管理办法》。由运营部负责组织制定委托加工产品的质量标准，标准包括质量要求（含内外包装材料的要求）、检测方法和验收规则。要求委托生产厂随货将每批检测报告传至我公司，运营部按委托加工产品的标准要求对产品进行抽样检验，对照委托生产厂的检测报告对委托生产厂的产品质量和检测结果进行评价和确认，合格则入库，不合格的则退货或降级接受。发生质量问题时，运营部通知委托生产厂改进，同时做好质量考核管理工作，并依照合同的规定进行处罚。对连续出现质量不合格、影响公司声誉的生产厂，运营部可向公司提出更换委托加工商的建议，经总经理审核批准后按委托生产厂的选择程序重新选择合格的生产商。

## 12.5 市场与竞争分析

### 12.5.1 市场现状和痛点分析

自2015年国家正式发布“中国制造2025”以来，国内外各大厂商均提出了自己的智能制造系统方案。

面对新型的制造模式和制造场景，传统的实训教学体系面临巨大挑战，重点表现在以下方面。

1. 成本问题

成本包括软硬件成本、场地成本、材料损耗、管理成本。面向新型制造人才培养的实验室和实训建设成本巨大，突出表现在实训设备和实训场地及管理上。数控设备品种多、价格高，一台数控车床或数控铣床一般需十几万元或二三十万元，一台数控加工中心也是少则几十万元多则几百万元；实训场地的机器数控设备等需要管理人员进行相应的管理，且需要的场地大，耗费人力财力。

2. 安全问题

安全问题主要是现场操作带来的人身安全和设备安全问题。如果面对正式机床进行操作，又是传统的一个老师指导多名学生的教学方法，即便再完备的制度，也可能因失误出现受伤的情况，并且有些时候设备的损坏是老师无法第一时间觉察到的。

3. 教学问题

教学问题主要体现在机械构造、操作可视，但数控原理晦涩难懂。教学老师只能通过晦涩难懂的理论告诉学生设备是如何运行的，不能直观地对学生进行教学。

4. 校外实训难度大

校外实训存在外出实训管理难度大、实训费用高，尤其是学生安全保障难度大等问题。

### 12.5.2 “痛点”解决方案

针对以上问题，我们给出以下解决方案。

1. 远程制造

通过远程发布生产指令和加工程序，保障人身安全；通过虚拟仿真、数控机床、无人运输车、自动料库等产品的研发改造和集成，实现生产命令和原料从工厂一端输入、产品从工厂另一端输出的全自动化工厂系统。并且，加工设备、加工流程、加工状态统一在云端实时管理监控，解决真实实训工厂存在的安全问题。

2. 虚实结合

先仿真后加工，可避免操作失误，降低材料损耗成本，保障设备安全。首先在本地的实训终端上进行加工程序的三维仿真，仿真验证后，程序可通过网络发送到远程在真实加工环境上进行实际加工操作。

3. 虚实同步

虚实同步是指虚拟仿真与真实加工同步进行。真实数控过程通过传感网络直接呈现在三维仿真系统上，实现数控原理动态可视化教学，直观易懂。利用云平台可以对使用者的实训过程进行精细分析和评价，弥补了以往仅靠加工成果评分的不足，因为老师通过数据可以分析出学生实训中易犯的错误和问题，甚至可以在远端远程回放学生的所有加工过程。

4. 共享实训

通过软硬件资源共享、昂贵设备共享，降低了实训成本。加工设备、加工流程、加工状态统一在云端实时管理监控。加工任务和程序可发布到和云端相连的任意工厂进行加工制造，实现工厂闲置资源的合理匹配和共享，很大程度上降低了实训费用。

### 12.5.3　市场前景

据统计，目前我国已拥有高职、中职院校 20 000 余所，技工院校近 3 000 所，其中开设机械类专业的院校数近 2 000 所。按每所学校 50 台云智造系列设备，每台 5 万元计算，仅本项目云智造终端和配套系列产品高校市场容量就为 50 亿元左右。而各高校每年在学生工程实训环节中相关专业实训经费人均为 800 ~ 1 000 元，实训基地建设经费总投资约 10 300 万元，实训用房约 5 100 万元，实训场地约 500 万元，设备投资约 4 700 万元，各高校每年在学生工程实训环节中的固定教育服务的投入也是本项目的巨大市场。

近年来，各大高校也在不断建设机械工程、数控加工训练中心和各类工科专业的金工实习基地。2013 年，教育部在全国启动国家级虚拟仿真实验教学中心建设工作，极大地推动了实验教学示范中心内涵建设和可持续发展。截至 2015 年 9 月，全国已建有 200 个国家级虚拟仿真实验教学中心，分布在全国 155 所普通本科院校，其中 45 所高校建有 2 个国家级虚拟仿真实验教学中心。近几年，在国家工业 4.0 建设的大背景下，我国工程仿真实训产品的需求仍保持高速增长，为本项目产品——"EMI 智造实训平台"带来了广阔的市场前景。

### 12.5.4　竞争分析

本项目产品属首创产品，尚不存在同类竞争产品。针对高校机械类工程实训，主要包括以下两种传统的模式和方案。

1. 智能制造厂商

现今，知名的大型智造厂商（如西门子）几乎只针对大型企业，并且有自己固定的制造设备，针对性太强。中小型企业和教学实训想要找这样的大厂商几乎是不现实的，因为制作成本高昂，并且中小型企业和教学实训可能需要定制设备，这也是大型制造厂无法满足的。

2. 虚拟仿真软件

虽然数控加工仿真软件市场已经发展了十几年，日益成熟，但国外的软件所能适应的数控系统和数控设备不多，不适合中国国情。国内目前比较常见的有南京宇航、北京斐克 VNUC、上海宇龙、天傲、浙大辰光、广州超软、斯沃等数控仿真软件。这些软件随着版本的不断更新，数控加工仿真功能也越来越强大，操作界面越来越给人以真实感，而且囊括了常用的数控系统，因此广泛应用在国内数控加工实训、竞赛中。但是，它们均属于纯软件方案，学生无法真实体验生产加工过程，影响了数控实训的效率和效果。

### 12.5.5 竞争优势

针对以上问题，本项目的产品优势主要体现在以下几个方面。

1. 与国际知名制造厂商相比

与国际知名制造厂商相比，我们拥有共享制造模式，可以将任意地点的真实加工设备通过安装通用设备驱动板卡与云平台相连，成为云智造设备，接受远程监控和控制，进而实现不同地区共享设备、共享制造。目前，我们已经实现单台设备多任务排队生产和单任务多设备并行生产。同时，平台还可将大批量生产任务同时分配给属于多个工厂的制造设备，进行联合制造。和市场已有的智能制造设备相比，我们属于平台解决方案，可兼容更多种类、品牌的传统制造设备，目前已可对接的设备包括车床、铣床、线切割、冲压机、钻床、机械臂、3D 打印等，支持金属、塑料等多种材料部件的生产加工和定制化生产及批量生产。

2. 与纯仿真软件相比

(1) 虚实结合。

所有的仿真软件目前都是纯虚拟化的软件，学生无法体验真实的加工过程。而我们的产品利用真实的操作面板，可以完全真实地模拟数控加工过程，让学生切身体会数控机床的面板操作方法。还可以根据不同型号机床实训的需要，更换不同的数控面板，更加节省了学生实训的成本。我们把这称作“虚实结合”，是国内绝无仅有的。

(2) 虚实同步。

将真实生产设备和云端相连，实训智能终端除了进行软件仿真，还可通过网络将程序部署到各类真实设备进行实际加工。目前，模拟软件都只能模拟而无法真实加工，而我们的产品不仅可以完全真实地模拟数控加工过程，还可以远程操作真实机床进行加工，虚拟加工过程和真实加工过程可完全同步，这称作“虚实同步”，同样是国内首创。

(3) 云端管理。

我们的产品可远程对实训设备、实训过程、实训成果进行管理维护，可以把所有学生的实训数据都保存在云端，做到设备和数据云共享。

(4) 仿真加工过程回放。

我们的产品可以对使用者的实训过程进行精细分析和评价，解决了以前仅靠最终加工成果评分的不足，通过数据可以分析出学生实训中易犯的错误和存在的问题。老师和指导者甚至可以在远端远程回放使用者的所有加工过程。

(5) 大数据支持。

云端采集海量实训数据，可为各级管理决策提供数据支持。

(6) 共享制造和智能制造延伸。

我们的产品可实现机床等各类实训设备跨地域共享。引入共享经济理念，是对工业 4.0 共享制造机制的有益探索。

## 12.6　商业模式和市场策略

### 12.6.1　盈利模式

1. 收入来源

（1）云智造系列产品销售。

产品功能特色在国内尚属首创，目前市场上不存在同类竞争产品，因此具有较大的利润空间。按照每台 5 万元，2 000 所高校每所学校 50 台来计算，就有 50 亿元的市场。

（2）共享实验室。

第一年，公司将自费投入 80 万元建设两个实训基地，免费提供实训设备。根据调查及测试，一个实训基地每天可允许 100 人同时进行实训。通过这种设备共享，极大地减少了高校的实训费用。

（3）高校实训服务费。

目前，各高校每年在学生工程实训环节中都有固定的财政投入，除一次性建设投入外，每年针对每名相关专业学生都有实训资金预算，同时，随着高校向“应用型”转型，投入额度逐年增加。本项目将进行仿真终端的销售，每所学校共享实训基地，引进 100 台终端，一台终端约 5 万元；免费提供云仿真实训基地并投入设备，达到设备共享的目的，同时进行相关课程的销售。为使高校学生进入云仿真实训基地进行实训，我公司与校方收益比例为 6：4。按照每人 1 000 元/年（包含相关课程费用）的实训预算，一个实训基地 100 人同时实训可获实训服务费 6 万元，2 个实训基地可收益 12 万元。

（4）教育服务。

基于平台和基础实训服务所衍生的学科共建、课程共建、实验室共建等项目合作，也是本项目的重要收入来源之一。

2. 成本结构

项目产品的成本主要包括以下几个方面。

（1）研发成本。

研发成本主要包括智蚁科技云平台及系列产品技术研发，尤其是不同类型、不同型号的制造设备的云改造研发成本。

（2）设备购置成本。

须购置制造设备，投入实训基地，用于实训基地真实设备加工实训。

（3）制造设备改造成本。

制造设备改造成本包括实际制造设备升级改造中发生的各类材料和人工成本。平均每台设备改造费用在 2 万元左右。

（4）云终端设备生产成本。

云终端设备生产成本是指根据产品订单，委外加工的云终端设备的材料和制造成本，平均每台云终端设备生产成本在 2 万元左右。

(5) 实训材料成本。

实训材料成本是指学生工程实训过程中的相关材料消耗。鉴于本平台采用“先仿真再加工”的实训流程，同时通过“虚实同步”实现了“加工过程实时调整”，所以实训对原材料的消耗和传统模式相比将大幅度降低。

(6) 营销推广费用。

营销推广费用是指产品品牌推广的相关费用，包括会议举办、大赛冠名、活动推广、产品参展等。

### 12.6.2 运营模式

1. 产品模式

本项目所有核心技术均为自主研发，同时拥有多项发明专利和实用新型专利。其中云管理平台和云仿真系统均为自主技术研发，并由公司独立运营；云智造系列硬件产品，同样为独立完成技术研发，并负责产品的基本运营，加工采用委托加工模式，现由天津一科技有限公司负责产品的生产加工、测试和安装维修等服务。整体产品质量管控由该公司负责。

2. 运营模式

本项目商务运营过程中的工作主要包括以下三方面。

(1) 技术研发、产品迭代。

目前，项目产品具有“虚实结合、虚实同步、云端管理”等创新特色，多项关键技术属国内首创，国内尚不存在同类产品的直接竞争。未来，我们将持续进行产品优化升级，尤其在细节仿真和云管理平台等方面不断投入研发力量，推动产品快速升级迭代，保持产品技术和理念的先进性，保持竞争优势。

(2) 共建共享实训基地。

共建共享实训基地，实训设备由我方免费提供，真实的加工和虚拟的三维仿真结合，实时监控真实的加工过程。

(3) 与高校市场渠道代理合作。

与教育机构合作，并且研发配套课程，同时进行合作宣传推广，后续进行终端设备的销售。

### 12.6.3 营销推广

在产品品牌推广方面，公司将结合既有资源，通过以下途径开展。

1. 高校合作

充分发挥项目成员和指导教师已有的教育行业资源优势，通过学术会议、跨校研讨等途径，进行项目产品推荐。同时，广泛邀请相关院校教师参与产品及配套教材、课程的研发工作，提高用户参与感，建立持续的关系网络。

与高校合作，将高校的各类专业加工实验设备连接到云，向社会进行装备资源共享和实验室共享。这非常符合当前国家在高校科技成果转化和服务方面的政策。

2. 大赛合作

充分发挥本产品成本低、云端管理、智能评价等优势，与各类影响力较大的技能大赛和职业鉴定活动开展冠名合作，进行品牌推广，快速打开市场渠道。目前，项目团队已和全国职业院校技能大赛等大赛组织机构初步达成合作意向。

3. 营销活动

充分利用高校教学资源，以活动为载体，通过开展技能大赛、职业鉴定、行业会议、教育研讨等活动，吸引用户参与，普及产品及其特色，加强品牌效应。

4. 样板营销

建立一批样板工程和项目，低成本、低价格抢占市场，通过样板示范效用增强市场宣传力度和客户信心。以点带面，由天津院校开始，逐步辐射津京冀地区，最终覆盖全国。天津职业技术师范大学、江西科技师范大学等上一代仿真产品的试点院校可通过原有产品升级改造，成为本项目产品的样板院校。

5. 行业展会

充分利用已有资源，积极参加各类行业展会，推广产品，提高产品的知名度，扩大产品的影响力和受众面。考虑到参展成本，项目前期重点采用项目路演、参加创业大赛等方式进行产品宣传推广。

### 12.6.4 销售渠道

在市场方面，考虑到高校市场资源和渠道有限，本公司主要负责产品的品牌推广和客户服务支持，具体产品销售通过与教育市场优势厂商和销售企业代理合作来开展。逐步按地域建立总代理、二级代理等代理营销体系，以及配套的代理商营销支持、代理商业务引导、代理商技术支持、代理商业绩奖励等管理体系。目前，我们已经和北京一教育科技有限公司等两家教育行业企业建立了代理合作关系。这两家企业均为全国性的教育产品经销企业，利用它们的优势渠道资源，逐步开展高校市场大规模推广。

## 12.7 发展规划

首先，基于平台既有的功能特色，深耕高校数控实训教学市场，力争几年内覆盖多所高校，形成较大规模的平台用户和销售额。在解决高校机械类实训现有"痛点"外，培育一批校园创客。

其次，基于前期积累的高校资源及实训和制造需求，与传统工厂企业合作，对其加工设备进行智能化改造，建立共享智造装备库，并逐步连接制造材料供应商和仓储库存服务企业等，建立共享智造资源库。以装备库和资源库为基础，逐步为广大制造人才提供包括学习、实训、原型制造等在内的完整云端服务平台。

最后，通过平台逐步聚集"百万人才""百万装备"，同时逐步将人才库、装备库与市场上大量离散的小批量定制化加工制造需求进行连接，累积"百万产品"，逐步打造校企融合的智能制造（共享制造）生态体系，并基于云端海量制造数据建立各类工业大数据应用。

项目具体发展规划如下。

第一年：产品完善，建立2个示范实训中心，研发配套课程资源，完善营销材料。

第二年：建立4个共享实训中心，实现至少400台实训终端远程接入。

第三年：开展传统实训系统升级改造业务，建立8个共享实训中心，实现至少800台实训终端远程接入。

第四年：实现至少2 000台实训终端远程接入，基于实训大数据，不断优化教学内容和模式。

第五年：实现至少4 000台实训终端远程接入。

## 12.8 风险分析

### 12.8.1 风险防范及措施

项目风险主要包括竞争风险、财务风险、管理风险、技术风险、破产风险五大类。

1. 竞争风险与防范

本项目产品将同时与传统数控实训设备生产和销售企业、传统虚拟数控仿真软件研发和销售企业竞争。这些企业在营销经验、营销渠道、客户资源等方面都具有明显优势，面对新型实训产品的进入可能会联合抵制。同时，在本项目产品的市场推广形成一定规模后，这些同类企业可能会改造自身的原有产品，和本项目产品展开同质化竞争。面对这些竞争风险，企业一方面会持续重点关注产品的升级和创新研发工作，以保持市场领先；另一方面将广泛和教育行业相关企业合作，争取短时间内扩大市场占有率，提高品牌知名度。

2. 财务风险与防范

由于企业规模较小，经济实力有限，“EMI智造实训平台”的研发和市场开拓也需要大量资金，我们将面临较大的财务压力。资金不足可能导致项目实施周期过长，造成资金与人员的严重浪费，一旦后续资金枯竭，将会影响项目的进程，导致项目停顿，甚至可能导致本项目国内市场被抢占。企业拟通过加强企业管理，节俭办事，向管理要效益；争取国家优惠政策和资金上的支持；进入规模化生产后以固定资产抵押争取银行贷款；多方筹借资金，通过风险融资实现产业化；加强对资金运行情况的监控，最大限度提高资金使用效率，实施财务预算制度等方式规避资金不足的风险。

3. 管理风险与防范

任何管理活动都存在一定的风险，可能无法实现预期目标。由于企业规模小，管理风险更加突出。企业通过吸收具有丰富投资管理、运营管理方面经验的专业人才，精简机构，制定完善的现代企业制度，加强对管理人员进行组织结构、管理制度、管理方法等方面的内部培训、外部培训，提高其整体素质和经营管理水平，倡导组织创新、思想创新等方式，以适应不断变化的外部环境来规避管理风险。

4. 技术风险与防范

目前公司在本领域内的技术尚处于国内领先地位，但是国内有众多的相关企业从未停止过对本项目的研究和开发，都在投入大量资金和人力进行新领域、新产品的研发。如果有实力强大的公司在技术上实现突破，使产品性能更具竞争优势，将对本项目的产品造成巨大影响，将同时降低核心技术的价值和产品的市场竞争力。企业将通过积极邀请用户参与开发，对 EMI 共享智造平台不断进行改进，增强竞争力，引进专业技术人员，组建团队，保持团队的稳定性，专人负责密切关注，跟踪国内外最先进的技术，不断进行产品升级和创新等方式规避技术风险。

5. 破产风险与防范

在仿真实训系统继续研究和推广的过程中，需要大量的资金，如果负债达到或超过公司所占有的全部资产，公司将面临破产的风险。对此，公司将采取适度举债经营、加强应收账款和存货管理、提高公司资信水平等策略来进行规避。

### 12.8.2　风险资本退出

1. 公司上市（IPO）

公司上市可以作为资本退出的最佳途径。鉴于本项目产品的创新价值和市场前景，未来有望申请新三板上市。成功上市后，不仅可以获得更多的资金，大幅增强公司的宣传力度，更可以通过市场定价，使投资方所持股份的价值最大化，实现资本成功退出。因此，如果能够根据业绩预期实现持续盈利，本项目优先考虑通过 IPO 实现风险资本的退出。

2. 并购退出

公司以基于云端实训数据的数控加工仿真系统为切入点，以数控系统云端数据收集分析快速进入市场，将会在一定程度上提高相关企业业务扩展的难度。不过，从市场分析看来，各大企业对市场资源的竞争势必会对公司造成一定的影响。虽然基于先发优势和创新性的产业架构和业务模式，公司在现有市场上能够继续保持业务增长，但整体而言，为应对行业对手的竞争，可能会无法扩大部署公司资源。同时，发展更好的企业为了缩短业务扩展的周期和节省基础资源的投入，极有可能对我公司提出收购邀约，以弥补云端数据领域上的短板。因此，若行业巨头意欲收购我公司，在能获得较好企业估值的情况下，项目整体并购退出也不失为资本退出的一种途径。

## 12.9　团队介绍

团队核心成员分别来自信息管理、工业自动化、机械制造、软件工程等专业，他们专业知识扎实，综合能力较强，同时具有丰富的互联网创业经验，曾先后获得天津市优秀实践团队标兵称号，以及第二届"互联网+"大学生创新创业大赛天津市一等奖、第六届中国大学生服务外包创新创业大赛全国一等奖、第五届全国大学生电子商务"创新、创意、创业"挑战赛全国一等奖等众多高水平奖项。

团队先后入驻百度开发者创业中心、大学众创空间和中关村（天津）可信产业园，2015 年成立天津某科技有限公司，参加 2017 年度天津市高校众创空间联盟年度工作交流会。同年，公司在天津 OTC 第 101 届挂牌仪式上成功挂牌。公司主要从事本项目产品的研发和运营。公司下设行政部、研发部、市场部、运营部等职能部门，人员年龄层次比较合理，梯队建设健全。研发人员占职工总数的60%，研发团队专业涉及计算机、电子商务、自动化、软件工程等，在机械制造、工业自动化、计算机仿真、电子商务、物联网、云计算等方面拥有较为雄厚的产品研发和技术服务实力，并在长期的项目实践中积累了大量的经验，具有坚实的研发基础。

经过努力，公司项目产品取得较大突破，受到天津市政府、中国人民政治协商会议天津市委员会及天津市科学技术委员会领导的较高评价。天津电视台、《天津日报》等多家媒体也相继报道。

## 12.10 教师点评

在选题立意方面，“EMI 智造实训平台”属于工业电商范畴，迎合了我国工业 4.0 智能制造的导向，符合定制化小批量生产的行业趋势。

在产品方面，项目将虚拟网仿真和智能制造等技术结合在了一起，具有一定的技术优势，也拥有专利等知识产权。重要的是项目已经完成实验室和样机生产阶段，产品已经推向市场，并有了第二代产品的迭代升级计划，这是很多科技转化项目所不具备的。目前，大多科技成果转化项目还停留在试验、原型开发阶段。事实上对创业项目来说，科技成果的产品化和市场化才是最难的，没有实际应用，很难判断科技成果的市场潜力和竞争优势。

在商业模式方面，项目采用一种创新的共享实训的方式，属于共享经济模式，对实训设备、实训场地实行共享租赁的方式，通过设备的远程连接和资源的共享来降低整体成本，实现多赢。所以它的盈利方式里除交易提成以外，还有一定的服务成本，即资源共享服务费。这种模式迎合了共享经济的潮流，具有一定的创新意义，但是能否和现有的高校设备采购使用的体制相融合，还需要在实践中继续检验。

在市场方面，考虑到产品目前本身的成熟度、完善度，还有其他精度，以及这个项目原有市场的基础，“EMI 智造实训平台”项目选择优先主打实训教育领域，重点关注机电一体化和高效的机电一体化专业实训的市场，然后逐步向工厂制造延伸，即先面向人才，再面向生产实际。我们认为，前期主打高校市场这个定位没有问题，但是高校市场比较封闭，对于后面的营销是个巨大的考验。

在营销推广方面，“EMI 智造实训平台”项目的目标市场是高校市场。这个市场门槛比较高，所以没有采用传统的营销策略，而是基于大客户的精准营销，所以这个项目的推广方式还是比较合理的。但是由于团队自身的营销能力和资源有限，大客户营销实际操作起来难度很大。项目同时采用了代理策略，但从这个项目实际运营来看，团队显然没有这方面的经验和渠道，代理策略和代理网络并不是很理想，这也可能是制约这个项目发展的一个很大因素。

## 附　录

# 创新创业政策梳理

| 发布或会议举行时间 | 文件或会议 | 主要内容 |
| --- | --- | --- |
| 2015. 1. 30 | 《国务院关于促进云计算创新发展培育信息产业新业态的意见》(国发〔2015〕5号) | 从壮大新业态、强化产业支撑、加强安全保障三个方面提出了6项主要任务：①增强云计算服务能力；②提升云计算自主创新能力；③探索电子政务云计算发展新模式；④加强大数据开发与利用；⑤统筹布局云计算基础设施；⑥提升安全保障能力 |
| 2015. 3. 11 | 《国务院办公厅关于发展众创空间推进大众创新创业的指导意见》(国办发〔2015〕9号) | 重点要加快构建众创空间，降低创新创业门槛，鼓励科技人员和大学生创业，支持创新创业公共服务，加强财政资金引导，完善创业投融资机制，丰富创新创业活动，营造创新创业文化氛围 |
| 2015. 3. 12 | 《国务院关于同意设立中国（杭州）跨境电子商务综合试验区的批复》（国函〔2015〕44号） | 明确了该综合试验区的定位和作用，提出要着力在跨境电子商务交易、支付、物流、通关、退税、结汇等环节的技术标准、业务流程、监管模式和信息化建设等方面先行先试，打造跨境电子商务完整的产业链和生态链，逐步形成一套适应和引领全球跨境电子商务发展的管理制度和规则，为推动我国跨境电子商务发展提供可复制、可推广的经验 |
| 2015. 5. 7 | 《国务院关于大力发展电子商务加快培育经济新动力的意见》(国发〔2015〕24号) | 主要提出了7个方面的政策措施：①营造宽松发展环境，降低准入门槛，合理降税减负，加大金融服务支持，维护公平竞争；②促进就业创业，鼓励电子商务领域就业创业，加强人才培养培训，保障从业人员劳动权益；③推动转型升级，具体包括创新服务民生方式，推动传统商贸流通企业发展电子商务，积极发展农村电子商务，等等；④完善物流基础设施，具体包 |

续表

| 发布或会议举行时间 | 文件或会议 | 主要内容 |
| --- | --- | --- |
| 2015.5.7 | 《国务院关于大力发展电子商务加快培育经济新动力的意见》(国发〔2015〕24号) | 括支持物流配送终端及智慧物流平台建设，规范物流配送车辆管理，合理布局物流仓储设施；⑤提升对外开放水平，具体包括加强电子商务国际合作，提升跨境电子商务通关效率，推动电子商务走出去；⑥构筑安全保障防线，具体包括保障电子商务网络安全，确保电子商务交易安全，预防和打击电子商务领域的违法犯罪行为；⑦健全支撑体系，具体包括健全法规标准体系，加强信用体系建设，强化科技与教育支撑，协调推动区域电子商务发展。 |
| 2015.5.13 | 《国务院办公厅关于深化高等学校创新创业教育改革的实施意见》(国办发〔2015〕36号) | 提出主要任务和措施：①完善人才培养质量标准；②创新人才培养机制；③健全创新创业教育课程体系；④改革教学方法和考核方式；⑤强化创新创业实践；⑥改革教学和学籍管理制度；⑦加强教师创新创业教育教学能力建设；⑧改进学生创业指导服务；⑨完善创新创业资金支持和政策保障体系 |
| 2015.6.16 | 《国务院关于大力推进大众创业万众创新若干政策措施的意见》(国发〔2015〕32号) | 推进大众创业、万众创新，是发展的动力之源，也是富民之道、公平之计、强国之策，对于推动经济结构调整、打造发展新引擎、增强发展新动力、走创新驱动发展道路具有重要意义，是稳增长、扩就业、激发亿万群众智慧和创造力，促进社会纵向流动、公平正义的重大举措。推进大众创业、万众创新，是培育和催生经济社会发展新动力的必然选择，是扩大就业、实现富民之道的根本举措，是激发全社会创新潜能和创业活力的有效途径 |
| 2015.6.20 | 《国务院办公厅关于促进跨境电子商务健康快速发展的指导意见》(国办发〔2015〕46号) | 为促进我国跨境电子商务健康快速发展，提出以下意见：①支持国内企业更好地利用电子商务开展对外贸易；②鼓励有实力的企业做大做强；③优化配套的海关监管措施；④完善检验检疫监管政策措施；⑤明确规范进出口税收政策；⑥完善电子商务支付结算管理；⑦提供积极财政金融支持；⑧建设综合服务体系；⑨规范跨境电子商务经营行为；⑩充分发挥行业组织作用；⑪加强多双边国际合作；⑫加强组织实施。 |
| 2015.9.26 | 《国务院关于加快构建大众创业万众创新支撑平台的指导意见》(国发〔2015〕53号) | 当前我国正处于发展动力转换的关键时期，加快发展众创、众包、众扶、众筹（统称“四众”）具有极为重要的现实意义和战略意义。要大力发展专业空间众创，鼓励推进网络平台众创，培育壮大企业内部众创，广泛应用研发创意众包，大力实施制造运维众包，加快推广知识内容众包，鼓励发展生活服务众包，积极推动社会公共众扶，鼓励倡导企业分享众扶，大力支持公众互助众扶，积极开展实物众筹，稳步推进股权众筹等 |

续表

| 发布或会议举行时间 | 文件或会议 | 主要内容 |
|---|---|---|
| 2015. 11. 9 | 《国务院办公厅关于促进农村电子商务加快发展的指导意见》（国办发〔2015〕78号） | 提出了7个方面的政策措施：①加强政策扶持；②鼓励和支持开拓创新；③大力培养农村电商人才；④加快完善农村物流体系；⑤加强农村基础设施建设；⑥加大金融支持力度；⑦营造规范有序的市场环境 |
| 2016. 5. 12 | 《国务院办公厅关于建设大众创业万众创新示范基地的实施意见》（国办发〔2016〕35号） | 力争通过三年时间，围绕打造双创新引擎，统筹产业链、创新链、资金链和政策链，推动双创组织模式和服务模式创新，加强双创文化建设，到2018年年底前建设一批高水平的双创示范基地，培育一批具有市场活力的双创支撑平台，突破一批阻碍双创发展的政策障碍，推广一批适应不同区域特点、组织形式和发展阶段的双创模式和典型经验 |
| 2017. 6. 21 | 《国务院办公厅关于建设第二批大众创业万众创新示范基地的实施意见》（国办发〔2017〕54号） | 针对创新创业重点领域、主要环节、关键群体，继续探索创新、先行先试，再推出一批有效的改革举措，逐步建立完善多元化、特色化、专业化的创新创业制度体系 |
| 2017. 7. 27 | 《国务院关于强化实施创新驱动发展战略，进一步推进大众创业万众创新深入发展的意见》（国发〔2017〕37号） | 大众创业、万众创新深入发展是实施创新驱动发展战略的重要载体；加快科技成果转化；拓展企业融资渠道；促进实体经济转型升级；完善人才流动激励机制；创新政府管理方式 |
| 2017. 9. 14 | 《国务院办公厅关于推广支持创新相关改革举措的通知》（国办发〔2017〕80号） | 推广改革举措的主要内容有：<br>科技金融创新方面3项：以关联企业从产业链核心龙头企业获得的应收账款为质押的融资服务；面向中小企业的一站式投融资信息服务；贷款、保险、财政风险补偿捆绑的专利权质押融资服务；<br>创新创业政策环境方面5项：专利快速审查、确权、维权一站式服务；强化创新导向的国有企业考核与激励；事业单位可采取年薪制、协议工资制、项目工资等灵活多样的分配形式引进紧缺或高层次人才；事业单位编制省内统筹使用；国税地税联合办税；<br>外籍人才引进方面2项：鼓励引导优秀外国留学生在华就业创业，符合条件的外国留学生可直接申请工作许可和居留许可；积极引进外籍高层次人才，简化来华工作手续办理流程，新增工作居留向永久居留转换的申请渠道；<br>军民融合创新方面3项：军民大型国防科研仪器设备整合共享；以股权为纽带的军民两用技术联盟创新合作；民口企业配套核心军品的认定和准入标准" |

续表

| 发布或会议举行时间 | 文件或会议 | 主要内容 |
|---|---|---|
| 2018.4.25 | 2018年4月25日召开的国务院常务会议决定，再推出七项减税措施，支持创业创新和小微企业发展 | 2018年1月1日至2020年12月31日，将享受当年一次性税前扣除优惠的企业新购进研发仪器、设备单位价值上限，从100万元提高到500万元；将享受减半征收企业所得税优惠政策的小微企业年应纳税所得额上限，从50万元提高到100万元；从2018年1月1日起，取消企业委托境外研发费用不得加计扣除限制；将高新技术企业和科技型中小企业亏损结转年限由5年延长至10年；将一般企业的职工教育经费税前扣除限额与高新技术企业的限额统一，从2.5%提高至8%；等等 |
| 2018.9.26 | 《国务院关于推动创新创业高质量发展打造“双创”升级版的意见》（国发〔2018〕32号） | 着力促进创新创业环境升级；加快推动创新创业发展动力升级；持续推进创业带动就业能力升级；深入推动科技创新支撑能力升级；大力促进创新创业平台服务升级；进一步完善创新创业金融服务；加快构筑创新创业发展高地；切实打通政策落实“最后一公里” |
| 2020.2.21 | 《国务院办公厅关于推广第三批支持创新相关改革举措的通知》（国办发〔2020〕3号） | 推广的改革举措20项：科技金融创新方面7项；科技管理体制创新方面6项；知识产权保护方面2项；人才培养和激励方面1项；军民深度融合方面4项 |

# 参 考 文 献


[1] 李玉梅. 网上创业［M］. 重庆：重庆大学出版社，2013.

[2] 王庆生，王坤. 大学生创业基础［M］. 北京：清华大学出版社，2013.

[3] 木志荣. 创业管理［M］. 北京：清华大学出版社，2018.

[4] 沈凤池，刘德华. 中小企业网络创业［M］. 北京：北京理工大学出版社，2016.

[5] 司林胜. 电子商务案例分析［M］. 2版. 重庆：重庆大学出版社，2018.

[6] 魏莺. 电子商务创业教程［M］. 北京：清华大学出版社，2019.

[7] 孙细明，叶琼伟，朱湘晖. 电子商务创业［M］. 北京：化学工业出版社，2015.

[8] 刘胜辉. 大学生创新创业基础［M］. 2版. 北京：北京理工大学出版社，2017.

[9] 卢飞成. 创业实战［M］. 杭州：浙江大学出版社，2012.

[10] 吴晓义. 创新思维［M］. 北京：清华大学出版社，2016.

[11] 朱永永. 大学生电子商务创业特点与创业方式研究［J］. 中国大学生就业，2019（11）：60-64.

[12] 周光礼. 从就业能力到创业能力：大学课程的挑战与应对［J］. 清华大学教育研究，2018，39（6）：28-36.

[13] 任梅. 大学学术创业运行机制研究［J］. 江苏高教，2018（12）：1-8.

[14] 王伟毅，李乾文. 创业视角下的商业模式研究［J］. 外国经济管理，2005（11）：34-42+50.

# 参考文献


[1] [illegible]
[2] [illegible]
[3] [illegible]
[4] [illegible]
[5] [illegible]
[6] [illegible]
[7] [illegible]
[8] [illegible]
[9] [illegible]
[10] [illegible]
[11] [illegible]
[12] [illegible]
[13] [illegible]
[14] [illegible]